Gabriele Matuszczyk, Jürgen Wolf, Uwe Britten

Der Elterncoach

Gabriele Matuszczyk, Jürgen Wolf, Uwe Britten

Der Elterncoach

Aus der Online-Beratung mit Jugendlichen

BALANCE **ratgeber**

jugend + erziehung

wird im Auftrag der Bundeskonferenz für Erziehungsberatung herausgegeben von Barbara Eckey, Karin Jacob und Uwe Britten

bke besser beraten

Gabriele Matuszczyk, Jürgen Wolf, Uwe Britten:
Der Elterncoach. Aus der Online-Beratung mit Jugendlichen
1. Auflage 2011
ISBN-Print 978-3-86739-054-5
ISBN-PDF 978-3-86739-740-7

Die Deutsche Nationalbibliothek verzeichnet diese Publikation in der Deutschen Nationalbibliografie; detaillierte bibliografische Daten sind im Internet über http://dnb.d-nb.de abrufbar.

Der BALANCE buch + medien verlag ist ein Imprint der Psychiatrie Verlag GmbH, Bonn.

Lektorat: BALANCE buch + medien verlag
Umschlagkonzeption: GRAFIKSCHMITZ, Köln, unter Verwendung eines Fotos von Nightuser, Photocase
Typografie: Iga Bielejec, Nierstein
Satz: BALANCE buch + medien verlag
Gesetzt in der Sabon
Druck und Bindung: Kösel, Krugzell (www.koeselbuch.de)
Zum Schutz von Umwelt und Ressourcen wurde für dieses Buch FSC-zertifiziertes Papier verwendet.

FSC www.fsc.org
MIX
Papier aus verantwortungsvollen Quellen
FSC® C013736

Alarmglocken und strapazierte Nerven

Vorbemerkung

Mit dem Beginn der Pubertät treten beim Kind Veränderungen ein, die sowohl die Eltern als auch die Heranwachsenden selbst erst einmal irritieren und verunsichern. Das eigene Kind wird den Eltern fremd und die Jugendlichen fühlen sich unwohl in ihrer eigenen Haut. Äußerlichkeiten, Verhaltensweisen, aber auch Wandlungen in Stimmung und Befindlichkeit wirken »auf einmal« so anders. Das Kind erscheint wie verwandelt.

Gleichzeitig wird der Kontakt zu den Jugendlichen schwieriger. Die Begegnungen im Alltag erhalten plötzlich etwas Mühsames, Gequältes, die Gespräche laufen oft aneinander vorbei, Abgrenzungsgesten der Jugendlichen nehmen zu.

»Erzieherisch« betrachtet, geraten die Eltern häufig in eine tiefe Ratlosigkeit. Sie selbst sind völlig verunsichert. Von ihren Kindern erhalten sie beinahe ausschließlich die Rückmeldung, alles nur noch falsch zu machen. Die Irritation wächst. Was soll ich denn tun? Was kann ich überhaupt noch richtig machen? Das sind Fragen, die sich Eltern häufig stellen.

Fremdheitserfahrungen

Unabhängig von den zurückweisenden Gesten der Jugendlichen erleben Eltern durchaus auch selbst eine gewisse Distanz zu ihren heranwachsenden Kindern schon aufgrund der körperlichen Veränderungen der Jugendlichen: Sie bekommen Pickel, fangen an, nach Schweiß zu riechen, und die sekundären Geschlechtsmerkmale treten deutlich hervor. Es wird allzu offensichtlich: Das Kind ist kein Kind mehr.

Hinzu kommen Veränderungen in den Verhaltensweisen und Haltungen. In der beginnenden Außenorientierung der Jugendlichen findet ein Abrücken von den elterlich und familiär vorgelebten Verhaltensmustern und Prinzipien statt. Jugendkulturelle Gesten werden neu aufgenommen und besonders gepflegt.

Sowohl in den Verhaltensweisen als auch in Äußerlichkeiten entwickeln die Heranwachsenden nun Besonderheiten, manchmal auch Auffälligkeiten: Piercings vielleicht, bestimmte Kleidungsmoden, das Kultivieren des Musikhörens und manches andere gehören dazu. Bei vielen Jugendlichen wird das Auftreten insgesamt extrovertierter, nach außen auffälliger.

Dies verbindet sich häufig mit einer Verweigerungshaltung. Elterliche Regeln werden infrage gestellt und boykottiert. Die Beteiligung an der häuslichen Arbeit wird umgangen. Auch das schulische Lernen findet vielfach kaum noch statt. Spätestens jetzt sind Eltern nicht nur genervt und verunsichert, sie beginnen sich auch Sorgen zu machen: Verspielt das eigene Kind einen guten Schulabschluss und verbaut es sich damit wichtige Zukunftsperspektiven?

Doch auch weniger dramatische Veränderungen können die Alarmglocken klingen lassen: Mädchen, die kaum noch über etwas anderes sprechen als über ihre Figur, Jungen, die jeden Abend nach Zigarettenrauch stinken und sich Gesprächen entziehen.

Eltern und Kinder scheinen den Kontakt zu verlieren, voneinander abzurücken. Doch auch das Gegenteil kann der Fall sein: Durch die erlebte Verunsicherung rücken die Jugendlichen näher an die Eltern heran, verhalten sich kindlicher, verbringen ihre Abende mit ihnen auf dem Sofa und werden besonders häuslich.

Darüber hinaus signalisieren sie ein starkes »Kuschelbedürfnis«, was Eltern oft zu nah und unpassend erscheint.

Andere Jugendliche wiederum werden sehr streng, was das Vertreten von Regeln und Werten anbelangt, und übertrumpfen dabei die Eltern in ihren moralischen Ansichten. Den Eltern wird ihr inkonsequentes Verhalten im Umgang mit ihnen, aber auch bei der Erziehung jüngerer Geschwister vorgeworfen. Die Folge sind Vorwürfe und endlose Diskussionen vonseiten der Kinder über die richtige Erziehung, die richtigen Werte und über Moralvorstellungen. Wie auch immer ihr Kind agiert, es erscheint schwer, sowohl gelassen als auch angemessen zu reagieren.

Verstehensversuche

Gegen das Fremdwerden des eigenen Kindes hilft nur eins: der Versuch zu verstehen. Was auf den ersten Blick widersinnig erscheinen mag in den Verhaltensweisen Heranwachsender, ist es auf den zweiten Blick oft nicht. Mehr noch: Was von den Eltern als blanke Zurückweisung empfunden werden kann, ist vielleicht ein (unbeholfener) Versuch, sich der elterlichen Bindung zu vergewissern, und zwar gerade weil die Jugendlichen selbst verunsichert sind. Mit ihnen geschieht etwas in diesen Jahren, das auch sie nicht verstehen. Bestimmte Stimmungsschwankungen sind auch für sie neu, ebenso gewisse Gefühle. Erotisch-sexuelle Empfindungen zu anderen beispielsweise sind zwar prickelnd und geben jedem Tag einen besonderen Reiz, der Umgang mit ihnen muss aber erst gelernt werden und ist auch mit Verunsicherung und Ängsten verbunden.

Zu diesem Lernprozess gehört es auch, sich seiner selbst zu vergewissern. Die Zeit des Heranwachsens gilt als jene Phase, in der als Entwicklungsaufgabe die Bildung der eigenen Identität ansteht. Das umfasst zum einen die Akzeptanz des eigenen Körpers, der sich genau in dieser Zeit rapide verändert – eine doppelte Herausforderung. Zum anderen müssen Jugendliche nun auch mehr Verantwortung für sich übernehmen und erste Erwachsenenaufgaben übernehmen – ob sie wollen oder nicht. Und es gilt, sich in neuen sozialen Umgebungen zurechtzufinden und dort Anerkennung zu bekommen.

Während der Pubertät und des Heranwachsens ist die Verunsicherung also ein Merkmal beider Seiten: der Eltern und der Jugendlichen.

Erzieherisch ist diese Zeit eine große Herausforderung. Dieses Buch will dazu beitragen, die Missverständnisse zwischen Eltern und ihren heranwachsenden Kinder abzubauen, will Verstehen erleichtern.

Expertenwissen

Um Jugendliche besser zu verstehen, haben wir Expertenaussagen ausgewertet, und zwar die von Jugendlichen selbst. Dazu diente uns das Onlineangebot der »Bundeskonferenz für Erziehungsberatung« (bke), das seit einigen Jahren verschiedene Foren anbietet, in denen sich Eltern, Jugendliche und auch beide gemeinsam austauschen können.

Uns fiel auf, dass sich in dem Unterforum »Die offene Tür«, das von beiden Seiten (den Eltern und den Jugendlichen) genutzt werden kann, eine ganz eigene Diskussionskultur entwickelte. Eltern fragten Jugendliche, was das Verhalten ihres Sohnes denn bedeuten könne oder wie mit sichtbaren Anzeichen einer Essstörung ihrer Tochter am besten umzugehen sei.

Jugendliche diskutierten mit fremden Eltern über Sinn und Zweck von Regeln und Pflichten und gaben ihnen Tipps, wie in der Familie für beide Parteien zufriedenstellende Lösungen gefunden werden könnten.

Wie war dieser »entspannte« und verständnisvolle Austausch möglich?

Wir vermuten, dass bei der Diskussion mit fremden Eltern bzw. Kindern die emotionale Betroffenheit geringer ist und alle Beteiligten höflicher nachfragen und Ideen besser annehmen können. Ein kleiner Abstand zum Geschehen ermöglicht das Zulassen anderer Sichtweisen, und das wiederum ist die Grundlage von Verstehen und Verständnis.

Dieses Forumgefühl würden wir gerne weitergeben. Die wesentlichen Themen, die dort diskutiert wurden und werden, haben wir in diesem Buch aufgegriffen. Abgeleitet aus den Originalaussagen der Jugendlichen und jungen Erwachsenen (im Alter von etwa 14 bis 25 Jahren), beleuchten wir die Hintergründe und Zusammenhänge und wollen damit Eltern »Verstehenshilfen« anbieten.

Die zitierten Aussagen wurden von uns im üblichen Rahmen redaktionell bearbeitet, Schreibfehler wurden korrigiert. Die »Nicknames«, wie sie Nutzerinnen und Nutzer im Internet verwenden, sind von uns noch einmal anonymisiert worden. Die vielen guten Ideen und der Mut, diese auch im Forum zu veröffentlichen, haben dieses Buch wesentlich bereichert. Daher gebührt den Jugendlichen und auch den Eltern Anerkennung und Dank für den konstruktiven Austausch. Nur dadurch wurde dieses Buch überhaupt möglich.

Wir wollen aber nicht nur ein besseres Verstehen ermöglichen, sondern auch einladen zur konkreten, praktischen

Auseinandersetzung mit den Themen und einer angemessenen Reaktion auf familiäre Probleme und die damit verbundenen Schwierigkeiten. Im Text finden Sie diese Symbole für Denkpause und Anregung. Dort weisen wir auf hilfreiche Fragen, Gedankengänge, Ideen und mögliche alternative Verhaltensweisen hin.

Entstanden ist somit ein »Elterncoach«, der Anregungen gibt für den Umgang mit Heranwachsenden in der Zeit des Übergangs vom Kind zum Erwachsenen. Wir beschreiben, welche Phänomene in dieser Zeit für Zündstoff sorgen können und welche Gefahren, aber auch Chancen in verschiedenen Bereichen verborgen sind. Eltern und Jugendliche, die die Jahre des Heranwachsens gut miteinander bewältigen, haben viel dafür getan, auch für den weiteren Lebensverlauf auf stabile Beziehungen und Bindungen vertrauen zu können.

Gabriele Matuszczyk, Jürgen Wolf und Uwe Britten

Bindung trotz(t) Ablösung: das schwierige Alter der Adoleszenz

Einleitung

In den Gesprächen zwischen Eltern und Jugendlichen lässt sich oft ein familiäres Pingpong beobachten: Auf die Frage der Eltern, ob etwas denn so und so in Ordnung sei – ping –, antwortet der Heranwachsende mit pong: »Weiß nicht.« Getroffen! Liegt die Angabe hingegen beim Jugendlichen, der seine Meinung übers Netz gibt – ping –, drischt (meistens) der Vater ein Pong zurück, dessen Wucht die ganze Fassungslosigkeit über so viel Unvernunft hinüberschmettert. Aber: Platte verfehlt. Aus! Schweigen.

Vielleicht ist für die Kommunikation mit Heranwachsenden Federball geeigneter als Tischtennis: den Ball lange in der Luft beobachten, anvisieren, ausholen und ihn dann in einem schönen Bogen zurückspielen. Und falls man einmal einen Ball verfehlt und dieser einem direkt auf die Nase fällt, dann ist das eher ein Grund zum gemeinsamen Lachen statt zum gegnerischen Jubeln.

Besitzen Sie ein Federballspiel?

Autonomie trotz Abhängigkeit – ein dauerhafter Konflikt

Die Entwicklung eines jeden Menschen geht von Geburt an einher mit wechselhaften Phasen, in denen mal die Bindung an andere und mal die Ablösung von ihnen im Vordergrund steht. Während in den ersten Entwicklungsphasen der Bindungsaspekt überwiegt, gewinnt während der Pubertät der Ablösungsaspekt die Oberhand. Hier beginnt eine Zeit des Umbruchs, der Ambivalenz, der

Neuorientierung. Es erfolgt der Übergang von der Kindheit, die von der Abhängigkeit von Erwachsenen geprägt ist, zum verantwortungsvollen, selbstständigen Erwachsensein. Eine Reifezeit beginnt: körperlich, geistig, psychisch und sozial.

Während dieser Entwicklungsperiode finden massive, insbesondere hirnorganische Veränderungen statt. Die Synapsenverbindungen im Gehirn werden neu strukturiert und die Leiterstoffe (»Neurotransmitter«) treffen auf sich verändernde Rezeptoren in den Körperzellen, was zu unregelmäßigen Wechseln zwischen Aktivierung und Hemmung führt und mit psychischen Verwirrungen und Krisen einhergeht.

Abbildung **Die drei Phasen des Übergangs als Kern einer Veränderung** (van Gennep)

Die Jugendlichen befinden sich auf der Suche nach einer eigenen Identität, dem eigenen Selbstverständnis. Die Folge dieses Suchprozesses ist das Gefühl der Heimatlosigkeit im eigenen Körper, aber auch in der Familie und sogar im (bisherigen) Freundeskreis. Dies geht einher mit großen Stimmungsschwankungen, dem Gefühl der Verunsicherung und mit Hilflosigkeit. Nach außen hin sichtbar wird dieser Veränderungsprozess durch seelisch-geistige Unausgeglichenheit, schnelle Erregbarkeit, Ambivalenz, Protesthaltung und soziale Orientierungslosigkeit.

HASENHERZ Ich weiß einfach nicht mehr, was ich tun soll. Für mich hat mein Leben keinen Sinn mehr. Ich fühle mich allein und es ist auch wirklich keiner da. Für mich ist meine Familie keine »richtige« mehr. Ich habe keinen Freund, keine Freunde, werde immer schlechter in der Schule und außerdem zoff ich mich nur noch mit meiner Mutter. Was soll ich nur tun? ■

CHARLOTTE Ich finde, wenn man abhängig ist, dann lebt man nicht mehr sein eigenes Leben, und ich finde, man sollte immer sein eigenes Leben leben. Sobald man abhängig ist, hat man seine Selbstständigkeit ein bisschen verloren.
Und was passiert dann, wenn der Grund der Abhängigkeit verschwindet? Dann hat man ein Problem! Denn dann ist ja ein Teil von einem selbst verloren gegangen. ■

ALTERNATIVE Es gibt Dinge im Leben, von denen der Mensch abhängig sein muss, um zu überleben. Der Mensch braucht nun mal Liebe. Und sein eigenes Leben führt er ja immer noch. Eigenes Leben, was verstehst du darunter? Selbst handeln, selbst entscheiden? So ganz allein leben, ohne jegliche Stütze, ohne Halt, auf den man sich verlassen kann, von dem man abhängig ist, da würde man doch schnell kaputtgehen. ■

Die Jugendzeit ist ein (innerer) Abschied von Gewohntem, gleichzeitig fehlt es noch an stabilen neuen Strukturen. So entsteht häufig ein Vakuum. Die eigene Familie erscheint den Heranwachsenden oft als zu nah, aber ganz verzichten auf diese Nähe möchten sie auch nicht. Freunde dienen in diesen Jahren oft als Zweitfamilie.

Die Entwicklung in dieser Zeit geht dennoch immer nur in eine Richtung, das Ziel ist vorgegeben und heißt: erwachsen werden, in die Welt hinausziehen. Eltern und andere Erwachsene bleiben dabei wichtige Vorbilder, an denen sich Jugendliche orientieren, selbst wenn sie sich noch so vehement von ihnen abzusetzen scheinen. Die große Frage, die sich stellt, ist: Wie viel Nähe, wie viel Distanz zu sich und zu anderen ist subjektiv notwendig und passend?

Ganz fest loslassen

Eltern stehen in dieser Zeit oft vor einer schier unmöglichen Aufgabe: Ihre jugendlichen Kinder fordern neue Umgangsformen ein, wissen aber selbst noch nicht so genau, welches die passende Form der Beziehung sein könnte.

GEWITTERCHEN Bin ich noch ein Kind oder bin ich schon »erwachsen«? Wo liegt in meinem Alter noch der Unterschied? Warum kann ich nicht selbst über mich entscheiden? 15 Jahre lang habe ich alles von meinen Eltern gelernt, sie haben die Entscheidungen für mich getroffen. Aber inzwischen kann ich selbst denken, meine Zeit planen, mir meine eigene Meinung bilden! Ich bin doch längst ein »denkender Mensch«, ich kann Verantwortung übernehmen, auch für mich selbst! Gut, »Erwachsene« haben mehr Erfahrungen, wissen vielleicht mehr, können Auto fahren und all das, aber ich habe schon dieselbe »Vernunft«, mehr wahrscheinlich als manch ein Erwachsener! Sind diese Gedanken normal für mein Alter? Es macht mich fertig, wie ein hilfloses Kind behandelt zu werden! Bin »geistig« gesehen den Erwachsenen doch gleichgestellt, oder? ■

Da kindliche Anteile und erwachsene Vorstellungen gleichermaßen zum Tragen kommen, entstehen oft Missverständnisse. Während die Eltern auf die kindlichen Bedürfnisse eingehen, reagieren die Jugendlichen eher mit einer »erwachsenen« Abgrenzung. Gehen die Eltern hingegen auf diese Erwachsenenanteile ein, reagiert der Jugendliche mit »kindlichen« Bedürfnissen. Das Ergebnis ist ein permanentes Missverständnis in Kommunikation und Begegnung.

Trotz aller Abgrenzungsgesten der Jugendlichen, die für die Zeit des Heranwachsens so markant sind, bleibt (oft unausgesprochen) ein hohes Bedürfnis nach elterlicher Zuwendung bestehen.

SEHNSUCHT Ich hätte das schon gerne, dass sich meine Mum für mich interessiert. ■

GOLDRICHTIG Ich war immer froh, wenn meine Eltern für mich da waren und sich für mich interessiert haben. ■

Das Bedürfnis nach Nähe und nach Interessebekundungen seitens der Eltern kann nicht überraschen, denn gerade jetzt braucht der junge Mensch viel Unterstützung und so manche Orientierungshilfe. Er ist dabei, ins Erwachsensein aufzubrechen, und fühlt sich dabei unsicher, hat Ängste und traut sich nicht zu, die anstehenden Aufgaben zu meistern.

Letztlich können Jugendliche kaum absehen, wie sich ihre nächsten Jahre entwickeln werden. Sie müssen viele Ungewissheiten aushalten, gleichzeitig sollen sie ihr Leben aktiv gestalten. Um einen Platz in der Welt zu finden, ist es nötig, sich stabile und verlässliche soziale Strukturen zu schaffen. Und in alldem soll auch noch Raum sein für die eigenen Wünsche, Visionen, Träume.

Es gibt zwei unterschiedliche Bindungsformen, die für besonders heftige Reaktionen der Ablösung verantwortlich sind. Entweder sind die Bindungen sehr schwach, dann fehlt es an Nähe zwischen Eltern und Jugendlichen, oder sie sind sehr eng, dann fehlt es an einer gewissen Distanz.

HALLO Ich wünsche mir momentan nichts anderes, als dass meine Eltern nicht mehr versuchen, mich zu verändern, doch sie tun es nicht! Sie wollen es auch nicht, sie wollen ja »nur mein Bestes!«, aber was für mich das Beste ist, wissen sie nicht, weil sie nichts über mich wissen! Sie wissen nicht, dass ich einen Freund habe, sie wissen nicht, dass ich rauche, sie wissen nicht, dass ich heimlich mein Essen auskotze, wenn ich mal wieder zu viel gegessen hab, sie wissen nicht, dass ich mich schneide, sie wissen einfach gar nichts über mich!!! Und dann wollen sie wissen, was für mich das Beste ist? Woher denn? Sie wissen ja nicht mal, wie ich im Schulischen stehe, genauso wenig wie sie wissen, was in mir abgeht! Na ja, was soll's! Wahrscheinlich kann ich es eh nicht ändern! ■

Fand bisher keine adäquate Bindung innerhalb der Familie statt, so fordern die Jugendlichen diese im Nachhinein ein, als müssten sie in einem gewissen Sinn »satt« werden, bevor sie sich schließlich ablösen können. Die Vergewisserung einer stabilen Beziehung und Bindung an die Eltern scheint das Hinausgehen in die Welt leichter zu machen. Bindungssicherheit wirkt wie ein Akku für schwere Zeiten.

Um das zu erreichen, versuchen die Jugendlichen die Aufmerksamkeit der Eltern zu wecken und auf sich zu ziehen. Da sie das oft mit einer mehr oder weniger großen Unbeholfenheit tun, scheitern ihre Versuche nicht selten und enden oft in heftigen Auseinandersetzungen. Das wirkt in so mancher Familie nach dem Motto: Eine intensive negative Beziehung ist immer noch besser als gar keine. Dahinter steht dennoch so gut wie immer der Wunsch, von den Eltern gesehen, akzeptiert und geliebt zu werden.

Der zweite Auslöser intensiver Ablösungsreaktionen ist eine sehr enge Bindung zwischen Eltern und Jugendlichen. Manchmal »klammern« beide Seiten. In diesem Fall muss die Ablösung beiderseits hart erkämpft werden, da es keinen »logischen« Grund gibt, auf all die Annehmlichkeiten zu verzichten, und emotional eine große Hürde zu nehmen ist. Heftige Auseinandersetzungen erleichtern es dann Kindern und Eltern, neue Wege zu gehen.

Für Eltern bedeutet die Jugendzeit ihrer Kinder, innezuhalten und Bilanz zu ziehen. Sie fragen sich: Was bin ich bereit zu unterstützen, wie lange will ich unterstützen, was möchte ich einfordern? Dazu gehört es, auch Nein sagen zu lernen und die eigene Unsicherheit und eventuelle Schuldgefühle auszuhalten. Genauso wie für die Jugendlichen heißt es auch für die Eltern, die Balance zu finden zwischen Zuwendung und Distanzierung, zwischen Einmischung und Abgrenzung.

»Erziehung« wird nun abgelöst durch elterliche »Präsenz«. Diese ist gekennzeichnet durch folgende Haltungen:

- Wir fühlen uns nach wie vor verantwortlich für deine Entwicklung.
- Wir machen uns Sorgen, da wir manche Dinge nur schwer einordnen können.
- Wir sind nicht einverstanden damit, wie du uns behandelst.
- Wir möchten dir Mut machen und trauen dir auch viele Dinge zu.

- Wir sind bereit, uns etwas zurückzuziehen und dir mehr Raum zur Verfügung zu stellen.
- Wir öffnen die Arme und wollen dir Angebote machen, wir wollen dir Zuwendung und Halt geben.
- Wir sind bereit, deine Versuche auszuhalten, und werden unsererseits nicht mit Aktionismus reagieren, wir wollen nicht mit dir »kämpfen«.

Notwendig erscheint eine weitgehende Neuorganisation des Zusammenlebens, das heißt, es sind neue Regelungen zu finden und es ist eine Neuverteilung von Rechten und Pflichten vorzunehmen. Statt weniger Kontakt kann dieses Alter also auch mehr Kontakt bedeuten, nämlich durch eine verstärkte elterliche Präsenz.

Nehmen Sie Ihr jugendliches Kind und seine Wünsche ernst. Setzen Sie sich hin und reden Sie miteinander. Handeln Sie neue Regeln und Pflichten des Zusammenlebens gemeinsam aus. Manchmal redet es sich unterwegs besser, zum Beispiel beim Ausgehen, wenn es gemeinsame Interessen gibt. Es hat sich auch bewährt, Gespräche während Autofahrten zu führen, Sie sollten jedoch nur zu zweit im Auto sein und auf eine ruhige Gesprächsatmosphäre achten. □

Welche Gelegenheiten für persönliche Gespräche fallen Ihnen noch ein? Seien Sie kreativ! Achten Sie dabei auf einen entspannten und wertschätzenden Umgang miteinander. □

Eine junge Frau gibt Eltern die folgenden Tipps:

SÜSSES MÄDCHEN Was mir wesentlich geholfen hätte, die Teenagerprobleme zu überstehen, das wäre die Unterstützung meiner Eltern gewesen. Das hab ich leider nicht gekriegt. Versucht einfach, euren Kindern das Gefühl zu geben, dass sie euch voll vertrauen können. Auf keinen Fall das ständige Überwachen! Das macht die Sache nur noch schlimmer! Redet mit ihnen über ihre Probleme. Versucht so oft, wie es geht, ihnen das Vertrauensgefühl zu geben, denn das vermissen wir ständig und es macht sonst nur neue Probleme, wenn man den Eltern nicht vertrauen kann. Viel Glück! ■

Stellen Sie sich einmal folgende Fragen:
Was tut sich momentan im Leben meines Kindes? Wie geht es ihm? Wo könnte es meine Unterstützung brauchen? Wie soll ich mit ihm umgehen, was erwartet es von mir, was erwarte ich von ihm? Wie viel Nähe bzw. Distanz ist angemessen? □

Wurzeln mit Flügeln – der Aufbruch ins Leben

»Sind die Kinder klein, gib ihnen Wurzeln, sind sie groß, gib ihnen Flügel«, so lautet ein Sprichwort. Damit Eltern ihre Kinder im Jugendalter stärken können, müssen diese das Gefühl haben, dass ihre Eltern sie sehen, dass sie Interesse an ihnen haben und ihnen zuhören.

ANNI Also, ich würde sagen, dass ich ein eher distanziertes Verhältnis zu meinen Eltern habe. Das heißt, dass ich bisher mit ihnen kaum über bestimmte Dinge geredet habe, vor allem nicht über meine Probleme. Ich habe dabei das Gefühl, dass sie mit Unverständnis reagieren würden.
Und ob ich ihnen vertrauen kann? Schwer zu sagen. Also, ich würde sagen, das ist eher so neutral, ich will ihnen nichts unterstellen, aber so richtig vertrauen können ... so würde ich das nicht nennen. ■

Jugendliche möchten in die eigene Unabhängigkeit begleitet werden, das heißt, es ist schon viel gewonnen, wenn Eltern ihr Vertrauen in die Fähigkeiten ihrer Kinder zum Ausdruck bringen und ihnen Mut machen, ihren eigenen Weg zu gehen. Dazu gehört auch der Respekt vor der Wahl der Freunde oder des Ausbildungsziels.

Ein weiteres erträgliches Zusammenleben wird nur dann möglich sein, wenn es gelingt, die unterschiedlichen Werte und Bedürfnisse unter einen Hut zu bekommen, und zwar durch die Erarbeitung eines Konsenses mit tragfähigen Kompromissen. Die Voraussetzung hierfür ist, die eigenen Bedürfnisse und die der Jugendlichen zu kennen und sich damit auseinanderzusetzen. Dieses mag manchem zunächst fremd und ungewohnt erscheinen, es ist jedoch wichtig, in einen Austausch zu kommen, sich auf einer »erwachsenen« Ebene zu begegnen und neu kennenzulernen.

Der Wunsch der Jugendlichen, wie Erwachsene behandelt zu werden, heißt nicht, dass alle kindlichen Bedürfnisse verschwunden sind. Auch Jugendliche möchten von Zeit zu Zeit in den Arm genommen werden, allerdings nur dann, wenn es für sie passend erscheint.

MÄRCHENLAND Mir hat es immer sehr gutgetan, wenn meine Mama mich einfach nur im Arm gehalten hat. Am Anfang hab ich mich immer richtig dagegen gesträubt, aber sie hat mich einfach festgehalten und mir das Gefühl gegeben, dass sie bei mir ist. Sie hat mir mit diesem In-den-Arm-Nehmen richtig geholfen. Einfach deshalb, weil ich gemerkt habe, ich bin nicht allein, da ist jemand, der auf mich aufpasst. ■

Auch Jugendliche und junge Erwachsene genießen weiterhin jede Form des elterlichen Lobs, auch wenn sie nach außen hin cool darauf reagieren oder so tun, als würde es sie nicht interessieren. Förderlich ist es, wenn Eltern die Arme offen halten, in Beziehung bleiben, Gesprächsbereitschaft signalisieren und Interesse am Leben ihres Kindes zeigen, ohne den Kontakt zu erzwingen.

Wie kann es Ihnen gelingen, Ihr Kind sanft in die Unabhängigkeit zu begleiten? Was können Sie dafür tun? Sind Sie dazu bereit und unter welchen Bedingungen?

Trauen Sie Ihren Kindern etwas zu und fordern Sie Leistungen oder die Übernahme von Aufgaben im Haushalt durchaus auch ein. Wann fühlen Sie selbst sich und wann fühlt sich Ihr Kind überfordert? Gibt es Situationen, in denen Sie Ihr Kind »klein« machen, kennen Sie Situationen, in denen Ihr Kind das durch sein Verhalten provoziert? Sind Sie manchmal zu nachsichtig? Schauen Sie auf beide Seiten Ihres Kindes, sowohl auf die kindliche, bedürftige, verletzliche als auch auf die souveräne, verantwortungsvolle und erwachsene Seite.
Lieben Sie Ihr Kind, so wie es ist? Wie sollte es Ihrer Meinung nach sein? Schauen Sie nicht nur kritisch auf seine Fehler, sondern sehen Sie auch die positiven Eigenschaften und Entwicklungen und zeigen Sie, dass Sie diese sehen. Halten Sie es aus, an Ihre Grenzen gebracht zu werden?
Geben Sie Raum, indem Sie einen Schritt zurücktreten und bewusst loslassen. Zeigen Sie gleichzeitig standfeste Liebe, indem Sie auch Position beziehen.

Entwicklungsräume

Keine Entwicklung erfolgt im luftleeren Raum. Jede Veränderung beansprucht Zeit, Raum und Energie. Sie folgt hierbei gewissen Prozessen, die wiederum nach bestimmten Regeln ablaufen. Hinzu kommen äußere Zeichen, die diese Entwicklungsprozesse kennzeichnen.

Damit es überhaupt zu einer Veränderung kommen kann, muss es zu einer Disbalance zwischen einem gegebenen Ist- und einem angestrebten Sollzustand kommen. Diese Diskrepanz zeigt sich im Bereich von Bedürfnissen, die erfüllt werden müssen und bei Nichterfüllung zu einem unerträglichen Spannungsdruck führen. Der Wunsch nach Erfüllung dieser Basisbedürfnisse wirkt veränderungsmotivierend.

Zu den Basisbedürfnissen in der Adoleszenz gehören: soziale Einbindung, Kompetenz und Autonomie.

Abbildung **Bedürfnisse Jugendlicher**

Nun gibt es unterschiedliche Räume, in denen sich Jugendliche aufhalten und wo die Erfüllung der Basisbedürfnisse bzw. die notwendigen skizzierten Entwicklungsprozesse stattfinden: Elternhaus, Schule und Freizeitbereich.

An den einzelnen Orten begegnen Jugendliche anderen Personen, mit denen sie in Beziehung treten. Diese Begegnungen können die Entwicklung fördern oder auch behindern, dementsprechend werden die beteiligten Personen zu Protagonisten oder Antagonisten des Entwicklungsprozesses. Es sind: Geschwister, Gleichaltrige, Eltern und andere Erwachsene.

Abbildung **Protagonisten und Antagonisten der jugendlichen Entwicklung**

Die Form des Zusammenspiels wird durch die Art der Kommunikation geprägt: symmetrisch oder komplementär, direkt oder indirekt, offen oder geschlossen. Holprige Entwicklungsverläufe können sich krisenhaft entwickeln und als Nebenwirkung symptomatisches Verhalten aufseiten der Jugendlichen zur Folge haben, als Versuch, die ambivalente Situation zu lösen. Symptome des Übergangs sind selbstverletzendes Verhalten, Klauen, Essstörungen, Trinken, Kiffen, Lügen, exzessives Computerspielen und Extremsport.

Um sich klar nach außen abzugrenzen und die Zugehörigkeit zu bestimmten Szenen deutlich zu machen, bedarf es sichtbarer Zeichen, die symbolischen Charakter haben und Kleidung und Aussehen verändern.

Abbildung Symbole des Übergangs

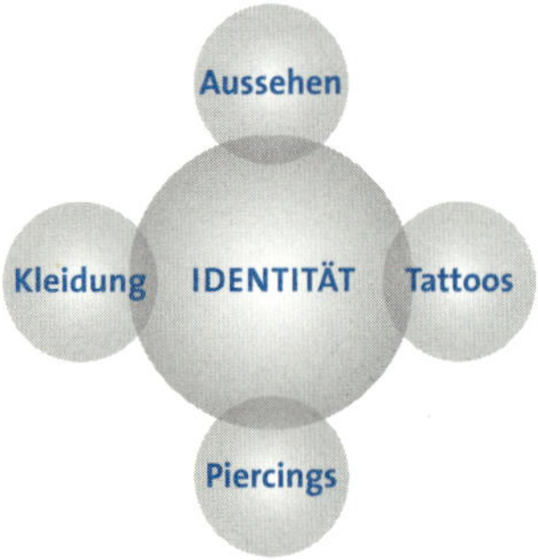

Der Entwicklungsprozess wird außerdem durch situative Faktoren begleitet, die sich förderlich bzw. hinderlich auf den Veränderungsprozess auswirken können: Förderliche Faktoren sind politisches, kulturelles und soziales Engagement, Beratung und gegebenenfalls Therapie. Belastend wirken Verluste, Arbeitslosigkeit der Eltern, sozialer Abstieg der Familie. psychische Krankheit oder Sucht der Eltern, Missbrauchs- und Gewalterfahrungen.

Um im Bild zu bleiben: Bevor die Spielabläufe im Einzelnen betrachtet werden, geht es darum, sich mit dem Spielfeld vertraut zu machen. Die Motivation der Jugendlichen, überhaupt zu spielen, wird von den Basisbedürfnissen soziale Einbindung, Kompetenz- und Autonomiegewinn bestimmt. Die einzelnen Spielorte werden durch die Entwicklungsräume bestimmt. Die Mitspieler sind die beteiligten Personen. Die Art und Weise,

Abbildung Förderliche und belastende Faktoren jugendlicher Entwicklung

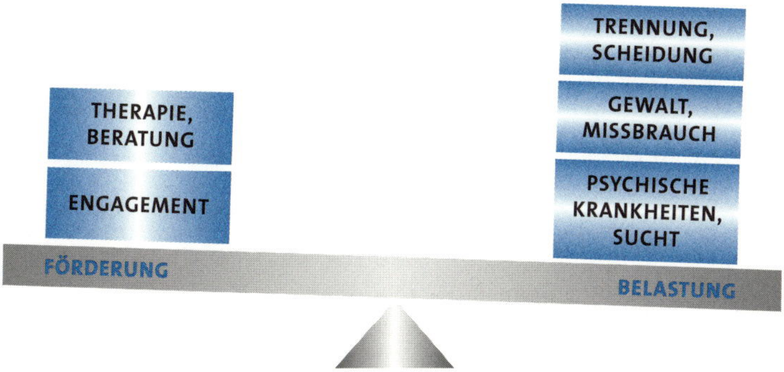

wie gespielt wird, wird durch die Form der Kommunikation bestimmt. Verletzungen, die vorkommen, zeigen sich in den einzelnen Symptomen. Die Mitspieler erkennt man an ihren Trikots, an der Form der gewählten Symbole. Die Bedingungen des Spiels sind die begleitenden Faktoren. Wer außerhalb des eigentlichen Spiels ein gutes Trainingsfeld für sich gefunden hat, der hat die besten Karten.

Das Elternhaus ist immer ein Trainingsfeld. Die Frage ist also: Wie werden Sie ein guter Trainingspartner?

Identitätsfindung und Selbstwertgefühl: vom Suchen nach dem Selbst

Die Neustrukturierung des Gehirns in der Adoleszenz versetzt Jugendliche in die Lage, komplexere Denkoperationen durchzuführen. Sie beginnen, sich Gedanken über Ethik und Moral zu machen, über den Sinn des Lebens und ihres eigenen Seins.

Auch über ihre eigene Person denken sie intensiv nach. In dieser Zeit sind sich die Jugendlichen ihrer selbst nicht sicher, sie vergleichen sich mit Wunschvorstellungen und Vorbildern und beobachten sehr aufmerksam, welche Rückmeldungen sie aus der Umwelt erhalten.

Es gibt Anzeichen für diese innere Veränderung, kleine Wellen an der Oberfläche, die Hinweis auf ein unterseeisches Beben geben. Viele Eltern kennen das: Die Tochter verbringt den Nachmittag damit, in den Spiegel zu schauen, verschiedene Outfits anzuprobieren, sich Kleidungsstücke von der großen Schwester auszuleihen, und ist am Ende schlecht gelaunt und unzufrieden. Oder der Sohn braucht morgens doppelt so lange wie früher im Bad und geht nicht aus dem Haus, bevor eine Menge an Haargel verbraucht wurde und die Frisur so sitzt, wie sie sitzen muss.

Meist sind solche Verhaltensweisen der Anlass für Neckereien zwischen den Geschwistern, die Eltern rollen die Augen, lächeln darüber und können nicht recht nachvollziehen, was so wichtig daran sein soll. Könnten sie ins Innere ihres Sohnes blicken, wären sie überrascht.

CONNOR Ich fühle mich in letzter Zeit immer unwohler in der Öffentlichkeit. Ich stehe morgens auf, gehe in die Dusche, trockne mich anschließend ab, putze mir meine Zähne und rasiere mich noch schnell. Dann schau ich in den Spiegel und finde mich absolut hässlich.

Auch meine Klamotten passen nicht zu mir. Die Schultern hängen runter und der Pulli bzw. das T-Shirt sieht aus, als wäre alles eine Nummer zu groß, obwohl es die passende Größe ist. Wenn ich dann in die Schule gehe, fühle ich mich einfach unwohl und würde mich am liebsten nur verstecken. Ich setze mich in die

letzte Reihe, damit ich mich nicht so beobachtet fühle, ich melde mich nicht im Unterricht, weil ich dann unnötig im Mittelpunkt stehe, und an die Tafel gehen zu müssen ist das Schlimmste.
Habe mir dann jeden Morgen die Haare gegelt, um aus der krausen, unförmigen Frisur eine schlichte, aber sitzende Frisur zu kleistern. Damit ging's dann auch eine Weile. Das Problem ist nur, dass ich es manchmal morgens nicht hinbekomme, eine schlichte Frisur zu kleistern, und egal, wie lange ich rumprobiere mit Föhnen, noch mal waschen, zurechtkämmen und wieder gelen ... die Frisur sieht einfach weiterhin grausig aus.
Dann gehe ich manchmal morgens gar nicht zur Schule, gar nicht zu der Verabredung mit Freunden oder was ich sonst alles an dem Tag vorhatte. ■

Die Identitätsfindung und der Aufbau eines angemessenen Selbstwertgefühls ist ein Prozess, der sich über mehrere Jahre und durch Höhen und Tiefen hinziehen kann. In den seltensten Fällen geht dieser Prozess problemlos vonstatten, meistens durchlaufen die Jugendlichen Durststrecken.

Ein mangelndes Selbstwertgefühl kann sich auf vielerlei Art ausdrücken. Oft ist es verbunden mit der Unzufriedenheit mit dem eigenen Körper. Dahinter stecken jedoch noch andere Ängste oder das Gefühl von Inkompetenz und Hilflosigkeit. Jugendliche schwanken zwischen Selbstüberhöhung und Minderwertigkeitsgefühlen. Oder sie verbergen ihre Ängste, ziehen sich zurück und zeigen nach außen Härte.

Zimmertüren werden plötzlich abgeschlossen, die Tochter fordert heftig ihre Privatsphäre ein. Der Sohn mag nicht mehr geküsst werden, Umarmungen sind peinlich. Manche Mädchen kokettieren mit den neuen weiblichen Formen und Väter sind entsetzt darüber, wie sich »ihre Kleine« anzieht. Andere Mädchen hüllen sich in weite Pullover, kleiden sich geschlechtsneutral oder betont männlich.

Die Jugendlichen befinden sich in einem Suchprozess, der geprägt ist von Unsicherheiten und Zweifeln. Es geht um eine große Frage: »Wer bin ich eigentlich?«, gefolgt von der Frage: »Wie wirke ich?« Die Hoffnungen und Wünsche drehen sich darum, einen Platz im sozialen Umfeld zu finden, der respektiert und anerkannt wird: »Was macht mich zu etwas Besonderem?« Und: »Finden mich die anderen gut?«

Identitätsfindung: Wer bin ich?

DELFIN Ich kann meinen Körper nur schwer akzeptieren und hab sehr große Probleme damit, mich vor (egal wem) unbekleidet zu zeigen. Hatte daher auch noch nie einen Freund. Es belastet mich sehr. Ich finde es auch ekelig und widerlich, andere Menschen nackt zu sehen. ■

Durch die pubertätsbedingten körperlichen Veränderungen fühlen sich viele Jugendliche nicht mehr wohl in ihrem Körper. Sie werden sich ihres Geschlechts und ihrer Körperlichkeit auf eine neue Art bewusst. Schon in früheren Entwicklungsstufen ahmen Kinder männliches oder weibliches Rollenverhalten nach. Diese Tatsache bekommt jedoch in der Pubertät eine andere Bedeutung. Jugendliche stellen sich Fragen wie: »Was zeichnet eigentlich eine richtige Frau, was einen richtigen Mann aus?« Und: »Ist bei mir alles richtig?«

Heutzutage ist all das nicht mehr so leicht zu beantworten, es gibt die unterschiedlichsten Lebensentwürfe für Männer und Frauen. Die Unterscheidung zwischen »typisch männlichen« und »typisch weiblichen« Berufen und Aufgaben in der Familie lösen sich mehr und mehr auf. Auch wenn die größere Freiheit prinzipiell positiv zu bewerten ist, so stellt sie die Jugendlichen doch vor eine Menge Entscheidungen.

Schon beim äußeren Erscheinungsbild haben Jugendliche die Qual der Wahl. Längst lassen Kleidung, Haarlänge oder Schminke nicht mehr eindeutige geschlechtsspezifische Unterscheidungen zu, es gibt metrosexuelle Männer und androgyne Frauen, eine wunderbare Vielfalt, die es auszuprobieren gilt. Wenn nur die Unsicherheit nicht wäre: »Bin ich schön? Bin ich liebenswert?« Die Jugendlichen werfen einen kritischen Blick auf sich selbst – und nicht selten enttäuscht sie das, was sie sehen oder zu sehen glauben.

GOLDEN SUN Ich bin pummelig. Habe ungefähr 2–5 Kilo Übergewicht. Alle nennen mich fett und hässlich. Das zerrt an meinem Selbstwertgefühl. Hab mir vorgenommen, abzunehmen, aber das habe ich schon oft.
Das Blödeste, was ich mir gedacht habe, ist, dass mein Finger in den Hals kommt. Ich glaub, das war meine verzweifeltste Zeit.

Die Suche nach dem eigenen Selbst führt über die Selbstbetrachtung, die Bewertung des eigenen Körpers und der eigenen Fähigkeiten. Es ist ein innerer Kampf, der mit vielen Fragen verbunden ist: »Was will ich? Was erwarten die anderen? Was schreibt die Gesellschaft vor?«

Stellen Sie sich einmal vor, ein Reporter würde Ihnen folgende Fragen stellen: »Wer sind Sie eigentlich? Was macht Sie aus?« Wahrscheinlich könnten Sie nicht spontan antworten, Sie kämen sicher ins Grübeln. Im Alltag stellen sich Erwachsene solche Fragen nicht, für Heranwachsende sind diese Fragen über mehrere Jahre hinweg der Alltag. Wenn Sie das Gedankenspiel weiterführen und ernsthaft darüber nachdenken, wer Sie eigentlich sind, bekommen Sie ein Gespür dafür, wie viel Energie die Beschäftigung mit dieser Frage kostet, und vielleicht auch eine Ahnung davon, wie viel Unsicherheit sie auslösen kann. □

KÄNGURU Langsam muss ich mal entscheiden, was ich will und wer ich bin. Ich kann mich nicht ständig umentscheiden. Und vor allem darf ich nicht immer schauen, was die anderen machen, und denen die Schuld für mein »Versagen« in die Schuhe schieben.

Ich will eine eigene Identität aufbauen, bei der ich mir sagen kann: »So bin ich. Das ist meine Aufgabe. So mache ich es!«

Ich weiß, wer ich bin und was ich will und was meine Aufgabe im Leben ist.

Aber: Was sagen die anderen dazu? Ist das nicht kindisch?! Ich bin ICH!

Ich muss auf mich schauen, auf mich. Ich muss meinen Weg gehen und schauen, wie ich zurechtkomme, ohne Jammern und auf die anderen zu schauen und über sie zu meckern. Ich habe genug an mir selbst zu arbeiten! ■

Beim Ringen um die eigene Identität dringen die Jugendlichen vor in tiefere Schichten ihres Selbst; die damit verbundenen Ängste und Unsicherheiten lassen sich nicht auf ein abgegrenztes Gebiet beschränken.

SENSATION Selbst wenn man mir sagt, ich sei nicht dick, fühle ich mich so. Ich kann einfach nicht glauben, dass man mich mögen kann, mich hübsch findet oder gern mit mir zusammen ist.

Dazu kommt immer so eine gewisse Leere und Sinnlosigkeit, die ich oft empfinde. Manchmal überkommt es mich einfach und ich könnte anfangen zu heulen, weil alles so dumm ist und ich nichts gebacken kriege. ■

Sehr häufig taucht dann der Begriff des Selbstwertgefühls auf. Die Jugendlichen erleben sich als zu hässlich, zu schwach, zu uninteressant, zu dumm, zu unfähig, kurz gesagt: als nicht liebenswert. Sie trauen sich nichts zu, fühlen sich hilflos oder ausgeliefert und möchten sich dafür bestrafen oder sich verstecken. Sie haben ein geringes Selbstwertgefühl.

Selbstwertgefühl: Was kann ich?

Als »Selbstwert« wird jener Wert bezeichnet, den man sich selbst zumisst. Es ist also genau genommen kein »Gefühl«, sondern eine Mischung aus bewussten und unbewussten Bewertungen, die wir aufgrund von Fähigkeiten oder auch Eigenschaften unserer eigenen Person gegenüber vornehmen.

Das Selbstwertgefühl

Verschiedene Informationen beeinflussen das Selbstwertgefühl:

- die Erfahrungen in der Vergangenheit,
- der Vergleich mit Idealen und Vorbildern,
- positive Rückmeldungen in der Gegenwart und Akzeptanz durch die Umwelt,
- Erlebnisse von Selbstwirksamkeit und Kompetenz.

Drei Faktoren hängen eng mit dem psychischen Wohlbefinden zusammen:

- Selbstwirksamkeit: die Erfahrung, mit dem eigenen Verhalten etwas beeinflussen zu können;
- Kompetenz: sich als erfolgreich zu erleben bzw. etwas gut zu können;
- Akzeptanz: von anderen so anerkannt zu werden, wie man ist.

Die Entwicklung eines angemessenen Selbstwertgefühls gehört zu den Aufgaben des Erwachsenwerdens. »Angemessen« bedeutet, ein Gefühl dafür zu bekommen, was man kann und was man nicht kann. Es sollte nicht überhöht und von Selbstüberschätzung geprägt sein, jedoch auch nicht von Minderwertigkeit und Hilflosigkeit. Eine gesunde Balance ist erstrebenswert. In kurzen Sätzen ausgedrückt: »Ich kann etwas! Ich weiß auch, was ich nicht kann, damit kann ich leben oder ich kann es noch lernen. Ich bin liebenswert! Ich bin in Ordnung!«

Das Selbstwertgefühl befindet sich immer im Wandel, es gibt tagesbezogene Schwankungen und auch Schwankungen in verschiedenen Lebensphasen. In der Phase des Heranwachsens bildet sich jedoch zum ersten Mal eine bewusste Haltung zum eigenen Selbst heraus.

Erfahrungen in der Vergangenheit

Die Erlebnisse in der Vergangenheit bilden eine Grundlage für die Selbstbeschreibung. Identität und unser Selbstwertgefühl gewinnen wir aus unserem Lebensverlauf. Wenn Kinder sich angenommen und sicher fühlen, wenn sie Erfahrungen machen, dass sie etwas können, ihnen etwas gelingt und andere dies auch honorieren, dann entwickeln sie das Gefühl von Kompetenz: »Ich kann etwas!« Wenn sie außerdem, unabhängig von ihrem Können, Erfahrungen von Geborgenheit und Geliebtsein machen, dann erleben sie Akzeptanz: »Ich bin liebenswert!«

In der Pubertät gerät die kindliche Sicherheit ins Wanken, aber Jugendliche mit positiven Erfahrungen finden ihre Balance leichter wieder als jene, deren Kindheit von Abwertung und Unsicherheit geprägt war.

YETI Ich möchte endlich ein richtiger Mensch sein und ich möchte endlich Gefühle zeigen können und wissen, dass es okay ist, sie zuzulassen, aber ich habe Angst und ich schäme mich ...
All das ist größer als der Mut zu leben. Ich bin feige, aber das war ich schon immer, weil mir von klein auf durch viele Menschen gezeigt wurde, dass ich anscheinend nicht in der Lage bin, Mut zu zeigen, dass ich zu nichts in der Lage und auch sonst nichts wert bin – das wurde deutlich. ■

Kinder brauchen Anerkennung und wertschätzende Rückmeldungen. Sie sollten die Gelegenheit haben, Herausforderungen zu meistern und Einfluss zu nehmen. Je nach Alter können das kleine Aufgaben sein: das erste Mal allein etwas beim Bäcker holen, das erste Mal allein Bus fahren, eine Bahnreise zu Verwandten, Entscheidungen darüber, was man anziehen möchte, oder Vorschläge für Familienausflüge. Für ältere Kinder geht es um ein Mitspracherecht bei Entscheidungen, die sie selbst, aber auch die Familie betreffen, wie die Anschaffung eines Haustieres oder ein Umzug. Gleichzeitig brauchen Kinder die Sicherheit, dass sie wertvoll und liebenswert sind, unabhängig von erbrachten Leistungen.

Versuchen Sie immer wieder, die Balance zu finden zwischen Fürsorge und Erziehung zur Selbstständigkeit. Fordern und fördern Sie Ihr Kind, lassen Sie es Herausforderungen meistern und behandeln Sie es mit Wertschätzung. Damit legen Sie einen Grundstein für ein gesundes Selbstvertrauen und für genügend Selbstsicherheit. □

Die zweite Einflussgröße wird geprägt von der Gesellschaft, den Medien, dem Freundeskreis und der sonstigen näheren Umwelt der jungen Menschen. Da eine Entwicklungsaufgabe des Heranwachsens die Abgrenzung von den Eltern und die eigene Identitätsfindung ist, fordert das Vorbild der Eltern häufig (wenn auch nicht zwingend) zu einem Gegenentwurf heraus. Die Jugendlichen orientieren sich daran, was draußen in der Welt als wichtig und richtig gilt. Da es ganz verschiedene Wertvorstellungen gibt, je nach Glaube, Gesellschaftsschicht, Tradition, Kultur und Lebensauffassung, und da die Welt »klein« geworden ist durch Fernsehen, Filme und Internet, gibt es die unterschiedlichsten Möglichkeiten, um Vorbilder und Werte auszuwählen.

LILA Vorbilder sind meist Menschen, zu denen man hinaufblickt wegen einer tollen oder besonderen Fähigkeit oder weil einem halt etwas an ihnen gefällt.

Sollte man nun für oder gegen Vorbilder sein? Das ist sehr schwierig zu beantworten, denn einerseits sind Vorbilder gut, andererseits sind sie gar nicht mal so toll!

Es gibt viele Vorbilder, nach denen man sich richten kann, aber man sollte nie vergessen, dass man auch sein eigenes Leben zu leben hat. Es gibt auch schlechte Vorbilder wie manche Popstars oder Models, die an Magersucht leiden oder Drogen nehmen. Danach richten sich dann auch manche und kriegen die gleichen Eigenschaften. Allerdings sind Vorbilder ein Pfad zur Orientierung, zum Beispiel helfen sie in schwierigen Zeiten weiter oder bei der Jobwahl. Aber wie gesagt: Man darf niemals vergessen, sein eigenes Leben zu leben! ■

Wenn sich Jugendliche an Vorbildern orientieren, die in der Realität eher fern von ihren Möglichkeiten liegen, dann hat dies zur Folge, dass sie sich minderwertig und hilflos fühlen oder beginnen, sich selbst zu hassen. Sie wollen grundsätzlich jemand anderes sein und verleugnen dabei sich und ihre eigenen Fähigkeiten.

Auch wenn Jugendliche nicht mit den Wertvorstellungen der Eltern übereinzustimmen scheinen, ist es wichtig, mit ihnen im Gespräch über Werte zu bleiben. Interesse und Toleranz ihren Ansichten gegenüber, gepaart mit dem Mut, andere Ansichten zu vertreten, zeigen den Jugendlichen, dass es die Freiheit der Wahl gibt – und dass sie ernst genommen werden.

Wichtig ist, dass Sie darauf achten, keine anklagende oder belustigte Haltung einzunehmen. Seien Sie kritisch, aber nicht abwertend. Verstellen sollten Sie sich jedoch auf keinen Fall. Wenn ein Vorbild völlig andere Ansichten vertritt als Sie, dann bringen Sie das auch zum Ausdruck. Achten Sie jedoch darauf, über Befürchtungen und Sorgen zu sprechen, die dieses Idol in Ihnen auslöst, anstatt es zu verdammen. Erklären Sie Ihre Beweggründe und fragen Sie nach, welche Ideen Ihr Kind mit seinem Vorbild verbindet. Nehmen Sie sich Zeit für Gespräche über weibliche und männliche Rollenvorbilder. □

Da die Jugendlichen auf der Suche nach Vorbildern sind, kann es passieren, dass sie ihre Meinungen häufig ändern, manchmal von einem Extrem ins andere verfallen. Dies wird gefährlich, wenn sich radikale Gruppierungen die Unsicherheit und das mangelnde Selbstwertgefühl zunutze machen, um Mitglieder zu gewinnen, oder wenn der Vergleich mit einem überhöhten Idol zu selbstzerstörerischen Denk- und Verhaltensweisen führt (siehe auch die Kapitel zu selbstverletzendem Verhalten und Essstörungen).

Rückmeldungen und Akzeptanz durch die Umwelt

Eltern sollten den Jugendlichen immer wieder sagen, dass sie stolz auf sie sind, dass sie eine Eigenschaft an ihnen besonders schätzen, und sich für eine nette Geste oder Hilfe bedanken. Auch wenn Jugendliche versuchen, »cool« zu wirken, so freuen sie sich doch wie alle Menschen über Lob oder über positive Rückmeldungen. Und selbst wenn sie oftmals so tun, als ob die Meinung der Eltern kein Gewicht habe, so achten sie doch sehr darauf, was die Eltern sagen oder auch nicht sagen. Es ist sogar so, dass sie sehr sensibel auf »Nichtbeachtung« reagieren.

NICE MISSY Im Oktober werde ich 15. Ich habe das Gefühl, dass meine Eltern nur dann mit mir reden, wenn sie gerade was zum Motzen haben.

Und außerdem interessiert es sie eh einen Scheiß, was ich mache oder auch nicht. Hauptsache, ich bring gute Noten nach Hause, bin immer schön brav und komme abends nach Hause. Meine Eltern beschweren sich immer bei anderen, dass ich so faul bin und nie was für die Schule tue und so schlechte Noten hätte (na ja, so zwischen drei und vier). Aber die anderen Eltern lernen auch den ganzen Tag mit ihren Kindern.

Ist das denn zu viel erwartet, dass sie ab und zu einfach mal ein bisschen Interesse zeigen? Die sollen doch mal froh sein, dass ich so bin. Ich meine, ich könnte den ganzen Tag draußen rumhängen, rauchen, Alkohol trinken, ja vielleicht Drogen nehmen. Nie sagen die mal, dass sie mich lieb haben oder so was. Ich bin einfach die »Große«, die zu funktionieren hat. ■

Fragen Sie nach, wenn Sie den Eindruck haben, dass Jugendliche sich zurückziehen oder verschließen. Und nutzen Sie jede sich bietende Gelegenheit, sie zu bestärken und ihnen Mut zu machen. Lassen Sie sich durch eine ablehnende Haltung nicht abschrecken! Bieten Sie Ihre Hilfe bei Problemen oder Rückschlägen an. Lassen Sie die Tochter eigene Entscheidungen treffen, beziehen sie den Sohn in familiäre Entscheidungen mit ein. Fragen Sie vielleicht auch einmal um Rat und lassen Sie sich etwas erklären. Dies lässt Ihre Kinder Anerkennung spüren. □

Neben der elterlichen Akzeptanz spielt die Anerkennung von Gleichaltrigen eine große Rolle. Jugendliche schließen sich häufig in Kleidung, Aussehen und geäußerten Einstellungen einer Jugendkultur an. Dies erhöht das Gefühl, irgendwo dazuzugehören, und vermindert die Unsicherheit (mehr dazu im Kapitel »Tattoos, Piercing, Kleidung«).

Wie alle Menschen bewegen sich die Jugendlichen in unterschiedlichen Zusammenhängen und zeigen sich in der Familie, bei Freunden, in der Schule oder im Ausbildungsbetrieb, im Verein, bei Verwandten und Nachbarn auf verschiedene Weise. Überall erhalten sie Rückmeldungen, die sie wiederum mit ihren eigenen Vorstellungen vergleichen.

SOWIESO Heute musste unser Ausbilder mal weggehen und fragte in die Runde, wer denn nun der »Chef« sein solle, zu dem jeder gehen könne, wenn er Fragen hat.
Ich habe mich rausgehalten, aber die ganze Gruppe sagte sofort, ich solle das machen!!! Irgendwie hat mich das voll gerührt, dass die mir so vertrauen. Irgendwie ein echt gutes Gefühl! ■

Die intensive Auseinandersetzung mit den eigenen Fähigkeiten und der Vergleich von Selbst- und Fremdbild formen die

Vorstellung vom eigenen Ich. Das Ich kann es nur in Abgrenzung zum Du geben und auch nur in Wechselwirkung mit anderen erfahren werden.

COLOR Manchmal frage ich mich, wie es dazu kommt, dass das Außenbild so sehr vom Innenbild abweichen kann. Wie können andere Menschen Fähigkeiten und Eigenschaften an einem sehen, von denen man sich selbst sicher ist, dass sie gar nicht zu einem gehören? Warum fällt es manchmal so schwer, Innenbild und Außenbild miteinander zu vereinen?

Ist es möglicherweise die Furcht vor den Erwartungen, die an ein solches Bild geknüpft sind?

Vielleicht gibt es auch einen viel simpleren Grund: Der Zweifel ist ein Motor, der dazu antreibt, sich weiterzuentwickeln. Wenn Außenbild und Innenbild vereint wären, gäbe es möglicherweise keinen Anlass zur Veränderung mehr. Kann es sein, dass man sich deshalb so sehr selbst hinterfragt, auch wenn alle anderen von den Fähigkeiten und den Potenzialen, die man (angeblich?) in sich trägt, überzeugt sind? ■

Selbstwirksamkeit und Kompetenz

Für Jugendliche sind die Felder, in denen sie Selbstwirksamkeit und Kompetenz erleben können, das Elternhaus, der Freundeskreis, Hobbys und die Schule oder der Ausbildungsplatz. Sie schöpfen Kraft aus positiven Begegnungen mit anderen, und auch wenn sie manchmal so tun, als ob ihnen der Schulerfolg völlig unwichtig wäre: Es gibt keinen jungen Menschen, der sich nicht über gute Noten freut!

AHORN Ich freu mich so! Ich bekomme meine Eins in Musik auf dem Zeugnis wieder! Und eine Zwei in Mathe! Heute in drei

Wochen der Geburtstag von meiner besten Freundin und mir! Und heute in der Schule haben wir endlich mal geplant, wie wir feiern! Das wird sooo gut!

Mit meiner Mama verstehe ich mich seit längerer Zeit auch wieder viel besser, wir unternehmen viel zusammen und machen fast jeden Abend eine Fahrradtour!

Und nur noch neun Tage Schule, dann sind Sommerferien, das werden so ziemlich die besten Sommerferien der letzten Jahre! Endlich mal wieder in den Urlaub! Dieses Jahr geht's ab an die Nordsee und das Schülerferienticket hab ich auch schon gekauft! Den Ferien steht also nichts mehr im Weg!

Ach, ich bin im Moment einfach nur richtig gut drauf und freue mich so doll auf die nächste Zeit! ■

Wenn Jugendliche Erfolge erzielen, dann zeigen sie eine fast kindliche und bedingungslose Freude. In solchen Momenten sind Selbstzweifel und Grübeleien wie weggeblasen, sie strahlen und können mit ihrer Energie ihre ganze Umgebung anstecken.

Wenn Ihre Kinder Misserfolge erleben, dann hilft es ihnen nicht, wenn Sie sie unter Druck setzen. Gehen Sie davon aus, dass sie selbst ein großes Interesse an positiven Ergebnissen haben, auch wenn sie es nicht immer offen zeigen. Fragen Sie, wie Sie helfen können, und bieten Sie Ihre Unterstützung an. Ermuntern Sie und geben Sie Hoffnung, das stärkt die Jugendlichen und führt eher zum Erfolg. Spätestens wenn es dann doch funktioniert hat, werden Sie merken, wie sehr dies auch der Wunsch der Jugendlichen war. □

MIKA Ich bin gerade so total glücklich, denn mir wurde heute mitgeteilt, dass ich einen Ausbildungsplatz habe. Nachdem ich zwei Vorstellungsgespräche total verkackt hatte, habe ich damit kaum mehr gerechnet und war dann richtig überrascht, dass ich das jetzt mal geschafft habe. ■

Eine gute Möglichkeit, positive Erfahrungen zu machen, ist der Freizeitbereich. Hier können ganz unterschiedliche Eigenschaften und Fertigkeiten gefragt sein, jeder kann etwas Passendes finden, seien es künstlerische Talente, soziale oder sportliche Fähigkeiten.

Eine Jugendliche empfiehlt einer anderen, die unter Selbstunsicherheit und Ängsten leidet, unter anderem:

GEWITTERCHEN Beweg dich stark! Sport stärkt das Selbstbewusstsein. Egal, was du tust, ob Laufen, Kampfsport, Schwimmen, Basketball oder Aerobic: Danach kannst du richtig stolz auf dich sein und fühlst dich total entspannt. So kannst du auch spüren, wie viel Energie eigentlich in dir steckt. Und das ist wie Honig für deine Seele. Zusätzlich werden bei regelmäßiger intensiver Bewegung im Körper Glückshormone freigesetzt. Diese bringen dich in eine positive Stimmung. ■

Es sollte jedoch nicht vorrangig um Leistung gehen, sondern um das Erleben von Selbstwirksamkeit, sei es im Gemeinschaftserleben beim Mannschaftssport oder beim Reiten im Zusammenspiel mit einem Tier oder beim Surfen im Kampf mit den Elementen.

ERIC Freiheit!
Wenn du nur spürst, wie der Wind dich trägt, weg von der Küste und damit weg von allen Problemen, einfach nur raus aufs weite Meer. Und die enorme Kraft, die dahintersteckt!
Und wenn du dann noch spürst, dass das Salz richtig in die Haut einbrennt, dass es schon wehtut, oder wenn dir eine Welle direkt ins Gesicht peitscht ... unbeschreiblich! ■

Bieten Sie Ihren Kindern schon in jungen Jahren Hobbys an, unterstützen Sie neben der Schule eine Mitgliedschaft im Verein oder in einer Freizeitgruppe. In der Pubertät verschlechtern sich häufig die Leistungen in der Schule, strafen Sie schlechte Noten auf keinen Fall ab, indem Sie Hobbys verbieten oder sie als Druckmittel verwenden. Die positiven Erlebnisse im Freizeitbereich brauchen die Jugendlichen gerade dann, wenn es in der Schule nicht so gut läuft.

Der Sinn des Lebens: vom Wissen um das Nichtwissen

Jugendliche Sinnsuche

Heranwachsende junge Menschen ab der Pubertät werden sich ihrer Existenz, ihres Daseins zunehmend bewusst. Dieser Blick aufs eigene Leben wirft viele Fragen auf. Zu ihnen gehört auch die Frage nach den Bedingungen des Lebens überhaupt – die »existenziellste« aller Fragen. Das kann ganz unterschiedlich klingen: Was ist »Leben«? Wie funktioniert dieser Kosmos um uns herum, den wir so wenig begreifen? Welchen Wert hat unser eigenes Leben? Wofür bin ich »da«? Und schließlich natürlich: Ist mit dem eigenen Tod alles aus? War dann ohnehin alles umsonst? Gib es gar keinen »Sinn«?

B-MOVIE Warum schreien wir nach einem schönen Leben, wenn wir eh alles hergeben müssen, was wir aufgebaut haben? Klar, wir lassen die Dinge für unsere Nachfahren zurück, aber was haben die davon, wenn sie auch gehen ... Wozu leben wir, wenn wir nachher so oder so wieder allein sind? Das ist Scheiße!

Die Frage nach dem Sinn des Lebens ist eng verknüpft mit der Bewusstwerdung der eigenen Sterblichkeit. Die Vergegenwärtigung des unausweichlichen Todes löst bei jedem Menschen immense Ängste aus. Bei Heranwachsenden tritt sie gerade zu einer Zeit verstärkt auf, in der sie gefordert sind, ihr eigenes Leben in die Hand zu nehmen. Sie sollen ihr zukünftiges Leben gestalten, doch wofür wollen sie leben, wofür ihr eigenes Leben einsetzen? Sie sollen sicherer werden in ihren Lebensentscheidungen, aber genau jetzt wird alles fundamental infrage gestellt.

SHILO Ich frage mich, was das Ziel des Lebens ist. Was will man im Leben erreichen? Was will *ich* in meinem Leben erreichen? Oder ist es nur eine unsinnige Zeit, die man versuchen muss so gut wie möglich durchzustehen? Sind wir einfach nur da, weil es der Zufall so wollte? Oder sind wir da, weil wir etwas verändern sollen? Sind wir das Spielzeug, das zum Zeitvertreib gebaut wurde? Oder sind wir geschaffen, um etwas zu bewegen? Was ist das Ziel, der Zweck, der Sinn des Lebens? ■

Solche Fragen gehören zum Entwicklungsschritt der Adoleszenz.

Oft allerdings werden diese Fragen nicht ausgedrückt. Sie werden verschwiegen, sosehr die jungen Menschen innerlich auch mit ihnen beschäftigt sind. Das hat mehrere Gründe.

Zunächst einmal wird mit der Frage nach dem Sinn des Lebens immer etwas gesucht, das jenseits unserer Welterfahrung liegt. Das heißt, dass wir uns in jenen Bereich vorwagen, den viele Menschen für irrational halten. Hier geht es um Glaubensfragen. Ein Glaube an ein Jenseits allerdings kann schnell ein Gefühl von Peinlichkeit bewirken, weil wir als vernunftorientierte Wesen gewohnt sind, nur Aussagen oder Vorstellungen zu vertreten, die für andere rational nachvollziehbar erscheinen.

Selbst viele Erwachsene thematisieren ihre eigene Gläubigkeit kaum und verschweigen sie eher; manchmal kann man den Eindruck haben, als würde sie sogar geheim gehalten.

Woran glauben Sie? Sind Sie ein religiöser Mensch? Welche Art des Glaubens an eine übergeordnete Dimension haben Sie bewusst und auch unbewusst Ihren Kindern vermittelt? Worin sehen Sie den Sinn des Lebens? □

Es ist für Jugendliche alles andere als einfach, in einer Zeit, in der sie sich vernünftig und erwachsen zeigen wollen, etwas offenbar Irrationales in sich zu spüren und vor anderen anzusprechen. Mehr noch: Hinter alldem steckt auch eine Sehnsucht: Wir wünschen uns eine existenzielle Aufgehobenheit, die über unseren Tod hinausgeht. Aber klingt das nicht furchtbar naiv?

Die Befürchtung, dass die Sehnsucht nach einer göttlichen Existenz peinlich sein könnte, wird noch verstärkt durch Angst, und zwar durch die brutalste Angst, die wir Menschen empfinden können. Wer die Frage nach einem übergeordneten Sinn des Lebens zulässt, wird mit der eigenen Endlichkeit konfrontiert. Die Aussicht, dass von einem selbst nach dem Tod nichts bleibt und dass wir einem ewigen Wegsein entgegengehen, ist unerträglich. Wer sich auf Momente einer solchen Bewusstheit einlässt – und junge Menschen tun dies –, empfindet eine Angst, die nur sekundenlang auszuhalten ist.

KATHY Du wirst vielleicht nichts mehr sein, nicht mehr leben, du bist weg, einfach weg ... das ist ... also, ich hab davor Angst. ■

WELLMINTON Meine Angst vor dem TOD ist soooooooooooo heftig, ich würde alles tun, um nie sterben zu müssen. Ich will einfach nicht, dass das alles vorbei ist. ■

Es fällt uns Menschen sehr schwer, uns diesem Thema mit anderen und vor anderen zu stellen. Wir müssen dabei so viel von unserem tiefsten Innern preisgeben, dass wir davor zurückschrecken. In der eigenen Jugendclique besteht die Befürchtung, irgendwann einmal für den Ausdruck solcher Gefühle und Ängste ausgelacht zu werden. Und noch eine Sorge gibt es: Will ich wirklich den anderen mit meinen derart trüben Gedanken Angst machen?

Junge Menschen drücken Glaubensfragen und die mit ihnen verbundenen Gefühle nur dort aus, wo sie eine hohe Vertrautheit spüren und die Sicherheit empfinden, sich mit ihren Ängsten nicht »lächerlich« zu machen. Diese Bedingung gilt auch der eigenen Familie und den eigenen Eltern gegenüber.

Die Unerklärbarkeit von Leben und Tod macht auch Erwachsenen Angst. Solchen existenziellen Fragen weichen wir im Alltag eher aus. Zu sehr könnten sie jeden kleinen Schritt im Leben unterhöhlen. Es ist unser tagtäglicher Aktivismus, manchmal auch Aktionismus, der uns von der Todesangst ablenkt. Dem Tod können wir offenbar nur handelnd begegnen.

MÄCK46 Ich habe solche Angst zu sterben, aber damit verhindere ich nicht meinen Tod, sondern behindere mein Leben. Jeder Tag, an dem du nicht gelacht hast, ist ein verlorener Tag! ■

Da Jugendliche ihr Handeln auf eine Zukunft ausrichten wollen und müssen, stellt sich die Frage nach dem Sinn des eigenen Lebens besonders drängend.

B-MOVIE Wofür lernen wir? Wofür versuchen wir einen gut bezahlten Job zu bekommen? Warum brauchen wir Luxus und Glück? Wozu Geld? Warum Freunde? Warum soll man sich mit sich selbst verstehen, wenn man eh geht und alles hierlässt? ■

Wer in dieser Zeit zu sehr in eine Sinnkrise stürzt, der kann in seinem Alltagsleben in erhebliche Schwierigkeiten geraten, den Lebensmut verlieren. Entsprechende Gedanken drücken sich zuweilen dadurch aus, dass sich Jugendliche mit der eigenen Beerdigung beschäftigen und dies noch dramatisieren, indem sie sich fragen, wer wohl zu ihrer Beerdigung käme.

Eine drohende innere Kapitulation vor der befürchteten Sinnlosigkeit des eigenen Daseins kann zu Demotivation in Alltagsfragen führen, zu Depressionen, ja in Extremfällen sogar in die Suizidalität.

Wenn Sie den Eindruck haben, in Äußerungen Ihres Kindes drückt sich die Frage nach dem Sinn des Lebens aus, dann suchen Sie eine Gelegenheit, um eine entspannte Atmosphäre herzustellen und das Thema anzusprechen. Wenn Ihr Kind ein enges Verhältnis zu seinen Großeltern hat, kann die Jugendlichen auch ein Gespräch mit ihnen über ihre Verlusterfahrungen entlasten. □

Die Frage nach dem Sinn des Lebens hat häufig konkrete Auslöser. Möglicherweise sind nahestehende Personen gestorben, was das Leben des jungen Menschen infrage zu stellen scheint. Todesfälle im Umkreis der Familie, im Freundeskreis, erst recht natürlich innerhalb der Familie machen das Auftreten der Sinnfrage wahrscheinlicher. Aber auch Bücher und Filme können eine solche Auseinandersetzung bewirken.

Bilder vom Leben geben

Wer nach Zuversicht vermittelnden Sinnbildern sucht für das Gespräch mit den eigenen Kindern, kann auf ganz verschiedene Vorstellungen zurückgreifen.

Ein zunächst recht einfaches und sehr lebensnahes Bild ist das der Geburt. Das noch ungeborene Kind im Mutterleib hat keinerlei Vorstellung davon, was mit ihm geschehen wird. Wüsste es, dass es in absehbarer Zeit in eine völlig andere Lebensweise entlassen wird, hätte es vermutlich große Angst vor dieser Veränderung. Die Säuglingspsychologie geht davon aus, dass wir das Leben via Geburt mit einer Traumatisierung beginnen. Nach einer gewissen Zeit aber wird der Säugling feststellen, dass das neue Leben durchaus große Reize verspricht und dass sich andere liebevoll um ihn kümmern.

Die Geburt stellt eine erste Ablösungserfahrung und einen ersten Autonomieschritt dar. Dieser erste Schritt führt zu einer neuen Form der Bindung – ein Prozess, der sich dann häufiger im Leben wiederholen wird. Bindung und Ablösung wechseln sich ab.

Analog dazu kann der Tod ebenfalls als ein solcher Wandlungsprozess verstanden werden. Vor diesem Prozess haben wir zwar große Angst wegen der immensen Veränderung, die damit einhergeht, aber das Ergebnis kann durchaus ein positives sein – wir können es nur nicht vorhersehen und es uns auch nicht wirklich vorstellen.

Ein weiter gehendes, allerdings abstrakteres Bild vermittelt die Vorstellung, dass ein menschliches Wesen vor seiner Geburt ebenfalls eine unendliche Zeit nicht existiert hat und auch nicht gefragt wurde, ob es ein Mensch werden will oder nicht. Dennoch ist es in eine Existenz gekommen, an der es dann sehr stark festhält. »Plötzlich« erscheint dem menschlichen Wesen seine Existenzform als die einzig anstrebenswerte.

Auch hier hat der Wandlungsprozess in eine überaus positiv bewertete Seinsweise geführt. Warum also neigen wir bei der nächsten Wandlung zu einer pessimistischen Annahme? Ein solcher Pessimismus blendet gerade die reale menschliche Erfahrung aus, wie lebenswert die eingetretene Veränderung empfunden wurde. Warum aber reagieren wir so? Ist vielleicht gerade unser menschliches Bewusstsein der größte Störfaktor für eine hoffnungsvolle Erwartung?

Eine dritte Vorstellung trägt unserer heutigen naturwissenschaftlichen Haltung stärker Rechnung und argumentiert selbst naturwissenschaftlich.

Jedes lebende Wesen verfügt nur über eine eingeschränkte Perspektive auf das, was es umgibt. Es gibt Lebewesen, die keine räumliche Tiefe wahrnehmen können, andere haben (vermutlich) keine Vorstellung von »Zeit«. Im Alltag tun wir Menschen gerne so, als könnten wir alles erkennen und überblicken. Aber das ist völlig naiv und überheblich zugleich. Letztlich wissen wir über das Dasein nur sehr, sehr wenig. Gäbe es nämlich zusätzliche Seinsdimensionen, für die unsere Wahrnehmungsweise und auch unsere Forschungsmethoden nicht ausreichen, dann wären wir nicht in der Lage, diese Dimensionen überhaupt zu erkennen.

Unter einer solchen Betrachtung hieße Sterben, in eine andere Seinsdimension zu wechseln, die uns Menschen sinnlich und gedanklich nicht zugänglich ist, nicht zugänglich sein kann.

KEIN BABE Ich finde den Gedanken interessant, dass das Weltall aus einem Urknall entstanden ist und eines Tages wieder in sich zusammenstürzen wird, um vielleicht wieder neu zu entstehen. Ich finde es bemerkenswert, dass es in der Chemie ein Gesetz von der Erhaltung der Masse gibt (so hieß es, glaube ich), das besagt, dass nach einer chemischen Reaktion niemals mehr oder weniger da ist als vorher, sondern immer nur dieselben Elektronen etc. in anderer Form. Also sowohl das Größte als auch das Kleinste unterliegen einem ständigen Wandel und einem Kreislauf, bei dem aber nichts verloren geht. ■

Nun bleibt auch durch solche Analogien die Frage unbeantwortet, ob das, was da »aus uns heraus« weiterleben mag, noch »wir« sind. In der Vorstellung von einer Seele, die auch ohne körperliche Bindung weiterexistiert, wird dies vorausgesetzt. Aber hieße das auch, dass die Seele eine Art Bewusstsein von uns selbst hat? Was wäre also, wenn zwar etwas von uns weiterlebt, aber wir als denkendes und fühlendes Wesen darin gar nicht mehr vorkommen?

Dieser Fragestellung kann man sich von einer anderen Seite aus nähern. Dann würde die Formulierung etwa so lauten: Wäre es eine hoffnungsvolle Perspektive, wenn wir wüssten, dass wir für immer und ewig unwandelbar »wir selbst« bleiben, dass wir im Wesenskern unveränderbar sind? Das ist wohl ebenfalls eine beängstigende Vorstellung. Ein Gefangensein in immer und ewig derselben »Wesenhaftigkeit« würde uns auch erschrecken. Wir wollen die Wandlung, die Weiterentwicklung.

Das bedeutet letztlich: Die Natur (was immer wir darunter verstehen mögen) hat genau jene Wahl getroffen, die die beste ist: Lebewesen sind einem Wandel unterworfen, den sie selbst nicht vorhersagen können, der sowohl dem ewigen Wegsein (»nie wieder mehr so sein«) als auch dem ewigen Dasein (»immer so bleiben müssen«) entgegensteht. Es gibt Religionen, denen dieses Grundmuster eigen ist.

KEIN BABE Ich persönlich kann mir gut vorstellen, dass es eine Seele gibt. Sie erinnert sich nach dem Tod vielleicht nicht mehr an die Zeit davor, sie verwandelt sich vielleicht in etwas anderes, aber ich glaube nicht, dass sie einfach verschwindet. Nichts in der Natur verschwindet, alles verändert sich nur. ■

Wäre dies so, dann hieße das, dass wir einem grundsätzlich sinnvollen Wandlungsprozess unterworfen sind, dessen nächste Phasen wir aber nicht im Mindesten vorhersagen können – kein Wunder, wo wir doch nicht einmal über unsere vergangene Seinsweise vor der Geburt Auskunft geben können!

Wie auch immer sich Eltern zu diesen Fragen nach dem Sinn des Lebens und der Weiterexistenz nach dem Tod stellen, erst einmal wäre jungen Menschen zu vermitteln, dass wir als Menschen mit einer begrenzten Einsichtsfähigkeit mit diesem Nichtwissen umzugehen lernen müssen. Darüber hinaus können Eltern durch ihr Vorbild zeigen, dass daraus noch lange nicht eine pessimistische Lebenshaltung folgen muss. Ihre (diesseitsbezogene) Gelassenheit und (jenseitsbezogene) Zuversicht sind auch für ihre Kinder Ermutigung und Trost.

Um Heranwachsenden nicht jeden Mut zu nehmen, kann es von Vorteil sein, ihnen zu vermitteln, dass der Tod auf jeden Fall eins nicht ist, nämlich ein absolutes Ende. Es geht immer weiter. Allerdings können wir nicht vorhersagen, wie es genau weitergeht – das ist aber auch gut so. □

Sinnsetzung

WELLMINTON Ach, verdammt, das Leben ist doch eh überflüssig. Für was leben wir? Um dann in wenigen Jahren zu sterben? Um immer mit ansehen zu müssen, dass geliebte Menschen von uns gehen? Um zu sehen, wie viel Elend und Leid auf der Erde sind? Sinnlos, es ist sinnlos! ■

Junge Menschen, die nach dem Sinn des Lebens suchen, müssen zunächst einmal akzeptieren, dass es diesen Sinn vielleicht geben mag, dass wir ihn aber nicht erkennen können. Das liegt an der Begrenztheit des Menschen sowohl in seinen Wahrnehmungsmöglichkeiten als auch in seinen gedanklichen Fähigkeiten.

Weder sinnlich noch gedanklich haben wir Menschen Zugang zu einer »objektiv« gültigen Antwort auf die Frage nach dem Lebenssinn. Es ist also unmöglich, jungen Menschen eine »verlässliche« Antwort darauf zu geben.

Welche Gedanken wir uns darüber aber auch immer machen, eins bleibt gewiss: Alles, was wir tun können, können wir nur im Diesseits tun. Egal also, ob es ein Leben nach dem Tod gibt oder nicht, nur unser Handeln im diesseitigen Leben ist beeinflussbar. Über den Rest können wir spekulieren und Hypothesen aufstellen, Gewissheit erreichen werden wir nie, weder mit einer Religion noch mit den Naturwissenschaften.

Daraus lässt sich sogar eine unmittelbare Begründung für die persönliche Lebensführung ableiten: Egal nämlich, ob wir von einer späteren Weiterexistenz ausgehen oder nicht, unser individuelles Ziel kann es immer nur sein, ein zufriedenes, schönes, erfülltes Leben zu leben.

NIMMDIRGLÜCK Mein Sinn des Lebens ist, so zu leben, dass ich, wenn ich mal furchtbar alt und kurz vorm Sterben bin, auf mein Leben zurückblicken und sagen kann: Du hast dein Leben gut genutzt und keine Sekunde verschwendet. ■

Die Frage nach dem Sinn des Lebens kann also heruntergebrochen werden auf eine ganz pragmatische Ebene: Lebe dein Leben!

Sosehr wir Menschen immer schon nach einem übergeordneten oder jenseitigen Sinn unseres Lebens gesucht haben, so wenig kommen wir um die Einsicht herum, dass wir diesseits zu handeln haben. Unser Handeln und Verhalten muss dabei vom Kantschen Imperativ geleitet sein: »Handle nur nach derjenigen Maxime, durch die du zugleich wollen kannst, dass sie ein allgemeines Gesetz werde.« Das heißt: Behandle andere so, wie du selbst behandelt werden möchtest.

Das Leben ist ein ungeheurer Erfahrungsraum. Auch wenn wir seinen tieferen Sinn vielleicht nie zu erkennen vermögen, gilt: Wenn wir Menschen uns gegenseitig und miteinander ein positives, erfülltes Dasein ermöglichen, dann ist das etwas, das unsere Frage nach dem Sinn schon beantwortet. Darum haben beispielsweise Eltern Kinder. Sie geben das Leben weiter und helfen mit, dass ihre Kinder und deren Kinder ein zufriedenes Leben führen können.

Neben der Familie geben auch der Beruf und andere Tätigkeiten (Hobbys oder Ehrenämter) dem Leben einen tieferen Sinn. Immer geht es darum, sich eine Aufgabe im Leben zu suchen. Das ist das, was Menschen tun können.

Wie jemand den eigenen Sinn des Lebens verwirklichen will und welche Lebensbereiche ihm am wichtigsten sind, das ist individuell verschieden. Für die meisten Menschen spielen folgende Bereiche für die Zufriedenheit eine besondere Rolle: der berufliche Erfolg, das Zusammenleben innerhalb der eigenen Familie, die Freizeit mit weiteren sozialen Kontakten und mit Hobbys sowie Räume für die individuelle Selbstverwirklichung. Wem auf diesen Feldern ein hohes Maß an Zufriedenheit gelingt und wer persönliche mit sozialen Erwartungen auszugleichen versteht, der hat ein »erfülltes« Leben.

Dabei ist der Sinn des Lebens nicht allein durch die Befriedigung individueller Bedürfnisse und Wünsche zu erreichen.

Weder berufliche oder wirtschaftliche Übervorteilung (Bereicherung) noch blanker Hedonismus (Leben nach dem Lustprinzip) allein scheinen dem Leben einen Sinn zu geben. Erst wer Verantwortung auch für andere übernimmt und eigenes Handeln in einem größeren Kontext zu begründen weiß, hat auch das Gefühl, ein sinnvolles Leben zu führen.

LEONXL Ich denke, wenn wir kein Ziel vor Augen haben, kann man den Sinn oder Zweck des Lebens auch nicht sehen. ■

Für junge Menschen ist die eigene Zukunftsorientierung überaus wichtig, schließlich beginnt ihr selbstbestimmtes Leben ja erst. Dazu brauchen sie persönliche Zielsetzungen.

Eine solche Orientierung und die Zuversicht, die gesetzten Ziele im Leben auch zu verwirklichen, können Eltern jungen Menschen im besten Falle geben. Die Suche nach dem Sinn des Lebens führt uns nicht zu einer zuverlässigen Antwort auf die Frage nach einem Weiterexistieren im Jenseits, sie führt uns genau in die andere Richtung, dass wir eine individuelle Selbstbestimmung nur über eine Sinngebung im Diesseits erreichen können. Den Sinn müssen wir uns selbst geben. Den Sinn müssen wir »setzen«, nicht »finden«, er ist eine kreative Aufgabe. Wer sich verantwortungsvolle Ziele setzt und sie zu verfolgen versucht, ohne »über Leichen zu gehen«, gibt seinem Leben einen Sinn. Ein verantwortungsvolles Engagement für sich, seine Familie und andere Menschen kann dabei auf keinen Fall die falsche Entscheidung sein.

Kein Thema beschäftigt Jugendliche so sehr wie die Sexualität – was natürlich nicht überraschen kann und altersangemessen ist. Entsprechend haben Fachleute diese Entwicklungsphase »Pubertät« genannt, denn »Pubertas« bedeutet »Geschlechtsreife«. So faszinierend alles Sexuelle für Heranwachsende auch ist, es ist kein leichtes Thema, sondern mit einer Vielzahl von Ambivalenzen, Verunsicherungen und Ängsten verbunden. Jugendliche werden gleichermaßen mit körperlichen, emotionalen und kognitiven Veränderungen konfrontiert und für die meisten davon müssen sie Umgangsweisen erst entwickeln.

Jugendliche machen sich auf den Weg, sich selbst zu erforschen, auf den Weg zu einer eigenen Identität als Mann oder als Frau. Aufgabe ist es, sich und seine eigene Sexualität erst einmal kennenzulernen. Dies erfolgt über den Vergleich mit anderen und bei der Suche nach adäquaten Modellen in der Erwachsenenwelt. Eine Reihe wichtiger Fragen drängt sich auf, insbesondere »Bin ich normal?« und »Was ist eigentlich normal?«. Heranwachsende müssen mit ihren eigenen körperlichen Veränderungen zurechtkommen und sich geistig mit diesem emotionalen Thema auseinandersetzen. Hierdurch entsteht vielfach eine Diskrepanz zwischen Kopf und Bauch.

Auch die Eltern sind mit diesem Veränderungsprozess konfrontiert und müssen ihre Rolle als Eltern neu definieren. Einerseits müssen sie sich abgrenzen, auch im Hinblick auf die eigene Intimität, die nun Interesse bei den Heranwachsenden findet. Andererseits sind sie Modelle als Mann und Frau und »Muster« für Sexualpartner. Andere Erwachsene bekommen ebenfalls neue Funktionen zugewiesen. Lehrer müssen damit umgehen, dass sich Schülerinnen in sie verlieben oder sie zumindest bewusst als Mann oder Frau betrachten. Erwachsene, aber vor allem Gleichaltrige werden zu Projektionsflächen für sexuelle Fantasien. Das Schwärmen darf hierbei jedoch nicht mit Wünschen nach einem realen sexuellen Vollzug verwechselt oder gar gleichgesetzt werden.

CHERRIE19 Ich hab ein ganz großes Problem: Ich liebe meinen Deutschlehrer über alles. Ich kann ohne ihn nicht leben. Was soll ich bloß machen?

Es ist nicht ganz einfach, die eigene Intimität zu leben und Rücksicht auf die Empfindungen Ihrer heranwachsenden Kinder zu nehmen, die sehr empfindlich auf einen allzu offenen und lockeren Umgang mit dem Thema Sexualität reagieren – und das zuweilen peinlich finden. Gleichzeitig sollten Sie Ihren Kindern ihre eigene Intimität zugestehen. Auch wenn es für Sie ungewohnt erscheint: Klopfen Sie an, bevor Sie das Zimmer Ihres jugendlichen Kindes betreten; insbesondere der Aufenthalt im Badezimmer bei abgeschlossener Tür sollte respektiert werden – so wie Sie das für sich auch wünschen. Die Zeit, unbekümmert nackt durch die Wohnung zu laufen, ist in den meisten Familien erst einmal vorbei.

Sexualität und Identität

In der Entwicklung der Jugendlichen zum Erwachsenen entsteht eine Diskrepanz zwischen körperlicher und emotionaler Reife. Der Geist hinkt dem Körper hinterher und hat größte Mühe, Schritt zu halten. Das kann auch mal zu unangemessenen Verhaltensweisen führen. Die generelle Frage nach der eigenen

Identität beinhaltet auch die Frage nach der eigenen sexuellen Identität. Wie bin ich als Mann oder Frau und wer ist mein Gegenüber? Wer kommt für mich als potenzieller Geschlechtspartner infrage? Wer findet mich aus welchen Gründen attraktiv? Der eigene Körper erlangt eine neue wichtige Bedeutung. Er ist es wert, entdeckt zu werden. Bevor die erogenen Zonen des Gegenübers entdeckt werden, ist es zunächst wichtig, sich selbst kennenzulernen. Hierzu gehört auch, das neu Entdeckte für sich zu genießen. Damit ist auch gesagt, dass Onanie und Masturbation ganz selbstverständliche Handlungen sind.

Eine andere wichtige Frage ist, wie passen meine eigenen Bedürfnisse mit denen des Partners zusammen? Die Entdeckung und Auseinandersetzung mit der eigenen Sexualität und der des Gegenübers bedarf insbesondere der Balancierung von Nähe und Distanz. Wieder geht es um Beziehungsgestaltung und Individuation.

Irritationen und Verwirrungen begleiten diesen Entwicklungsprozess. Die Rolle der Eltern hierbei ist alles andere als klar: Auf der einen Seite hoffen die Heranwachsenden auf Unterstützung, Beistand und vor allem auf Verständnis, auf der anderen Seite erleben sie dieses Thema als sehr intim und privat und haben das Gefühl, es ginge die Eltern überhaupt nichts an.

Auch die Entwicklung einer eigenen Sexualität gehört zur Selbstsuche und Selbstbestimmung junger Menschen.

Intimität und Austausch

Sexuelle Fantasien und Erlebnisse werden daher zunächst auch vor den Eltern geheim gehalten und nicht offenbart, sie sind allzu intim. Erschwerend kommt hinzu, dass ein offener und leichter

Austausch mit Freunden auch nicht so leicht möglich erscheint, weil das Thema mit Vergleichen und Bewertungen einhergeht und weil potenziell Peinliches thematisiert werden könnte.

ANGEL Es ist bei mir so, dass ich 18 bin und noch nie Sex hatte. Einerseits finde ich es gut, dass ich es noch nie hatte, aber andererseits fühle ich mich auch ausgeschlossen und habe Angst, dass meine Freunde und Bekannten mich auslachen. Ist es schlimm, mit 18 noch immer Jungfrau zu sein? ■

Ein Austausch mit der besten Freundin wird zum Teil auch dadurch erschwert, dass Eifersuchtsreaktionen befürchtet werden. Eine Freundin könnte das Gefühl haben, dass ein Beziehungspartner die bisherige Vertrautheit der Freundschaft belastet bzw. die Freundschaft der neuen Beziehung geopfert wird. Manchmal bleiben die Jugendlichen daher sprachlos und müssen brennende Fragen mit sich selbst klären oder auf anonyme Weise kommunizieren.

KENT Ich will mit einem Mädchen schlafen, weiß aber nicht, wie. Wie ich sie zum Höhepunkt bringen kann und wie es ihr Spaß macht. Was muss ich tun und wie muss ich sie anfassen? ■

Diese Frage ist typisch. Eigentlich werden Jugendliche permanent mit dem Thema »Sexualität« konfrontiert, sei es durch die Medien, das Internet, durch die Werbung oder durch ältere Geschwister und Freunde. Auch auf den Lehrplänen der Schulen steht für die Jugendlichen sexuelle Aufklärung. Doch die Quantität der Informationen bedeutet nicht unbedingt eine Zunahme an Qualität. Trotz einer umfassenden sexuellen Aufklärung gibt es viele Fragen, die sich Jugendliche stellen, wie es junge Menschen schon vor Jahrzehnten taten. Die Verunsicherung bleibt oder hat sogar noch zugenommen aufgrund der Fülle von (widersprüchlichen) Informationen.

Zuweilen wird davon gesprochen, die Jugendlichen heute seien eine »Generation Porno«, weil der Zugang zu sexueller Zurschaustellung, insbesondere durch das Internet, inzwischen so leicht geworden ist. Dadurch wächst aber auch der Leistungs- bzw. Erfolgsdruck auf die Jugendlichen. In welchem Alter sollte man das erste Mal Sex haben? Welche Praktiken soll man anwenden? Was entspricht den eigenen Bedürfnissen, was wird von außen aufoktroyiert?

Es herrschen oft unrealistische Vorstellungen, wie Sexualität funktioniert. Die Erotik bleibt auf der Strecke, im Vordergrund stehen Technikfragen und die Quantität, was dann vielfach mehr an Leistungssport erinnert als an ein gemeinsames sinnliches Spüren. Wo bleibt der Humor dabei? Wo das spielerische Erforschen?

Auch wenn Sie als Eltern vielleicht manchmal etwas ratlos bzw. verunsichert sind, wie stark und in welcher Weise Ihre Kinder schon mit dem Thema »Sexualität« konfrontiert sind, versuchen Sie ein Gespräch zu führen: Welche Seiten schaut Ihr Kind im Internet regelmäßig an? Was wird per Handy ausgetauscht? Wie wird in der Clique über Sexualität gesprochen?

Denken Sie daran, dass Sie für das Wohlergehen Ihrer minderjährigen Kinder weiter verantwortlich sind, und scheuen Sie sich daher auch nicht, »Kindersicherungen« zu aktivieren und Ihre Meinung zu vertreten. Seien Sie sich Ihrer Modellfunktion bewusst! Sie sind nicht mehr nur Vater oder Mutter für Ihre jugendlichen Kinder, sondern eben auch exemplarisch Mann und Frau bzw. Partner und Partnerin. Bevor Sie das Gespräch mit dem Heranwachsenden suchen, sollten Sie sich zunächst als Eltern miteinander austauschen über die passende Form.

Eine Mutter hat dies treffend formuliert:

SILKE Wichtig ist ausschließlich, dass man da ist, wenn das »Kind« jemanden braucht, der ihm zuhört, eventuell Ratschläge gibt (falls erwünscht), und dass man ihm jederzeit vermittelt, dass man – was immer er oder sie für »Neigungen« (nicht nur sexueller Art) hat – erst mal hinter ihm steht. Sich in die Privatsphäre eines Menschen (auch wenn er jugendlich ist) einzumischen, halte ich für bedenklich. Es geht Eltern eigentlich nichts an, was ein junger Mensch für Fantasien oder auch reelle Erlebnisse sexueller Art hat, solange dieser selbst gut damit zurechtkommt. Und wenn nicht, dann merkt man das schon – wenn der »Draht« da ist. Zu viel Fürsorge ist in diesem Bereich (auch was Kontrollieren von »schlüpfrigen Videos« auf dem PC des Nachwuchses angeht) eher kontraproduktiv und schlicht überflüssig. ■

Wichtig ist es, dass Eltern mit großer Feinfühligkeit an das Thema Sexualität herangehen und die Intimgrenzen ihrer Kinder achten und wahren. Dies beinhaltet insbesondere das Zügeln eigener Neugier. Denken Sie an Ihre eigene Jugend: Es gibt doch nichts Peinlicheres für Jugendliche, als wenn die Eltern sie fragen, ob sie auch schon einen Freund bzw. eine Freundin hätten, ob sie denn aufgeklärt seien oder schon an Sex denken. Wenn Eltern ihre Kinder unterstützen möchten, könnten sie sich bei ihnen erkundigen, ob es zum Thema »Sexualität« spezielle Fragen gibt. Vertiefen kann man das Thema dann, wenn es angebracht erscheint und erwünscht ist.

Bleiben Sie als Eltern auf alle Fälle präsent und seien Sie auch auf heikle Themen vonseiten Ihrer Kinder gefasst. Denken Sie daran, welche Überwindung es Ihr Kind kostet, Ihnen Unangenehmes aus dem eigenen Intimbereich mitzuteilen oder sich etwa als homosexuell zu outen. Versuchen Sie nicht, das Thema von sich zu schieben. Schauen Sie auch schwierigen Themen ins Auge und stehen Sie Ihren Kindern hilfreich zur Seite. Suchen Sie Unterstützung in einer Beratungsstelle, in Selbsthilfegruppen oder in Foren und Chats, falls Sie sich überfordert oder stark verunsichert fühlen. □

Das eigene und das andere Geschlecht

PAM Ich frage mich manchmal, ob man mit 14 nicht schon mal einen festen Freund gehabt haben sollte. Aber irgendwie ... wenn ich mit einem Freund zusammen war, hat das nie etwas in mir ausgelöst, es war nur einfach so zum Ausprobieren. Doch wenn ich was mit meiner besten Freundin abmache, habe ich manchmal ein Kribbeln im Bauch. ■

Der Umgang mit dem anderen oder dem eigenen Geschlecht nimmt sehr viel Aufmerksamkeit in Anspruch, immerhin geht es darum, potenzielle Partner herauszufinden. Ein Taumel der Gefühle entsteht, mit Verunsicherungen und Sehnsüchten. Das Ausmalen der Fantasien, wie es sein könnte, steht oft dem realen Vollzug im Weg. Gründe hierfür sind hohe Ansprüche an den anderen, aber auch an sich selbst, was geradezu zu Leistungsstress führt. Schließlich möchte man dazugehören und mitreden können, nicht nur theoretisch, sondern auch im Hinblick auf praktische Erfahrungen. Es stellen sich immer wieder Fragen wie: Was erwartet der andere von mir? Wie soll ich mich adäquat verhalten? Wie soll ich mich geben? Soll ich mich so verhalten, wie ich mich fühle, oder so, wie ich glaube, dass es richtig ist?

Auch hier offenbart sich leicht eine gewisse Diskrepanz zwischen Selbst- und Fremdbild (siehe auch das Kapitel zu Identitätsfindung und Selbstwertgefühl). Hinzu kommen Fragen danach, welcher Altersunterschied passend ist, und oft auch: Welches Geschlecht entspricht den eigenen Gefühlen? Der eigene Umgang mit Sexualschmuck und sexuelle Praktiken kommen als Themen hinzu.

ROSE Ich weiß, es ist eine blöde Frage bzw. ich mache mir blöde Gedanken, ist mir auch peinlich, aber: Ich hab einen Jungen kennengelernt, der ist voll nett, na ja, mehr als das. Jetzt weiß ich nicht, ob Jungs es besser finden, wenn Mädels intim rasiert sind, und wie viele Mädels sich da rasieren. Ich weiß, die Frage kommt wahrscheinlich voll scheiße rüber ... ■

Und natürlich stellt sich die Frage nach der grundsätzlichen sexuellen Orientierung:

XENON Im Moment bin ich etwas durcheinander. In letzter Zeit fühle ich mich zum Teil zu Frauen hingezogen, aber auch zu Männern. In manchen Fällen etwas mehr zu Frauen, manchmal aber auch mehr zu Männern. Nun, ich bin 12. Ich habe gelesen, dass das normal wäre, wenn man in der Pubertät ist, und dass das vorbeigehen würde (was ich nicht unbedingt will), jedenfalls bin ich jetzt etwas verwirrt. Bin ich lesbisch? Oder ist es noch zu früh, davon zu sprechen? Oder bin ich bi? Oder kann man überhaupt davon sprechen? ■

Schwierig kann es für alle Beteiligten zunächst sein, wenn der Jugendliche entdeckt, dass er sich zum selben Geschlecht hingezogen fühlt. Handelt es sich nur um eine homoerotische Übergangsphase oder geht es um eine grundsätzliche schwule oder lesbische Orientierung? Zum Glück gibt es inzwischen auch für Jugendliche gleichgeschlechtliche Beratungsstellen und lesbisch-schwule Jugendgruppen, in denen man Gleichaltrige trifft, die sich mit ähnlichen Themen auseinandersetzen.

Schwierig bleibt eine homosexuelle Orientierung sicherlich in ländlichen Gebieten, wo es solche Gruppen und Informationen nicht gibt. Gut, dass man im Internet unabhängig vom Wohnort seinesgleichen findet.

Besonders schwierig wird es, wenn junge Menschen das Gefühl haben, im falschen Körper geboren worden zu sein, oder sich zu bestimmten Fetischen hingezogen fühlen. Auch für diese Themen gibt es inzwischen virtuelle Anlaufstellen und Selbsthilfegruppen, die die erlebte Not und Verunsicherung etwas lindern, wenn auch nicht ganz beseitigen können. Auch Eltern können auf diesem Wege qualifizierte Beratung finden.

In Fragen sexueller Vorlieben und Orientierungen werden Eltern mit den eigenen Werten, Vorurteilen und Ängsten konfrontiert. Was denken Sie über Homosexualität? Haben Sie Angst, dass Ihr Kind diskriminiert werden könnte? Haben Sie Angst, Ihr Sohn könnte sich mit HIV infizieren? Wie geht es Ihnen damit, sich von der Vorstellung eigener Enkelkinder zu verabschieden? Oder empfinden Sie sogar Abscheu bei der Vorstellung, Ihr Kind könnte mit einem gleichgeschlechtlichen Partner intim werden?
Ihnen als Eltern wird ein hohes Maß an Toleranz abverlangt. Es lohnt sich allerdings, diese Toleranz aufzubringen, sodass Ihr Kind nicht in die Situation kommt, sich eines Tages für Sie als Eltern oder für den Partner entscheiden zu müssen oder diesen gar jahrelang vor Ihnen verbergen muss. Versuchen Sie, offen und gesprächsbereit zu bleiben, sich aber nicht aufzudrängen. Denken Sie daran, dass es so wie Ihnen auch Ihrem Kind geht. □

Auch der Heranwachsende ist zunächst irritiert und verunsichert, weiß nicht genau, ob es sich nur um eine Übergangsphase handelt oder schon um die grundsätzliche sexuelle Orientierung, die unumstößlich ein Leben lang erhalten bleiben wird. Eltern werden bei diesem Thema von ihren Kindern auch als Repräsentanten der Gesellschaft gesehen. Akzeptieren sie den Jugendlichen in seiner eigenen sexuellen Ausrichtung, so stärken Sie ihm den Rücken in dieser schwierigen Phase des Eingeständnisses vor sich selbst und anderen, zu einer sexuellen Minderheit zu gehören.

Auch hierzu eine Elternaussage:

KOLJA Mein Sohn, 18 Jahre, hat uns vorgestern gesagt, dass er homosexuell sei. Er hatte uns einen fünfseitigen Brief hingelegt. Als ich mit meinem Mann nach Hause kam und den Brief gelesen habe, war ich zuerst völlig geschockt. Wir hatten nichts davon bemerkt oder auch nur geahnt. Ich habe erst mal einen totalen Weinkrampf bekommen.

Sein Brief war sehr gut geschrieben und es ist ihm sehr schwergefallen, es uns mitzuteilen. Er hat lange dafür gebraucht und sagte, dass er die Lügen nicht mehr länger aushalten konnte. Seine größte Angst war, dass wir ihn verstoßen oder nicht mehr lieben. Er kam dann später nach Hause und war verängstigt, wie wir reagieren. Ich habe ihm gesagt, dass ich ihn immer lieben werde und sich daran nichts ändere. Habe aber auch gesagt, dass ich das erst mal verarbeiten muss und dass ich Zeit dafür brauche.

Das verstand er gut. Seinen Freund kenne ich noch nicht, werde ihn heute das erste Mal sehen. Für mich ist das sehr schwierig. Habe schon viel geweint und weiß nicht, wie und ob ich damit klarkommen werde. ■

Eltern sollten in einer solchen Situation nicht vergessen, dass ihre Kinder sie weiterhin teilhaben lassen möchten an ihrem Leben und sich von ihnen erhoffen, dass sie sie in diesem Punkt so akzeptieren, wie sie sich nun mal fühlen. Auch wenn es für viele Eltern unter solchen Bedingungen nicht leicht ist, Trost bei Liebeskummer zu spenden oder sich mit den Jugendlichen zu freuen, wenn sie frisch verliebt sind: Eltern sollten nicht zu kritisch sein, wenn ihnen der neue Freund vorgestellt wird, auch wenn er nicht unbedingt ihren Erwartungen entspricht. Die Hoffnung, dass auch der Partner von den Eltern akzeptiert wird, ist für Jugendliche sehr groß, unabhängig von dessen Geschlecht – entsprechend groß ist auch die Angst, zurückgewiesen zu werden.

Eine junge Frau berichtet von sich:

RIKE Ich hab mich auch vor meiner Oma noch nicht geoutet. Das werde ich wohl auch nicht tun, wobei ich sagen muss, dass ich nur bisexuell bin. Sie sagt auch immer, sie hätte kein Problem mit Homosexualität, aber es ist doch schon was anderes, wenn es in der eigenen Familie ist. Ich hab mit zehn Jahren angefangen, mich für das weibliche Geschlecht zu interessieren, äußerst früh also. Ich kam damals selbst nicht damit klar. Ich interessiere mich mehr für Frauen, aber eben nicht nur, und ich denke, dass andere, wie ich damals auch, erst einmal in diese Welt hineinschnuppern, zum Beispiel für eine gesunde Entwicklung im Bereich ihrer Identitätsfindung, wozu die Entdeckung der eigenen sexuellen Interessen zweifelsohne gehört. Dafür braucht es die Unterstützung und das Verständnis seitens der Eltern, damit es nicht zu Störungen kommt. ■

Sie empfiehlt Eltern:

Sie sollten ihre Kinder nicht unter Druck setzen oder dauernd ausfragen. Wenn sie ihnen etwas mitzuteilen haben, dann werden sie schon damit herausrücken. Abwarten und Tee trinken, damit kommen Eltern sicherlich weiter und ihre Kinder auch. ■

Im Zeitalter von Aids und Hepatitis kann man dennoch nicht zu locker an das Thema der sexuellen Suche herangehen. Die Sorgen sind sicherlich an manchen Punkten berechtigt. Tröstend sei erwähnt, dass sich Jugendliche die gleichen Gedanken machen und sich teilweise angstvoll dem eigentlich lustvollen Thema nähern. Neben der Angst vor Geschlechtskrankheiten gehört nach wie vor die Sorge um eine ungewollte Schwangerschaft dazu. Dabei herrscht immer noch viel Unkenntnis:

JOAN Ich hatte mein erstes Mal mit meinem jetzigen Freund und er seins auch mit mir. Wir haben bis jetzt immer mit Kondom und Pille verhütet, aber die Pille allein schützt ja schon vor Schwangerschaft. Könnten wir theoretisch das Kondom weglassen? Ich meine, können wir uns trotzdem irgendwie anstecken, obwohl wir halt noch nie mit jemand anderem Geschlechtsverkehr hatten? Ich komm mir irgendwie ein bisschen dumm vor, dass ich das nicht weiß. ■

Generell sind Jugendliche gut über Verhütungsmöglichkeiten informiert. Sexualpädagogische Aktionen in den Schulen helfen dabei. Aber auch hier bleibt ein Rest Unsicherheit. Fatal kann es sein, wenn eine gewisse Gewöhnung durch zu viel Konfrontation mit einem Thema eintritt. Jugendliche können manche Themen schon nicht mehr hören und schotten sich davon ab. Nach einer Phase der Abnahme nimmt derzeit zum Beispiel die Zahl der Neuinfizierungen mit HIV wieder zu. Hepatitis und die Folgen wurden sogar bis vor Kurzem verharmlost.

Während die Rate der ungewollten Schwangerschaften und Schwangerschaftsabbrüche bei Jugendlichen konstant bleibt oder sogar abnimmt, kommen neue Themen hinzu, wie die

Frage, ob man sich gegen Gebärmutterhalskrebs impfen lassen soll oder nicht. 14-Jährige, die vielleicht noch nicht konkret an Geschlechtsverkehr denken, werden plötzlich in die Lage gebracht, sich mit einer solchen Frage auseinanderzusetzen. Hier gilt es, den richtigen Zeitpunkt und den richtigen Anlass für Gespräche zu finden.

Werden Mädchen dann doch schwanger, fühlen sie sich mitten in der Ablösungsphase, in der es eigentlich um mehr Freiheit und Unabhängigkeit geht, plötzlich sehr angewiesen auf die jungen Großeltern. Die vielleicht gerade erst gefassten Lebenspläne werden schon wieder infrage gestellt. Neue Fragen stellen sich, wie etwa Ausbildung, Beruf und Familie in Einklang zu bringen sind und wie das alles finanziell geregelt werden kann. All dies bedeutet, auf Unterstützung angewiesen zu sein.

Zum Glück gibt es eine Vielzahl finanzieller Entlastungen, über die die Schwangerschaftsberatungsstellen ausführlich informieren. Hinzu kommen Mutter-Kind-Wohnheime, die den jugendlichen Eltern einen praktischen Beistand leisten, sie entlasten und die Anbindung an eine soziale Gruppe mit vergleichbaren Erfahrungen gewährleisten. Da Gleichaltrige vielfach einem anderen Lebensrhythmus folgen, der für junge Eltern nur noch eingeschränkt möglich ist, wird eine Neuorientierung notwendig.

Solche jungen Eltern überspringen quasi eine Entwicklungsphase und werden früher erwachsen als ihre Altersgenossen. Eine gewisse jugendliche Leichtigkeit geht hierbei verloren, das geschenkte Leben geht mit Abstrichen einher und mit einem gewissen Trauer- und Abschiedsprozess. Andere nehmen das Risiko, sehr früh Eltern zu werden, bewusst in Kauf oder legen es sogar darauf an. Gründe hierfür können sein, den Partner fester an sich binden zu wollen, eine erlebte Leere und Langeweile im Leben mit einem Kind zu füllen oder auch sich auf diese Weise von den Eltern »abnabeln« zu können.

Sprechen Sie mit Ihrem Kind über Elternschaft, beziehen Sie Stellung und geben Sie Informationen darüber, wie der Entscheidungsprozess für ein Kind bei Ihnen selbst abgelaufen ist. Fragen Sie nach, wie Ihr Kind darüber denkt, was seine Vorstellung im Hinblick auf die Gründung einer eigenen Familie ist, was aus seiner Sicht dafür, was eher dagegen spricht. Machen Sie sich so einen Eindruck von den Visionen Ihres Kindes und ob die Einschätzung der Situation einigermaßen realistisch ist. Signalisieren Sie, dass Sie bei einer ungewollten Schwangerschaft zu Ihrem Kind stehen würden, denn in einem solchen Fall sollte es sich Ihrer Unterstützung sicher sein. □

Die Frage nach der Altersangemessenheit

Viele Eltern machen sich berechtigterweise Sorgen, wenn ein großer Altersunterschied zwischen den Jugendlichen und den Partnern besteht, wenn befürchtet wird, dass die Heranwachsenden eventuell ausgenutzt oder schlecht behandelt werden. Ganz besonders schwierig ist dies, wenn die Jugendlichen noch minderjährig sind.

Auch in diesem Fall erscheint es zunächst sinnvoll, wenn Sie das Gespräch suchen, bevor Sie zu schnell urteilen. Allzu leicht würde ein zu schnelles Reagieren Ihrerseits als Einmischung und Verurteilung wahrgenommen. Dies könnte den Effekt mit sich bringen, dass Ihr Kind sich nicht vom Partner abgrenzt, sondern ganz im Gegenteil sich vor ihn stellt und ihn verteidigt. □

Eine andere Frage, mit der sich alle Eltern auseinandersetzen müssen, ist, ab welchem Alter die eigene Tochter oder der Sohn beim Freund bzw. bei der Freundin übernachten kann. Gerne stürzt man sich erst einmal auf rechtliche Informationen und versucht so den Konflikt zu lösen, was sich allerdings schnell als Scheinlösung entpuppt, da die rechtliche Situation zwar eindeutig klingt, aber nicht eindeutig ist. Außerdem tritt das Recht erst dann auf den Plan, wenn es einen Kläger und einen Beklagten gibt.

Es bleibt Eltern nichts anderes übrig, als nach Kompromisslösungen zu suchen, mit denen alle leben können. Sie dürfen nicht vergessen, dass sie es letztendlich nicht verhindern können, wenn die Heranwachsenden sexuelle Erfahrungen machen möchten. Jugendliche Sexualität in »Dunkelräume« abzudrängen, kann nicht im Interesse von Eltern sein.

Dennoch sollten sich Eltern erlauben, Nein zu sagen und Grenzen einzufordern. Eltern sollten getrost deutlich machen, dass auch sie eine Privatsphäre haben, die durch den Gast im Bad oder am sonntäglichen Frühstückstisch auf eine harte Probe gestellt wird. Es ist legitim, auch mal ein »freundfreies« Wochenende einzufordern. Prüfen Sie dabei allerdings auch, was genau für Sie manches so schwierig macht, ob es Ihnen dabei tatsächlich um das eigene Gefühl oder nur ums Prinzip geht. Eltern sollten im Zweifelsfall mit den Jugendlichen nach gemeinsamen Lösungen suchen und ruhig auch mal neue, vielleicht unkonventionelle Wege gehen.

Letztendlich ist bei all den Fragen, die in diesem Kapitel aufgeworfen werden, nicht zu vergessen, dass sie relativ und individuell zu betrachten sind. Auch sind die gesellschaftlichen Bedingungen einem ständigen Wandel unterworfen. Früher galt Homosexualität als Krankheit, und Sex vor der Ehe wurde wie ein Straftatbestand geahndet.

Gerade zum Thema »Sexualität« gibt es viele gute Ratgeber für Eltern und für Jugendliche. Besonders hilfreich sind die Broschüren der Bundeszentrale für gesundheitlichen Aufklärung und deren Website (www.bzga.de).

Aber das Entscheidende bleibt, dass Eltern für ihre Kinder als Gesprächspartner zur Verfügung stehen, dass sie nicht zu schnell urteilen oder gar verurteilen, sondern ihren Kindern vertrauensvoll zur Seite stehen und diese durch die nicht ganz leichte Zeit der sexuellen Orientierung begleiten. Eltern sollten sexuelle Themen offen ansprechen und so enttabuisieren, sie können auch berichten, wie es ihnen selbst als Jugendliche erging, welche Fragen sie damals hatten. Manche Themen wie der Umgang mit dem anderen Geschlecht sind leichter zwischen Vater und Sohn und zwischen Mutter und Tochter zu besprechen, Fragen der Partnerschaft hingegen können durchaus auch mal zum Familienthema werden.

Rechte und Pflichten: zwei Medaillen mit vier Seiten

Es gibt einige Themen, die besonders dazu geeignet sind, die Atmosphäre in Familien mit Jugendlichen elektrisch aufzuladen. Was darf ein Jugendlicher? Zu welcher Uhrzeit muss er zu Hause sein? Wie viel Selbstbestimmung ist angemessen? Was dürfen Eltern verbieten bzw. vorschreiben? Welche Rechte und Pflichten haben Jugendliche und welche haben Eltern ihren Kindern gegenüber?

Hier scheiden sich verständlicherweise die Geister, je nach Temperament wird diskutiert, gestritten oder geschrien. Verbote werden ausgesprochen und umgangen und das sorgt wieder für neuen Gesprächsstoff und für neuerliche Einschränkungen. In den Auseinandersetzungen kommt es zu gegenseitigen Abwertungen und persönlichen Verletzungen. Nicht selten verändern sich Eltern-Kind-Beziehungen in dieser Zeit ins Negative. Irgendwann wird jeden Tag über ein anderes Thema gestritten, positive Begegnungen werden selten.

Die Rechte und Pflichten, die Eltern gegenüber ihren Kindern haben, verändern sich mit dem Alter der Kinder, Ziel ist es immer, die Kinder zur Eigenverantwortung und Selbstständigkeit zu erziehen. Das bedeutet, dass Jugendliche in alle Entscheidungen, die sie betreffen, mit einbezogen werden sollten, schließlich sind sie spätestens bei Eintritt der Volljährigkeit auch für ihre Handlungen verantwortlich. Kinder wiederum haben auch eine Verantwortung den Eltern gegenüber. Das Gesetz nennt Beistand und Rücksicht als gegenseitige Verpflichtung. Das heißt, dass Jugendliche ihren Eltern Respekt und tatkräftige Unterstützung schulden. Je nach Alter kann diese Unterstützung in unterschiedlichem Ausmaß verlangt werden. Da bis zur Volljährigkeit die Personensorge bei den Eltern liegt, haben die Eltern die Aufgabe, für ihre Kinder zu sorgen, sie zu erziehen, auf sie aufzupassen (Aufsichtspflicht), und sie verfügen über das Aufenthaltsbestimmungsrecht. (Broschüre zum Download auf der Website des Bundesministeriums für Justiz, www.bmj.bund.de)

Was genau bedeutet dies aber im Alltag mit 15-, 16- oder 17-Jährigen? Wie sieht es mit Volljährigen aus, die noch zu Hause wohnen und sich in Schul- oder Berufsausbildung befinden? Die Vorstellungen sind unterschiedlich, häufig herrscht Unsicherheit darüber, was angemessen ist. Deshalb holen sich Eltern und auch Jugendliche Meinungen aus »ihrem Lager« ein.

DÄUMLING Ich hab mal eine Frage, das soll eine Art Umfrage sein: Mein Dad ist ziemlich streng seit Kurzem, also meiner Meinung nach, und er meint, in anderen Familien wäre alles noch viel strenger und geordneter mit den Regeln. Jetzt wollt ich mal fragen, wie das so ist?! Wie sieht das mit den Zeiten aus, wann man zu Hause sein soll, Computerzeiten und wie lange man Fernsehen schauen darf usw. Vielleicht sollte ich noch dazu sagen, dass ich 14 bin und das Gefühl habe, ich darf gar nichts. Dann mach ich es einfach verbotenerweise, aber das ist ja auch auf Dauer zu anstrengend, immer abzuhauen. Wäre schön, wenn mir vielleicht jemand meine Fragen beantwortet. ■

Für die Jugendlichen bedeuten elterliche Forderungen eine Einmischung in ihre Autonomie, sie erleben sich selbst als verantwortungsbewusst genug, um ihre eigenen Entscheidungen zu treffen. Sie haben den Eindruck, dass ihre Eltern ihnen nicht zutrauen, selbst einschätzen zu können, was passend ist oder gar gefährlich. Sie kämpfen für ihre Freiheit und erleben nicht selten die zu ihrem Schutz ausgesprochenen Verbote als Willkür. Es ist daher von großer Bedeutung, den jugendlichen Kindern die Hintergründe der Einschränkung ihrer Freiheit zu erklären. Eine Jugendliche erklärt einer anderen:

EULENSPIEGEL Also, ich weiß, dass ich mich mit 14 (ich bin inzwischen 19) auch an ziemlich viele Regeln halten musste. Ich musste um 22 Uhr daheim sein. Alkohol und Zigaretten waren tabu. Sex sowieso. Ich hab mich damals zu Tode darüber aufgeregt, besonders da ich einen drei Jahre älteren Bruder habe, der viel mehr durfte. Aber im Nachhinein muss ich sagen, dass ziemlich viele Regeln gut waren.

Es ist schwer, mit Regeln umzugehen, die einem total missfallen, aber man muss auch die Gegenseite sehen. Die Regeln dienen nur zu deinem Schutz, und so blöd das klingt, manche Sachen unterschätzt man als 14-Jährige. Wenn ich daran denke, in was für gefährliche Situationen ich mich mit 14 gebracht habe, zum Beispiel nachts allein durch den Park zu laufen oder bei fremden Typen zu übernachten, dreht sich mir heute der Magen um. Was hätte alles passieren können! Deine Rebellion gegen Regeln ist vollkommen normal, auch dass du sie nicht immer einhalten möchtest.
Diskutiere doch auch mal mit deinem Dad über die Regeln und frag ihn nach den Gründen und fordere Begründungen. Aber ich bin froh, dass ich in der chaotischen Zeit der Pubertät immer meine Grenzen hatte, die mir eine gewisse Sicherheit gegeben haben. Denn es wäre doch auch nicht schön, wenn sich dein Dad einen Scheiß für dich interessieren würde und du alles machen dürftest. ■

Es klingt im Zitat schon an: Je älter Kinder werden, desto wichtiger wird es, mit ihnen über die Hintergründe der Verbote zu sprechen. Irgendwann werden Gebote wichtiger als Verbote, da Jugendliche ihre eigenen Wege gehen und durch Drohungen nicht aufzuhalten sind. Gleichzeitig ist es umso wichtiger, eine klare Haltung einzunehmen bei Verhaltensweisen, die Eltern auf keinen Fall tolerieren können. □

Häufige Themen im Bereich der Rechte und Pflichten sind Ausgehzeiten, Privatsphäre und Helfen im Haushalt. Auf sie wird im Folgenden näher eingegangen. Der gesetzliche Rahmen ist bei all diesen Bereichen klar definiert, aber dies sind nur Eckpfeiler, denn das familiäre Zusammenleben lässt sich nicht per Gesetz ordnen. Es bleibt ein Handlungsspielraum bestehen, den es im besten Fall durch Gespräche und Absprachen, mit Einfühlungsvermögen für die Lage des jeweils anderen und in gegenseitigem Respekt zu füllen gilt.

Überlegen Sie, was Ihnen wirklich wichtig ist. Welche Forderungen sind für Sie unverzichtbar? Wenn Ihnen die Entscheidung schwerfällt, stellen Sie sich einmal verschiedene Szenarien vor. Welche Folgen hätte es, wenn Sie sich für dieses oder jenes entscheiden? Wie sähe der schlimmste und wie sähe der beste Fall aus? Denken Sie auch noch einmal an Ihre übergeordneten Erziehungsziele. Verteilen Sie Ihre Energien klug! Jugendliche haben meist viel Ausdauer in Diskussionen – es lohnt sich nicht, lange zu diskutieren, um dann am Ende nachzugeben, weil man bemerkt, dass einem die Sache doch nicht so wichtig ist, oder man einfach erschöpft ist.

Ausgangsregeln

Das Jugendschutzgesetz (zu finden unter www.bmfsfj.de/BMFSFJ/kinder-und-jugend,did=5350.html) schreibt unter anderem vor, zu welchen Zeiten sich junge Menschen nicht ohne eine Aufsichtsperson an bestimmten öffentlichen Orten aufhalten dürfen. Es gibt, nach Alter gestaffelt, Grenzen an, die dem Schutz der Jugendlichen dienen sollen. Diesen Regelungen sind Betreiber von Einrichtungen wie Gaststätten, Kinos, Nachtclubs, Discotheken etc. verpflichtet.

Das Gesetz regelt damit jedoch nicht die Ausgehzeiten. Wie lange sich Jugendliche außerhalb ihres Zuhauses aufhalten dürfen, entscheiden die Eltern. Diese Entscheidung sollte sich nach der Art einer Veranstaltung richten, nach dem Alter des Kindes, noch mehr jedoch nach dem Maß der Selbstständigkeit, der Verantwortungsbereitschaft und nach der vermuteten Gefährdung. So ist es ein Unterschied, ob es sich um die Geburtstagsfeier bei einer Freundin oder um ein Rockkonzert handelt, ob die Rückkehr nach Hause geregelt ist, mit öffentlichen Verkehrsmitteln stattfindet oder mit dem Fahrrad durch den Park erfolgen muss. Eltern sollten jedoch immer wissen, wo sich ihre heranwachsenden Kinder aufhalten und ob andere Erwachsene die Verantwortung in der Situation tragen.

MÄRCHENLAND Ich bin gerade 18 geworden, aber ich weiß noch gut, wie das im Alter von 14 bis 16 war. Wenn ich zu Freunden auf Feiern wollte, musste ich entweder um Mitternacht herum heim (meine Eltern haben mich dann abgeholt) oder ich durfte dort schlafen und wurde morgens abgeholt. In Discos wird man ja, wenn die Leute ihre Arbeit gut machen, eh um die Uhrzeit rausgeschmissen. Ich habe meine Eltern nie angelogen, sie wussten eigentlich so gut wie immer genau, wo ich war, und hatten dann auch kein Problem damit, wenn ich mal angerufen hab und gefragt hab, ob ich noch eine Stunde länger bleiben oder bei einer Freundin schlafen dürfte, die sie kannten. Bei ihnen fremden Leuten durfte ich auf die Schnelle eher nicht schlafen, da wollten sie dann eine Telefonnummer, Adresse und so was haben. Das hat mich früher immer sehr genervt, aber im Nachhinein find ich das schon in Ordnung. ■

Fördern Sie die Selbstständigkeit Ihrer Kinder schrittweise. Sie lernen dadurch, Gefahren abzuschätzen, und wissen sich in schwierigen Situationen eher zu helfen. Es ist nicht ratsam, einem Kind etwas bis zu einem bestimmten Alter rigoros zu verbieten, um es dann vom einen auf den anderen Tag zu erlauben. Besser ist ein abgestuftes Vorgehen. Wenn Sie mit Ihrem Sohn eine Absprache treffen und er zeigt, dass Sie sich auf ihn verlassen können, so können Sie selbst beim nächsten Mal beruhigt den Abend verbringen – und er hat wenig Grund, Sie zu hintergehen. □

FREDDIE Meine Eltern sehen das mit dem Rausgehen relativ eng. Wenn ich wirklich weg möchte, dann mache ich das auch mal auf die unehrliche Tour. Ein Beispiel: Ich bin in der Ausbildung und wollte mit meinen anderen Kolleginnen in die Disco. Meine Eltern haben es nicht erlaubt, deshalb habe ich einfach gesagt, ich schliefe bei einer Kollegin, was mir »Rückendeckung« gab. Aber gut find ich's auf keinen Fall! Ich habe jedes Mal ein schlechtes Gewissen, wenn ich so was mache, aber wie soll ich sonst mein Ziel erreichen? ■

Jugendliche honorieren in der Regel das in sie gesetzte Vertrauen und bemühen sich, diesem gerecht zu werden. Durch starre Regelungen erreichen Eltern nur, dass sich Sohn oder Tochter Möglichkeiten ausdenken, wie sie ihre Wünsche hinter dem Rücken der Eltern doch noch realisieren können. Besser, als Jugendliche durch Vorschriften einzuschränken, ist es, ihnen Verantwortung zu übergeben.

AQUARELL Gerade bei diesem Konflikt zwischen Eltern und Kindern finde ich es wichtig, dass man nicht ungerechtfertigt und mit aus der Luft gegriffenen Argumenten seinen Standpunkt durchsetzen will, und zwar beiderseits. Gibt es nichts, was dagegen spricht, warum sollte man dann nicht versuchen, seinem Kind zu vertrauen, und ihm die Möglichkeiten geben, die es vom Gesetz her hat? Allerdings: Verbieten mir meine Eltern etwas und ich kann eigentlich nicht verstehen, warum, ist es dann richtig, mir das, was ich will, auf einem anderen Weg zu holen (was in vielen Fällen früher oder später ja doch rauskommt)? Oder sollte ich versuchen, wenn die Regeln nicht zu krass sind, mich so lange danach zu richten, bis meine Eltern erkennen, dass sie Vertrauen zu mir haben können? ■

Die wichtigste Erziehungsmethode in diesem Alter ist das Gespräch. Wenn Eltern nachfragen und ihren Kindern zuhören, während sie berichten, warum diese bestimmte Unternehmung für sie so überaus wichtig ist, dann können sie sich in deren Lage hineinversetzen. Danach sollten sie versuchen, ihrerseits die eigenen Beweggründe darzulegen und von ihrer Besorgnis, ihren Ängsten zu erzählen. Beide Sichtweisen haben ihre Berechtigung. Am besten suchen Eltern und Kinder gemeinsam nach Lösungen, die den verschiedenen Bedürfnissen Rechnung tragen.

AQUARELL Natürlich ist's am Ende immer wieder eine Gratwanderung: Gebe ich meinem Kind zu viele Freiheiten, setze ich ihm zu harte Grenzen? Wichtig ist, dass man miteinander im Gespräch bleibt, denke ich. Dass man Absprachen auf ehrlicher Basis darüber trifft, wer was wann mit wem und wo. Dann kann sich über die Jahre natürlich auch gut ein Vertrauensverhältnis entwickeln. Allerdings darf es eben auch von beiden Seiten nicht ausgenutzt werden – nicht von den Kindern, die hinter dem Rücken ihrer Eltern doch in die Disco und nicht zum DVD-Abend bei der besten Freundin gehen, und auch nicht von den Eltern, die einfach, weil sie am längeren Hebel sitzen, einen 15-Jährigen abends um fünf zu Hause wissen wollen, obwohl so richtig gar nichts dafür spricht. ■

Regelungen werden eher angenommen, wenn sie differenziert sind: So kann eine Veranstaltung aus Altersgründen verboten, eine andere aber mit Auflagen erlaubt werden. Wenn Jugendliche sich derart ernst genommen fühlen, sind sie meist bereit, selbst Überlegungen anzustellen, wie sie die Sorgen der Eltern ausräumen können.

Dies Vorgehen klingt vielleicht mühsam, es lohnt sich jedoch, da sich mit der Zeit eine gewisse Routine einstellt: Die Tochter überlegt schon im Vorfeld, wie sie eine Unternehmung organisiert, damit sie den Ansprüchen der Eltern entspricht. Oder die Eltern machen gute Erfahrungen mit der Selbstständigkeit und Verlässlichkeit des Sohnes und erlauben ihm guten Gewissens weitere Freiheiten.

AQUARELL Ich würde meinem Kind, wenn ich dann mal eins hab *g*, wahrscheinlich auch nicht entgegenkommen, wenn es seinen Beitrag nicht leistet, aber jemandem wegen einer schlechten Note Hausarrest zu geben, das find ich unangebracht. Dann doch lieber die Option, erst dann weggehen zu können, wenn man sich vorher noch eine Stunde mit dem jeweiligen Fach befasst hat oder so.

Wahrscheinlich schlagen jetzt viele Jugendliche die Hände überm Kopf zusammen, weil ich schon jetzt so ein kleiner Spießer bin *g*, aber ehrlich, ich denke, das ist wie so vieles andere auch vor allem ein großes Geben und Nehmen auf ehrlicher Vertrauensbasis.

Ausgehverbote sollten nicht als Strafe verhängt werden für Probleme in anderen Bereichen. Da für Jugendliche der Freundeskreis sehr wichtig ist, rufen Kontaktsperren heftige Gegenreaktionen hervor. Durch solche Sanktionen fordern Sie eher Unehrlichkeiten heraus, schlechte Noten werden verschwiegen oder der Ort des Ausgehens wird verschleiert.

Eltern erwarten von Jugendlichen die Übernahme von Verantwortung, dies bezieht sich meist auf ihre schulischen Aufgaben und auf Bereiche innerhalb der Familie bzw. des Haushalts. Und sie möchten sich darauf verlassen können, wenn Verabredungen getroffen wurden. Besonders berufstätige Alleinerziehende sind auf Mithilfe angewiesen, gerade wenn mehrere Kinder im Haushalt leben oder eine Vollzeittätigkeit ausgeübt wird.

Im Gespräch sind Tochter oder Sohn häufig bereit, ihren Teil zu übernehmen, im Alltag funktioniert es jedoch meist nicht reibungslos. Das liegt oft nicht am mangelnden guten Willen der Teenager, sondern daran, dass sie noch kein angemessenes Zeitmanagement entwickelt haben und nicht mit Unlustgefühlen umzugehen wissen.

MIRIAM Ich würde meine Mutter gerne viel mehr im Haushalt unterstützen, nur gute Noten bekommen und nebenbei genügend Zeit für Freizeitaktivitäten haben.
Die Realität sieht leider anders aus; ich bin keine Wundertochter, so gerne ich es auch wäre! Ich habe wenig Freizeit. Referate vorbereiten, Lernen etc. bekomme ich absolut nicht so auf die Reihe, wie ich's mir vorstelle, und daneben habe ich schlichtweg nur wenig Zeit, um im Haushalt etwas zu tun. Ich weiß, dass es nur sehr wenig ist im Vergleich dazu, was meine Mutter tut, rein mengenmäßig gesehen. Allerdings fällt ihr die Arbeit auch wesentlich leichter als mir. Somit ist das bisschen, das ich tue, schon eine große Leistung für mich. ■

Leider weitet sich der Streit um die Hausarbeit manchmal in andere Bereiche aus. Die Mutter fühlt sich nicht ernst genommen oder ist gekränkt, weil sie die Pannen im Haushalt mit mangelnder Wertschätzung verbindet. Es ist wahr, Kinder nehmen es als gegeben hin, dass die Hausarbeit »irgendwie« erledigt wird, sie machen sich keine Gedanken darüber. Wenn sie älter sind, fällt es ihnen schwer, umzuschalten und die Arbeit als eine gemeinsame Aufgabe zu sehen. Hinzu kommt, dass sie selbst in diesem Alter sehr gefordert sind durch Schule, Berufsausbildung oder Studium.

PHILOSOPH In letzter Zeit gerate ich andauernd mit meiner Mutter aneinander. Es reicht schon eine Kleinigkeit, ungeleerte Aschenbecher oder dergleichen, dann kriegen wir uns sofort in die Haare. Ich würde am liebsten ausziehen, aber meine momentane Situation (Studium noch in der Anfangsphase) gestaltet das schwierig. Manchmal passiert es dann, dass sie nach Hause kommt und keine fünf Minuten später schreien wir uns an. Gerade jetzt in den Semesterferien wirft sie mir dann auch oft vor, faul zu sein oder Aufgaben nicht zu erledigen, nur um sie zu provozieren. Letzteres ist allerdings eher durch meine schlechte Organisation bedingt. ■

Beginnen Sie frühzeitig damit, Ihre Kinder in die Hausarbeit einzubinden. Kleinen Kindern macht es sogar Freude, wenn sie zeigen können, was sie schon alles zustande bringen. Wenn Sie das versäumt haben, helfen Gespräche mit den Jugendlichen darüber, wie die Arbeiten in den Tagesplan eingebunden werden können. Verlieren Sie nicht die Geduld, setzen Sie sich immer wieder zusammen. Verzichten Sie auf Anklagen und auf Nörgeln. Lassen Sie die Jugendlichen selbst einteilen, wann sie die Tätigkeiten verrichten, und seien Sie nicht zu streng, wenn die Ausführung nicht ganz Ihren Vorstellungen entspricht. Hilfreich ist eine gewisse Toleranz dem Ergebnis gegenüber – bedenken

Sie, dass auch das Putzen gelernt sein will! Loben Sie und bedanken Sie sich, wenn es einmal geklappt hat, dies steigert die Motivation Ihrer Kinder. □

Die Vereinbarungen können auch mithilfe eines unbeteiligten Dritten erarbeitet und schriftlich fixiert werden, das erhöht die Chance einer Einigung und verstärkt die Verbindlichkeit.

KARPFEN Bei uns zu Hause läuft es im Moment sehr schlecht mit dem Helfen im Haushalt. Meine Mutter sagt mir und meiner Schwester ständig, dass wir mehr tun müssen, dass sie überfordert sei und sie das alles nicht mehr schaffe. Ich sehe das ein und bin auch bereit dazu, aber was wir auch immer probieren, es klappt höchstens zwei Wochen. Und danach kommt es wieder zu so einem Gespräch, was ziemlich belastend für uns alle ist. Das geht jetzt schon eine Weile so ...

Ich verstehe selbst nicht so genau, was mein Problem mit dem Helfen ist: Wenn ich freiwillig helfe, macht es mir fast Spaß und ich weiß, dass sich meine Mutter darüber freut. Aber wenn sie ankommt, dass ich was machen soll, reagiere ich sofort mürrisch. Sie sagt, manchmal mache sie es lieber selbst, bevor sie fragen muss. Natürlich wird ihr das dann auch zu viel ...

Eigentlich haben wir alle zu Hause ständig ein schlechtes Gewissen deswegen. ■

Lassen Sie sich nicht von mürrischen Gesichtern oder abwehrenden Haltungen beeindrucken, die Jugendlichen müssen die Hausarbeit nicht mit einem Lächeln verrichten! Wenn man ehrlich ist: Wer tut das schon?! Ein Vergessen oder eine genervte Antwort sind nicht als persönliche Beleidigung zu werten. Jugendliche sehen die Welt mit anderen Augen. Ihnen fällt wirklich nicht auf, dass der Müll überquillt. Fordern Sie immer wieder

höflich, aber bestimmt eine angemessene Beteiligung ein und kommen Sie geduldig immer wieder darauf zurück, ohne jedes Mal einen Streit vom Zaun zu brechen.
Ermunternd ist es, wenn Eltern nachfragen, ob sie einspringen sollen, wenn etwa eine wichtige Schularbeit ansteht. Sie können einen Tausch anbieten oder die Arbeiten umverteilen. Nach solch erlebter Rücksichtnahme fällt es leichter, bei einer anderen Gelegenheit eine Gegenleistung zu erbringen. □

Wenn Jugendliche ganz selbstverständlich davon ausgehen, dass andere für sie sorgen, und auch nicht mit Lob und guten Worten zu überzeugen sind, dann helfen allerdings nur Taten. Man muss die Wäsche nicht mühsam im chaotischen Jugendzimmer zusammensammeln – es wird einfach nur gewaschen, was sich ordnungsgemäß im Wäschekorb befindet. Eltern können ihren Kindern erklären, dass sie aus Zeitgründen einen Teil der Hausarbeit an sie abgeben müssen, und Vorschläge erbitten, welche das sein könnten. Es empfehlen sich Bereiche, die den Jugendlichen etwas bedeuten und die das elterliche Leben nicht empfindlich treffen. Es geht nicht um einen Machtkampf, sondern darum, Arbeit zu verteilen. Wie sie die Arbeit erledigen, sollte nicht zu wichtig sein. Die Jugendlichen werden sie nicht immer genauso erledigen wie die Eltern selbst.

Eine weitere Variante ist: Eltern können mit Vergünstigungen handeln! Bestimmte »Dienste« wie das Chauffieren zu Freunden kosten Zeit, sodass sie nur geleistet werden können, wenn andere Arbeiten im Haushalt schon erledigt sind. Das Verleihen des Familienautos kann gegen entsprechende Dienstleistungen im »Familienbetrieb« getauscht werden. Es geht auch hier nicht um Bestrafung oder Erpressung, sondern um ein Geben und Nehmen. Eine Gemeinschaft ist darauf angewiesen, dass jeder seinen Teil übernimmt. Dies sollten Eltern deutlich machen, aber nicht im Streit vermitteln!

Bei Söhnen fällt es meistens besonders schwer, zu vermitteln, dass der Haushalt eine Aufgabe aller Hausbewohner ist, wenn der Vater wie selbstverständlich ausgenommen ist. Väter sind hier ein ganz wichtiges Rollenvorbild! Trotz Emanzipation und Gender-Diskussionen wird von Jungs meist immer noch weniger Beteiligung im Haushalt erwartet als von Mädchen – das ist nicht gerecht den Mädchen gegenüber und produziert schnell »kleine Prinzen«.

Privatsphäre

Jugendliche und junge Erwachsene haben ein Recht auf ihre Privatsphäre. Es sollte selbstverständlich sein, dass vor dem Eintreten in ihr Zimmer angeklopft und kurz gewartet wird. Wenn sie signalisieren, dass es ihnen unangenehm ist, dass jemand gleichzeitig mit ihnen das Bad benutzt, sollte darauf Rücksicht genommen werden, selbst wenn es in der Familie üblich ist und bisher kein Problem war. Das Schamgefühl verändert sich in diesem Alter und damit verändern sich auch die persönlichen Grenzen.

Auch eingehende Post ist ihre Privatsache; das Öffnen ihrer Briefe, das Lesen ihrer SMS oder ihrer Mails ist ein Eingriff in ihren Bereich, den Jugendliche als Verletzung ihrer Person empfinden. Wenn es nur einen Familiencomputer geben sollte, gibt es die Möglichkeit, kostenlos Mailadressen einzurichten, die passwortgeschützt sind.

Auch wenn Sie das als Geheimniskrämerei abtun oder den Eindruck haben, dass die Post nichts enthält, was eindeutig privaten

Charakter hat, respektieren Sie diesen Bereich. Stellen Sie sich einfach einmal vor, Ihr Kind würde all Ihre Post als Erstes lesen: Wie empfänden Sie das? Für Jugendliche bedeutet es außerdem, dass sie nicht als Person mit eigenem Entscheidungsvermögen gesehen werden. Sie möchten selbst entscheiden, welche Informationen über ihr Leben oder ihre Freunde sie den Eltern mitteilen. Geben Sie ihnen den Freiraum! □

TINA Ich fühle mich zu Hause schon lange nicht mehr wohl, da meine Mutter mich nur überwacht und mir hinterherschnüffelt. Sie durchsucht mein Zimmer und liest in meinem Tagebuch. Wenn ich mich mit einer Freundin treffen möchte, muss ich es immer meiner Mutter sagen. Ich bin 16 und darf nicht allein zum Arzt gehen, was dazu geführt hat, dass ich seit drei Jahren nicht mehr beim Zahnarzt war und seit sechs Monaten Schmerzen habe. Ist es normal, dass man sein Kind so sehr überwacht? ■

Arztbesuche sind ein Thema, das bei Jugendlichen sehr unterschiedlich gehandhabt wird. Manche wünschen sich die Unterstützung und Begleitung der Eltern, andere möchten allein mit dem Arzt reden. Dabei kommt es sicher auch auf den Grund des Arztbesuchs an. Die Verschreibung der Antibabypille oder das Behandeln von selbst herbeigeführten Verletzungen werden Jugendliche nicht im Beisein der Eltern erörtern wollen.

Rechtlich hat der Arzt ab einem Alter von 14 Jahren die Schweigepflicht und das Informationsrecht der Eltern gegeneinander abzuwägen. Jugendliche haben hier also ein Selbstbestimmungsrecht. Das Wohl des Kindes spielt jedoch eine wichtige Rolle, ein vertrauenswürdiger Arzt wird den Jugendlichen im Falle einer beginnenden Gefährdung Hilfen anbieten und auch eine Einbeziehung der Eltern vorschlagen. Sollte eine hochgradige Gefährdung vorliegen, wird der Arzt im Zweifelsfall die Eltern benachrichtigen.

Fragen Sie nach, welche Unterstützung Ihre Tochter oder Ihr Sohn sich wünscht. Begleiten Sie Ihr Kind, wenn es sich allein mit der Situation überfordert fühlt, drängen Sie sich jedoch nicht auf. Wenn Sie alleinige Arztbesuche rigoros verbieten, besteht die Gefahr, dass Jugendliche notwendige Arztbesuche verweigern oder Beschwerden verschweigen. Auch hier geht es darum, Grenzen zu respektieren und eine Ablösung in die Selbstständigkeit zu fördern. □

Schulische und berufliche Leistungen: die Mühen des Erfolgs

In der Übergangsphase von der allgemeinbildenden Schule zur beruflichen Ausbildung stellen sich für die Jugendlichen ganz neue Anforderungen. Mit dem Beginn einer Berufsausbildung verändert sich ihr Leben vollständig. Und wie wichtig ein gelungener Einstieg in die Erwerbstätigkeit ist, das ist ihnen längst klar. Auf die höhere Autonomie freuen sie sich zwar, aber die neuen und noch fremden Verantwortlichkeiten machen auch Angst.

Der innere Wunsch, solchen Anforderungen am liebsten auszuweichen, kann sich zuweilen ganz naiv ausdrücken, wenn ein Jugendlicher etwa sagt: »Ich weiß keinen geeigneten Beruf für mich. Schade, dass man mit Onlinespielen kein Geld verdienen kann. Das fände ich cool.« Bei solchen Vorstellungen rückt dann schnell in den Hintergrund, dass es erst einmal darum gehen muss, einen möglichst guten Schulabschluss zu schaffen.

Der schulische Erfolg eines jungen Menschen hängt ganz wesentlich von familiären Bedingungen ab. Die Haltung der Eltern gegenüber Lernen, Leistung und Berufstätigkeit haben den Jugendlichen bereits über viele Jahre hinweg geprägt. Eltern etwa, für die das formale, abstrakte, theoretische Lernen immer ein Problem war, vermitteln häufig (wenn auch nicht zwangsläufig!) ihren Kindern eine ähnliche Abneigung. Statt Neugier und Wissensdurst überwiegen die Unlustgefühle. Diese Kinder weichen dem Schreibtisch eher aus, meistens über die gesamte Schulzeit hinweg. Wenn sie sich einmal zum Lernen hinsetzen, reicht die innere Disziplin oft nicht weit, eine Stunde am Stück ist schon ein Erfolg. Jede Ablenkung ist willkommen, die Lernzeit bleibt ineffektiv.

ROTPUNKTE Angefangen hat es bei mir etwa in der achten Klasse mit Abgeben von leeren Seiten bei Arbeiten, Hausaufgaben »Vergessen« etc. Bald darauf habe ich das erste Mal geschwänzt. ■

Zwar bedeutet diese Haltung dem formalen Lernen gegenüber nicht, dass diesen Jugendlichen generell die Leistungsbereitschaft abgeht, bei einer handwerklichen Arbeit können sie sehr engagiert und unermüdlich sein, aber im schulischen Kontext erreichen sie oft keine überdurchschnittlichen Noten. Solche Lernschwächen treten am Ende der Schulzeit deutlicher als zuvor zutage. Und sie bekommen eine zuweilen dramatische Bedeutung, denn die schulischen Noten bestimmen in einem wesentlichen Ausmaß die zukünftigen beruflichen Startchancen.

Wer den Jugendlichen in dieser Situation einen Gefallen tun will, reagiert besser nicht mit rigidem Leistungsdruck, denn was in acht oder neun Schuljahren nicht gelernt wurde, wird auch im letzten Jahr nicht erreicht. Im Gegenteil, je mehr Druck, desto größer die innere Abwehr. Besser ist eine aktive und konstruktive Unterstützung seitens der Eltern oder anderer Personen.

Kurz vor dem Schulende noch einmal »dranzubleiben« ist allemal empfehlenswert, denn jede Note, die noch verbessert werden kann, hebt die Chancen auf eine Ausbildungsstelle bzw. einen weiterführenden Schulbesuch. Ihr Kind braucht jetzt aktive Unterstützung, um die Hürde zu nehmen! Nehmen auch Sie sich Zeit dafür. □

Gänzlich anders stellt sich die Situation in diesem Fall dar:

DINA Ich hab Prüfungsangst und dafür kann ich nichts. Ich bin ja klug, ich weiß zu Hause immer alles, aber in der Schule hab ich Blackouts. Ich weiß nicht mehr, was ich machen soll. Früher war alles okay und ich hatte super Noten, ich weiß nicht, was los ist, kann es mir selbst nicht erklären. ■

Eltern und auch Lehrer stehen immer wieder fassungslos vor solchen Leistungseinbrüchen, die auf dem ersten Blick unerklärbar scheinen. Innerhalb eines Schuljahres stürzen die Noten ab, die Versetzung wird nicht erreicht. Oder Jugendliche müssen innerhalb von zwei Jahren das Gymnasium verlassen und kommen auch in der Realschule plötzlich über ein Mittelmaß nicht mehr hinaus. Das alles kann zwar ganz unterschiedliche Gründe haben – Gründe hat es immer! –, aber unausgewogene Leistungsansprüche der Eltern spielen oft eine Rolle und können unheilvoll mit anderen Lebensbedingungen zusammentreffen (übersteigerter Drogenkonsum, Leistungsverweigerung in der Clique etc.).

In einer solchen Phase ist es für Eltern nicht einfach, dem Kind gegenüber noch »zugewandt« zu bleiben. Häufig verhält sich auch der Jugendliche selbst sehr abweisend. Eltern fühlen sich dann hilflos und kapitulieren vor der erzieherischen Aufgabe. Oder sie versuchen es mit der harten Methode: Drohungen, Verbote, Strafen.

Verbote sind allerdings meist nicht zielführend, schon gar nicht jene Verbote, die dem Alter der Heranwachsenden nicht mehr angemessen sind. Sie führen eher zur generellen Verschlechterung der Eltern-Kind-Beziehung. Stattdessen ist es angemessen, dass ab einem bestimmten Alter die Jugendlichen für ihre schulischen und erst recht für ihre beruflichen Entscheidungen selbst verantwortlich sind. Das heißt natürlich nicht, die Hilfe und Unterstützung einzustellen.

Ein Mädchen erzählt von ihrer 16-jährigen Freundin:

RABEN Die Liebe zum anderen Geschlecht wird ihr auch verboten. Sie erzählte mir, dass sie erst einen Freund haben dürfe, wenn sie eine Ausbildung gemacht hat. Daraufhin habe ich ihr aber gesagt, dass sie mit 18 tun und lassen kann, was sie will, aber davor hat sie Angst, weil sie ihre Eltern nicht enttäuschen möchte. ■

Sinnvoll ist es aber sehr wohl, in der eigenen Haltung deutlich, entschieden und auch konsequent zu sein. Das gilt besonders zaudernden Jugendlichen gegenüber, wenn sie etwa das Studium nach dem ersten Semester abgebrochen haben, stattdessen eine Berufsausbildung beginnen, aber schon nach vier Monaten davon sprechen, auch die Ausbildung gefiele ihnen nicht und sie dächten ans Abbrechen. Manchmal ist ein gewisser »Nachdruck« der Eltern nötig, um Jugendliche bei der Stange zu halten.

Durch Anregung sollten Jugendliche zu mehr Leistung und Disziplin motiviert werden. Es ist ratsam, sowohl eine aktive und kontinuierliche Unterstützung beim Lernen anzubieten als auch eine Belohnung in Aussicht zu stellen, die für den Jugendlichen einen hohen Wert hat. Und: Vergessen Sie das Loben nicht.

Hindernisse für höhere Leistungen

Es ist unübersehbar, dass bei so manchem Heranwachsenden gewaltige psychosoziale Probleme vorherrschen, die sowohl den (möglichst guten) Schulabschluss als auch die berufliche Orientierung erst einmal in den Hintergrund treten lassen. Wer im Extremfall bereits die Schule für einen monatelangen Aufenthalt in einer psychiatrischen oder psychosomatischen Klinik unterbrechen musste und mit seinem eigenen Überleben beschäftigt ist, bei dem drängen sich andere Schwierigkeiten zunächst in den Vordergrund. »Erfolg« bedeutet dann etwas ganz anders.

DUNKELSTERN Ich schäme mich für mich und ich schäme mich für meine Eltern, dass sie so eine Versagerin als Tochter haben müssen. Wenn sie mit Freunden zusammensitzen, reden alle über ihre Kinder, der eine sagt: »Meine Tochter hat jetzt ihr Abi«, der andere: »Mein Sohn hat eine richtig nette Freundin«, und der Nächste: »Meine Tochter hat jetzt eine Ausbildungsstelle.« Ich war drei Monate in der Klapse und habe nichts vorzuweisen. Ich bin doch voll die Enttäuschung. ■

Was auch immer die Ursachen für solch schwierige Lebensverläufe in jungen Jahren sein mögen, den Heranwachsenden ist unbedingt zu vermitteln, dass ihr Leben auch ohne das frühzeitige Erreichen aller möglichen Statussymbole lebenswert ist. Manches erreichen sie vielleicht erst später im Leben, erreichbar ist das meiste immer noch.

Auch hier wäre es völlig unangemessen, zu früh zu starke Leistungserwartungen zu hegen und damit Druck zu erzeugen. Es ist sicher kein Zufall, dass viele psychische Störungen in der Zeit vom Ende der Pubertät bis Mitte der zwanziger Jahre erstmals auftreten. Schwierige Kindheitsbedingungen bei gleichzeitig einsetzenden neuen Anforderungen mit dem Erwachsenwerden können zu massiven Überforderungsgefühlen führen.

DIENAMENLOSE Ich hatte auf der offenen Station auch oft Familiengespräche, zu denen ich meine Eltern oder meinen Bruder kommen ließ. Dann haben wir gemeinsam über Dinge gesprochen, die wir uns mal sagen wollten. Nach und nach hab ich meine Zukunft mehr in die Hand genommen, das heißt, mir Gedanken gemacht, was ich werden möchte (auch wenn ich noch nicht ganz sicher bin), und schon mal Bewerbungen für ein Praktikum geschrieben. Und ich habe mich auf ein Beratungsgespräch im BIZ vorbereitet – was auf meiner Angstliste leider ganz weit oben stand. Aber ich musste das machen, damit ich mir klarer über meine Berufswahl werde und so zur Übung, wegen der Angst. ■

Wo aufgrund existenzieller Probleme schulische wie berufliche Leistungen zurückbleiben, brauchen Heranwachsende verständnisvolle Unterstützung beim Lernen und Aufholen versäumter Lernzeiten. Eine psychotherapeutische Begleitung kann ebenfalls helfen, das eigene Selbstwertgefühl wieder aufzubauen und Selbstvertrauen zu »tanken« (siehe das Kapitel »Wünsche nach Beratung und Therapie«). Ist die junge Persönlichkeit des Heranwachsenden wieder einigermaßen im Gleichgewicht, ergeben sich Erfolge nach und nach beinahe wie von selbst.

Junge Menschen mit ernsthaften Beeinträchtigungen (psychische Probleme, Verhaltensauffälligkeiten, Lernschwierigkeiten, körperliche Behinderungen) können unterstützende Hilfen erhalten beim Einstieg in die Erwerbstätigkeit. Das reicht von finanziellen Leistungen über den Besuch spezieller Kurse bis hin zur Begleitung am Arbeitsplatz. Eltern und Jugendliche sollten sich bei der Agentur für Arbeit informieren und sich nicht scheuen, solche Hilfen in Anspruch zu nehmen und offen einzufordern. □

Wie schwierig sich der Endspurt in der Schule oder der Berufseinstieg auch darstellen mag, förderliche Bedingungen können nur jene sein, die den Jugendlichen bestärken, ihm Mut machen. Wenn Eltern eine wichtige Unterscheidung beherzigen, nämlich die von »Person« und »Verhalten«, wird manches leichter. Dann kann man sagen: »Du bist mein Kind und du bist so in Ordnung, wie du bist. Meiner Liebe kannst du immer sicher sein. Dein Verhalten allerdings ist manchmal nicht in Ordnung, da musst du noch einiges lernen.«

Angemessene Leistungserwartungen

Immer wieder ist zu beobachten, dass Eltern Leistungs- und Karriereerwartungen an ihre Kinder herantragen, denen die Jugendlichen nicht entsprechen können. In der Wahrnehmung der Heranwachsenden handelt es sich dann darum, immer nur »Druck zu kriegen« und gleichzeitig nie gut genug zu sein, denn immer hätte die Note noch besser sein sollen. Kaum etwas treibt Jugendliche stärker in die Resignation als dieses elterliche Verhalten.

GEDANKENVOLL Voriges Jahr hatte ich eine Fünf im Zeugnis und da hat sich meine Mutter voll aufgeregt. Dieses Jahr hatte ich lange sogar zwei Fünfer, hab sie aber zwei Tage vor dem Zeugnis noch

ausgebessert. Jetzt ist meine Mutter schon wieder unzufrieden und regt sich total über die Vierer auf.
Warum macht sie das? Kann sie sich denn nicht einfach nur mit mir freuen, dass ich die Schule bestanden habe? Ich finde das voll gemein: Sie regt sich auf, obwohl ich fast sitzen geblieben wäre. ■

Ein solches Verhalten von Eltern kann sogar sehr gute Schüler treffen, selbst jene, die außer einer Drei nur Zweier und Einser auf dem Zeugnis haben, denn immer könnte die Drei auch eine Zwei sein oder eine Zwei eine Eins. Eltern fällt es oft nicht leicht, das richtige Erwartungsmaß zu finden.

Erdrückend ist diese Haltung, wenn sie mit einer negativen Zukunftsprognose und mit stetigen Kränkungen verbunden wird.

DOWNY Seit ich elf bin, trichtert mein Vater mir ein, dass ich später Klos putzen müsse. Zu der Zeit gingen meine Noten etwas nach unten (Vierer-Bereich). Seither heißt es, wenn ich gute Noten schreibe: »Vielleicht wird's ja doch noch was.« Letztes Halbjahr hatte ich einen Zensurschnitt von 2,252. Gelobt wurde ich dafür nicht. Man war eher verwundert und wies darauf hin, dass die Noten ja eh wieder nach unten gehen würden. ■

Motivierend ist so ein Verhalten natürlich nicht. Auch bei der beruflichen Orientierung können sich solche Erwartungen zeigen. Dann ist es plötzlich enttäuschend, dass der Sohn »nur« Koch werden möchte oder die Tochter Friseurin. Zwar mag es sein, dass die schulischen Leistungen auch statushöhere Berufe möglich machten, aber Sohn oder Tochter fühlen sich mit dieser beruflichen Entscheidung erst einmal wohl. Warum auch nicht?

Dass Eltern ihre Kinder dazu ermutigen, später mal etwas zu erreichen und ein zufriedenes Leben zu führen, ist verständlich und gut so. Übertriebene Leistungserwartungen, womöglich gekoppelt mit mehr oder weniger verdeckten Abwertungen bei Nichterreichung, hemmen aber eher, als dass sie fördern. Die berufliche Orientierung muss für die Jugendlichen »passen«, nicht für die Eltern.

Die Kinder nur zu frustrieren mit all ihren Bemühungen und nicht zu ermutigen, kann den Ablösungsprozess ungewollt beschleunigen.

SCHWERELOS Dann hab ich es mit schulischen Leistungen versucht und mich um eine Note im Durchschnitt hochgezogen, aber ich weiß, dass das alles nichts bringt. Ich weiß nicht, wieso meine Mutter sich für mich schämt und was so schrecklich an mir ist, aber ich find mich gut, so wie ich bin. Ich bin nicht perfekt und das will ich auch nicht sein. Und ich will nicht mehr auf den Respekt meiner Ma warten. ■

Prüfen Sie sich selbst einmal darauf, welche Haltung zu Leistung und Erfolg Sie haben. Welche Folgen hat diese Haltung für Ihr Leben und Ihren Lebensalltag? Ist Ihre Haltung auf jeden Menschen übertragbar? Gibt es Gründe, warum Ihr Kind vielleicht nicht Ihren beruflichen Werten und Ansprüchen folgt? □

Berufliche Orientierung der eigenen Kinder

Es bestehen heute vielfache Möglichkeiten der beruflichen Orientierung. Zudem sind die Informationen leicht zugänglich. So lassen sich via Internet Videos zu Berufsprofilen am eigenen Computer anschauen und viele Angebote im »Berufsinformationszentrum« (BIZ) in den Arbeitsagenturen kostenlos nutzen. Praktikumswochen in den Schulen ermöglichen Einblicke in das Arbeitsleben. Entsprechend sagen die meisten Auszubildenden rückblickend, sie seien vor dem Ausbildungsbeginn gut darüber informiert gewesen, was dann tatsächlich auf sie zukam.

Trotzdem erleben viele Familien die Phase der Berufswahl der Kinder als eine schwierige Zeit. Ein Grund dafür kann schon sein, dass die Eltern den Eindruck haben, ihre Kinder kümmerten sich überhaupt nicht um geeignete Praktikumsplätze, gute Bewerbungsunterlagen, Ausbildungsbetriebe, Bewerbungsfristen etc. Auch das betrifft vorrangig jene Jugendlichen, deren schulische Leistungen nicht gerade herausragend sind. Sie weichen der Konfrontation mit der eigenen (unzureichenden) Leistung und damit der (vermeintlichen) Chancenlosigkeit auf dem Ausbildungsstellenmarkt aus. Sosehr es sich allerdings um ein Vermeidungsverhalten handeln kann, viele dieser Jugendlichen (besonders bei Hauptschülern zu beobachten) verspüren schon vor dem Berufswahlprozess eine Aussichtlosigkeit, die ihnen wenig Anreize bietet.

JUNI In unserer Gesellschaft zählen Schule, Ausbildung und Job. Und es ist ein Hamsterrad. Wer da nicht mitzieht, hat es schwer. Ich hab mal einen sehr beeindruckenden Bericht gesehen, in dem sich ein Mädchen aus gutem Pädagogenhaushalt für ein Leben auf der Straße entschieden hat, da erging es mir so, dass ich auf der einen Seite gedacht habe: Hut ab, sie lebt ihr Leben!, auf der anderen Seite es aber kaum verstehen konnte, warum sie alles aufgegeben hat. ■

Eltern stimmen da unter Umständen durchaus zu, denn manche von ihnen haben das auch selbst erlebt:

ANNE Es ist nun mal leider so, dass in unserem Land die persönlichen Stärken und Fähigkeiten rein gar nichts zählen, solange sie nicht auf dem Zeugnis in Noten gemessen werden können. Die Konkurrenz um Ausbildungsplätze ist sehr groß und meist bekommt nicht der den Ausbildungsplatz, der am besten geeignet ist, sondern der mit den besten Noten. Es ist ungerecht, aber es ist nun mal so. ■

Sollten Eltern beobachten, dass ihr Kind diesem schwierigen und mit vielen neuen Mühen behafteten Entwicklungsschritt ausweicht, dann ist es zunächst nötig, die Gründe für das Ausweichen herauszufinden. Selbstunsichere Jugendliche etwa haben erst einmal mehr Angst vor den Anforderungen einer Erwerbstätigkeit, als dass sie sich auf die neue Autonomie freuen.

DIENAMENLOSE Ich habe schon mal mit dem Gedanken gespielt, nach meiner Schulpflicht nichts zu machen, aber nicht aus Faulheit oder weil ich es toll finde, sondern weil ich einfach Angst vor solchen Situationen habe. Manchmal wünsche ich mir, nichts arbeiten zu müssen, auch wenn ich dann auf der Straße sitzen würde, damit ich die Angst nicht mehr ertragen muss. ■

Stellt sich trotz Bemühungen heraus, dass es aussichtslos erscheint, eine Ausbildungsstelle zu finden, dann gilt es, kleinere Schritte zu gehen. Berufsorientierende Schulklassen, vorbereitende Maßnahmen, Praktika, Aushilfstätigkeiten oder berufsrelevante Kurse können helfen, Unsicherheiten abzubauen und das Know-how zu vertiefen. Selbst wenn nach einem Praktikum ein Beruf ausgeschlossen wird, trägt das zur Orientierung bei. Wichtig ist, jede noch so kleine Weiterbildung ernst zu nehmen und sie diszipliniert zu nutzen: Es gilt, möglichst viel »mitzunehmen« und insgesamt wenig Leerzeiten entstehen zu lassen, in denen die Jugendlichen nur »abhängen«, etwa mit der Begründung: »Das Kindergeld als Taschengeld reicht mir ja.«

Denken Sie gezielt darüber nach, welche Kontakte Sie selbst oder auch Freunde und Bekannte vermitteln können, um Ihrem Kind berufliche Möglichkeiten zu eröffnen. Das fängt bei betrieblichen Schnuppertagen an und hört bei Praktikumsstellen auf. Finden Sie zusammen mit Ihrem Kind alle Möglichkeiten, die es in Ihrem Umfeld gibt, heraus und nutzen Sie sie!

Zwischen Fürsorge und Autonomieförderung

Die Zeit der Berufsausbildung markiert auch jene Phase in der Eltern-Kind-Beziehung, in der beiden Seiten eine Loslösung voneinander gelingen muss (siehe Einleitungskapitel). Das Ziel der Jugendlichen lautet weit überwiegend, nach Bestehen der Abschlussprüfungen in eine eigene Wohnung zu ziehen, entweder allein oder mit Freund bzw. Freundin. Für die Eltern bedeutet das, sich auf ein allmähliches Loslassen einzustellen, womit häufig auch gravierende Änderungen im Alltag und in der eigenen Partnerschaft verbunden sind.

Während der beruflichen Ausbildung muss Eltern eine Balance gelingen: Einerseits müssen sie dem Autonomiestreben ihres Kindes möglichst gelassen und förderlich begegnen, andererseits müssen sie doch auch noch Fürsorgeaufgaben übernehmen, da der Heranwachsende bei vielen neuen Anforderungen noch unerfahren ist.

Zu den Fürsorgeaufgaben gehört es ganz besonders, die Ausbildungsbedingungen und den Ausbildungsprozess zu beobachten und zu stabilisieren. Stellen sich nämlich Probleme ein, sollten Eltern reagieren, allerdings immer in Absprache mit dem Jugendlichen. Wird die Ausbildungsvergütung unregelmäßig ausbezahlt, schleifen sich regelmäßig Überstunden oder sogar Samstagsarbeit ein, wird der Jugendliche abwertend, kränkend oder sonst übergriffig behandelt am Arbeitsplatz, dann sollten Eltern entschieden eingreifen.

MICHI Mein Ausbilder kam am Mittwoch zu mir und ging mir an die Kehle und zerrte mich rum wie ein Stück Dreck. Ich hab vor diesem Menschen Angst, was soll ich machen? Ich kann nicht mehr.

Zwar hat so gut wie jeder zwischenmenschliche Konflikt zwei Seiten und Jugendliche haben oft große Anfangsprobleme bei der Anpassung an die Arbeitswelt, aber im Umgang mit Auszubildenden haben Betrieb wie Berufsschule klare Regeln und Grenzen einzuhalten.

Haben Eltern den Eindruck, der Auszubildende habe am Arbeitsplatz unter massiven Beeinträchtigungen zu leiden, sollten sie dem Jugendlichen nicht nur Solidarität bezeugen, sondern ihm auch aktive Unterstützung bei der Problemlösung anbieten. Zu überlegen ist dann, welche Personen (Firmenchef, Berufsschullehrer) oder Stellen (IHK, Betriebsrat, Gewerkschaft) in die Konfliktlösung einbezogen werden könnten.

Es ist jedoch nicht ratsam, dass Eltern sich über den Kopf des Auszubildenden hinweg in betriebliche Konflikte einmischen. Jedes Vorgehen sollte mit dem Jugendlichen abgesprochen sein. Jede »Einmischung«, bei der er nur neue Probleme auf sich zukommen sieht (das kann auch ein »Gesichtsverlust« am Arbeitsplatz sein), sollte vermieden werden.

Den Fürsorgeaufgaben steht die Autonomieförderung entgegen. In immer mehr Lebensbereichen entscheidet der Heranwachsende ganz allein: wie er seine Freizeit verbringt, mit wem er sie verbringt, wofür er sein Geld ausgibt, wie die Beziehung zu Freund bzw. Freundin verläuft. Dabei »zuzuschauen« ist für Eltern nicht immer leicht, weil sie vieles ganz anders machen würden und ihnen ihre eigenen Erfahrungen nahelegen, dass ein bestimmtes Verhalten irgendwann zu ernsthaften Problemen führen kann.

Autonomiewünsche trotz mangelnder Einkünfte

Mit jedem Schritt in der Ausbildung der Heranwachsenden verbindet sich auch ein Schritt der Abkopplung von den Eltern – bis hin zu jenem Punkt, an dem die Beziehung zum eigenen Partner vielleicht wichtiger ist als die zu den Eltern. Das ist ein »natürlicher« Prozess.

Jugendliche stecken heute häufig in dem Dilemma, einerseits schon früh viele Freiheiten genießen zu dürfen, andererseits oft bis weit in ihre zwanziger Jahre hinein finanziell von den Eltern abhängig zu bleiben. Zwar sind Eltern in der Regel bereit, eine Ausbildung zu finanzieren, aber gleichzeitig dem Kind auch noch eine eigene Wohnung zu ermöglichen, das können oder wollen viele nicht mehr. Der Jugendliche oder junge Erwachsene hingegen will unbedingt selbstständig werden und ausziehen.

Steigen die familiären Spannungen, machen sich viele Jugendliche und erst recht junge Erwachsene auf den Weg, ihre Chancen auf einen Auszug abzuwägen. Dabei geht es vorrangig um die Finanzierung des eigenen Lebens. Zuweilen herrschen ganz naive Vorstellungen, dass sie beispielsweise einfach zum Jugend- oder Sozialamt gehen könnten und von dort eine Wohnung finanziert bekämen. Andere glauben, mithilfe öffentlicher Stellen könnten sie eine monatliche Unterstützung von den Eltern erzwingen. Müssen die Jugendlichen dann erkennen, dass es so schon rein rechtlich nicht geht, reagieren sie frustriert und die Spannungen nehmen zu.

DOWNY Ich halte es bei mir zu Hause nicht mehr aus. Ich will von zu Hause ausziehen. Kann ich Anträge bewilligt bekommen, weil ich bei meinen Eltern psychisch belastet bin? Wenn ich weiter zur Schule gehe oder später eine Ausbildung mache, kann ich doch theoretisch Hartz IV bekommen, oder? Ich kenne mich damit überhaupt nicht aus! ■

Wenn das Zusammenleben immer schwieriger wird und die Ausbildung des Kindes eine finanzielle Eigenständigkeit noch nicht ermöglicht, sollten die Eltern und der Heranwachsende gemeinsam nach Möglichkeiten suchen. Wichtig ist, dass beide Seiten den Konflikt offen und sachlich ansprechen und sich kompromissbereit zeigen. Außerdem sollte man Mut zu unkonventionellen Lösungen haben: Sohn oder Tochter können vielleicht für eine Zeit bei guten Bekannten oder Verwandten wohnen oder ein kleiner Nebenjob neben der schulischen Weiterbildung kann für finanzielle Entlastung sorgen.

Symbole des Übergangs

Tattoos, Piercing, Kleidung: die Sprengkraft von Leder, Löchern und Lumpen

Es gibt nur wenige andere Themen, die so viel Konfliktstoff zwischen Eltern und Jugendlichen liefern wie das Aussehen (siehe auch das Kapitel »Identitätsfindung und Selbstwertgefühl«). Ganz speziell der Wunsch nach Tattoos und Piercings löst bei Eltern viel Unmut aus und führt immer wieder zu langen Wertediskussionen.

CORINNA Auch bei Dingen wie Tattoostechen oder Piercings ist meine Mutter sehr streng. Sie will nicht, dass ich meinen Körper schände. Doch da lass ich mir auf keinen Fall reinreden.
Wie gerne würde ich endlich »frei« sein! Ich möchte sagen können, dass ich meinen eigenen Weg gehe, eigene Entscheidungen treffe, aber trotzdem mit meiner Mutter einen guten Kontakt pflege. Dass sie mich loslässt und weiß, dass sie sich auf mich verlassen kann, egal was passiert, und dass ich nur das mache, was ich selbst für richtig halte, und mir auch sicher bin, es zu schaffen und es zu wollen. ■

Aussehen als Ausdruck der eigenen Identität

Schon immer gehörten Initiationsriten, verbunden mit sichtbaren Zeichen am eigenen Körper, als Übergangsritual zum Erwachsenwerden dazu. Heutzutage besteht ein gesellschaftlicher Mangel an solchen Ritualen. Manche werden nur noch rudimentär genutzt, wie das Mitgeben von Symbolen aus der eigenen Jugend. Andere, wie die Konfirmation, finden zwar noch statt, haben aber oft ihre ursprüngliche Bedeutung eingebüßt und kommen in vielen Familien nur noch formal zur Anwendung.

In allen Kulturen gibt es solche Rituale, die den Übergang ins Erwachsenenalter markieren und erleichtern sollen, immer verbunden mit bestimmten Symbolen, die öffentlich zur Schau getragen werden. Die Rituale und Symbole dienen dazu, einerseits die Zugehörigkeit zu einer bestimmten Altersgruppe zu verdeutlichen und sich andererseits von anderen abzugrenzen – ein wesentlicher Schritt in Richtung eigener Identität.

An diesem Punkt wird die Zwischenstellung des Jugendlichenalters deutlich: Ein Jugendlicher ist kein Kind mehr, aber eben auch noch kein Erwachsener. Dadurch wird eine Abgrenzung in beide Richtungen notwendig. Um diesen Zustand der »Heimatlosigkeit« besser ertragen zu können, wird eine neue Gruppe, die der Peers (der Gleichaltrigen), immer wichtiger, in der sich die Jugendlichen zunehmend zu Hause fühlen – eine Art Zweitfamilie entsteht.

Fast scheint es so zu sein, dass Jugendliche von sich aus Symbole und rituelle Zeremonien erfunden haben, um einen Ausgleich für den beschriebenen Verlust an Ritualen des Übergangs zu schaffen. Unter diesem Aspekt lässt sich auch das Stechen von Tattoos und Piercings verstehen. Schon immer diente Körperschmuck dazu, sich abzugrenzen und sich gleichzeitig einer bestimmten Subgruppe zugehörig zu fühlen. Als Intimschmuck genutzt, wird die eigene sexuelle Entwicklung und Identität als Mann oder Frau symbolisiert (siehe das Kapitel zur Sexualität). Den Schmuck oder das Tattoo bekommt hierbei nur der Geschlechtspartner zu Gesicht bzw. der Schmuck »wartet« darauf, entdeckt zu werden.

Welche Rituale haben in Ihrer Familie noch eine Bedeutung und werden zelebriert? Welche Symbole tragen Sie an Ihrem eigenen Körper und welche Bedeutung haben sie für Sie? □

Offen zur Schau getragene Piercings und Tattoos sind teilweise eine bewusste Form der Provokation. Sich gegen den Willen der Eltern ein Tattoo oder Piercing stechen zu lassen, kann eine Demonstration der eigenen Stärke (und der elterlichen Ohnmacht) sein. Dass Eltern diesen Schritt in Richtung mehr Autonomie nicht gutheißen, leuchtet ein – nicht zuletzt deshalb, weil ihnen bewusst wird, dass sich zunehmend ihr Einfluss auf das jugendliche Kind verringert. Schmerzhaft ist es für viele auch, mit anzusehen, wie gleichzeitig der Einfluss der Gleichaltrigengruppe wächst.

Es existieren noch andere berechtigte Gründe, warum Eltern gegen Tattoos sind. Insbesondere die Sorge um die Gesundheit der Heranwachsenden durch Infektionsgefahren, nachträgliche Entzündungen und allergische Reaktionen oder das Zerstören wichtiger Akupunkturpunkte spielt eine Rolle. Eine weitere kritische Frage betrifft die Zukunftsperspektive: Wie werden zukünftige Arbeitgeber auf den Körperschmuck der Jugendlichen reagieren und werden sie ihre Entscheidung nicht irgendwann doch bitter bereuen und für viel Geld wieder weglasern lassen? Die Jugendlichen sind jedoch meistens nicht empfänglich für rationale Gründe, die Eltern ins Feld führen.

Das hat auch damit zu tun, dass diese Rituale auf der eigenen Haut vollzogen werden und mit Schmerzen verbunden sind. Den Schmerz zu ertragen ist der »erwachsene« Teil des Rituals und damit das verbindende Element, womit man symbolisch in die Gruppe der Erwachsenen aufgenommen wird.

Die Verbundenheit mit der Gleichaltrigengruppe zeigt sich hingegen daran, dass man den Schritt ins Studio nicht allein geht, sondern dies gemeinsam mit einer Freundin oder einem Freund unternimmt, die einem beistehen, die Schmerzen zu ertragen. Tattoos und Piercings stellen eine Form der Mutprobe dar mit dem dazugehörigen Nervenkitzel und der Erleichterung, wenn man es endlich überstanden hat und die Trophäe stolz mit nach Hause nimmt, um sie allen zu zeigen – fast so wie beim Gürtel des tapferen Schneiderleins. Von den einen erntet man dadurch Bewunderung und einen Anstieg im Ansehen, von den anderen Ablehnung und damit ein Absinken des Ansehens.

Sprechen Sie mit Ihrem Kind über seine Wünsche und Vorstellungen. Bleiben Sie aber auch mit Ihrer Meinung präsent, teilen Sie Ihre Bedenken mit und klären Sie Ihre jugendlichen Kinder bezüglich gesundheitlicher und beruflicher Risiken auf. □

Zeichen, Rituale und Symbole des Übergangs

Die spezielle Wahl des Bildes oder des Körperschmucks spiegelt die eigene Wertigkeit wider und ist ein Zeichen einer bestimmten Gesinnung. Dies war schon immer so. Vor dreißig Jahren waren es die Ohrringe bei den jungen Männern, einer oder zwei machte einen großen Unterschied, ob links oder rechts getragen hatte ebenfalls eine eigene Bedeutung.

Man erinnere sich in dem Zusammenhang an den Ohrring bei Handwerkern und den Begriff des Schlitzohrs. Bei der Aufnahme in die Zunft diente der Ohrring, rituell nach bestimmten Vorschriften gestochen, als Zeichen der Zugehörigkeit. Bei Vergehen wurde der Ohrring herausgerissen und führte zum Ausschluss und zur Stigmatisierung des »Geschlitzten«.

Auch in anderen Erwachsenengruppen hatte solche Symbolik schon immer eine große Bedeutung. Gefängnisinsassen tragen bestimmte Tätowierungen genauso wie Seeleute, die so ihre Bindung zu ihren Geliebten zeigen oder ihre Loyalität zu bestimmten Handelsverbänden. Fußballfans, die ihren Verein auf der Haut zur Schau tragen, Rockfans oder Gangmitglieder, die dies mit den Symbolen ihrer Gruppen tun, kennen wir alle nicht nur aus Filmen.

Musik, Kleidung, Schmuck und eigene Überzeugungen gehören immer eng zusammen und prägen den eigenen Stil und die Identität des Trägers. Jede Tätowierung ist ein Art Treuebekenntnis auf Lebenszeit. Nicht wenige Erwachsene bereuen dies zwar im Nachhinein und nennen es dann eine »Jugendsünde«, die sie schmerzhaft weglasern lassen, aber auch das gehört dazu, ein weiteres Ritual kennzeichnet einen erneuten Entwicklungsschritt.

Überlegen Sie, welche Rituale an Ihrem eigenen Körper zu Ihrer Jugend gehörten. Ein bestimmtes Schmuckstück? Ein besonderer Umgang mit dem eigenen Körper?

Die Grenze zwischen Körperschmuck zu dekorativen Zwecken und der symbolischen Bedeutung ist fließend und unterscheidet doch jene, die wirklich dazugehören, von denen, die lediglich einem Modetrend folgen und damit Mitläufer und nicht Trendsetter sind. Die Unterschiede sind oft nur Eingeweihten vertraut.

Sie als Eltern sollten sich ruhig weiterhin ein wenig über diese Form der Provokation aufregen, das gibt dem Ganzen schließlich erst den nötigen Sinn. Sie dürfen nicht zu gelassen reagieren, sonst provozieren Sie eine noch extremere Form der Abgrenzung. Sie dürfen auch ruhig Unverständnis zeigen. Gleichzeitig sollten Sie Ihre jugendlichen Kinder nicht mit Gewalt oder durch Androhung von Sanktionen daran hindern, ihre Vorstellungen von dem, was schön und »echt cool« ist, umzusetzen. Vergessen Sie nie, dass dieser Schritt absolut notwendig ist auf dem Weg, erwachsen zu werden. Und denken Sie auch daran, dass nur durch die Rückmeldung der Ablehnung der rituelle Akt seine Funktion erfüllt. □

Es schadet nicht, wenn sich Eltern im Nachhinein, wenn es schon geschehen und nicht mehr zu verhindern ist, genauer mit der Bedeutung der Bilder beschäftigen, ihre Bedeutung erfragen und vielleicht manche Tattoos sogar ganz nett finden. Auch die Frage: »Sag mal, hat das nicht wahnsinnig wehgetan?« ist durchaus passend und drückt die nötige Empathie aus. Jugendliche können dann stolz auf sich sein, erzählen, was sie schon alles aushalten, und zudem ihr Expertentum zeigen. Kontraproduktiv wäre es dagegen, wenn Eltern ihre jugendlichen Kinder nachahmen und damit in deren Welt eindringen, denn dann müssen sich die Jugendlichen ein neues Feld der Abgrenzung suchen.

Kleider machen Leute

Eine ähnliche Bedeutung wie Tattoos und Piercings hat der jeweilige Kleidungsstil. Wie heißt es doch so schön: »Kleider machen Leute.«

ÜBERMAMA Mein Sohn (sechzehneinhalb) hat einen sehr eigenwilligen Stil, sich zu kleiden. Ganz und gar nicht so, wie es uns Eltern passt. Ist ja auch verständlich in dem Alter, aber manchmal beansprucht es meine Nerven so sehr, dass ich nicht mehr beide Augen zudrücken kann. Er liebt alles, was schwarz ist, und Nieten, die ganz spitzig sind, alles in Richtung »Gothic«. Jetzt hat er sich einen knöchellangen Ledermantel gekauft. Es ist sein ganzer Stolz. Wir finden es nur schrecklich, weil er somit ja nach außen hin einen ganz anderen Eindruck erweckt. Eigentlich ist er ein lieber, friedlicher Kerl, der keiner Fliege etwas zu leide tun kann. Doch wir wohnen in einem kleinen Dorf und da möchte ich ihm (und, wenn ich ehrlich bin, auch uns) ersparen, dass man da in eine gewisse Schublade gesteckt wird. ■

Kleidung trägt zur eigenen Identitätsfindung bei, ist sie doch der sichtbare, für alle wahrnehmbare und nicht zu übersehende Ausdruck der eigenen Werte- und Gefühlswelt. Zunächst von der Werbewelt der Erwachsenen geschaffen und geprägt, wird er oft durch die Jugendlichen radikalisiert, und zwar durch Übertreibung oder skurrile Neuzusammensetzung der einzelnen Elemente. Die innere Haltung wird nach außen gekehrt und damit zur Schau getragen. Junge Menschen machen so ihr Innerstes sichtbar und drücken damit aus: So bin ich und so fühle ich mich wohl. Gleichzeitig macht man sich dadurch aber auch angreifbar und verletzbar, durch Erwachsene, aber auch durch andere Jugendliche.

Bindung und Abgrenzung gehen im menschlichen Sein ständig Hand in Hand, das Leben als »einsamer Wolf« in all seiner Konsequenz ist für uns nicht ertragbar. Ablösung allein macht einsam, nur Bindung abhängig. Auch hier kommt es also wieder auf die richtige Balance an. Was mit Tattoos und Piercings unter die Haut ging, wird nun über die Haut gezogen. Der wesentliche Unterschied besteht in der Absolutheit, weil Kleidung nur temporär zur Geltung kommt und auch wieder abgestreift und leichter verändert werden kann – eine nicht so endgültige und damit nicht so gewagte Form des Bekenntnisses.

Jugendliche unterscheiden sich in diesem Punkt sehr stark voneinander und sind unterschiedlich konsequent. Manche kleiden sich nur zum Ausgehen cool, während andere auch den Alltag im jeweiligen Outfit durchleben, mit allen Nachteilen, die sie dadurch zu spüren bekommen. Ein Unterschied, der damit vergleichbar ist, ob sich jemand nur die Oberarme oder das Gesicht tätowiert, sich den Bauchnabel oder die Nase pierct.

KNUFFEL Ich bin 15 und laufe jeden Tag ganz in Schwarz rum, auch im Sommer, na ja, ich grenze mich schon ab, aber sollte man bei anderen nicht auch auf das Innere achten und nicht (immer) sagen: Der läuft schwarz rum oder der ist Punk oder der ist Skin und das sind schlechte Menschen? So sollte man nicht denken, vielleicht sollten Eltern auf sich stolz sein, dass man ein außergewöhnliches Kind hat, das nicht so darauf achtet, dass es immer Markenklamotten anhat, sondern sich eben so kleidet, wie es sich wohlfühlt. ■

Erinnern Sie sich an Ihren eigenen Stil, welcher Gruppe haben oder hätten Sie sich gerne zugehörig gefühlt? Wie wichtig waren Ihnen Ihr eigener Stil und Ihr Erscheinungsbild? Was wissen Sie über die Bedeutung des Stils Ihres jugendlichen Kindes? □

Die Hülle als Schutz

Was manchmal wie eine robuste Demonstration der Stärke wirkt, enthält bei Heranwachsenden auch eine verdeckte Schwachstelle. Schutz durch Zugehörigkeit und Verletzbarkeit liegen eng beieinander.

HALLO Na ja, meine Eltern haben an allem, was ich mache, etwas auszusetzen. Meine Haare gefallen ihnen nicht, so wie ich sie gerne trage, meine Klamotten passen ihnen nicht. Nichts an mir ist so, wie sie es für richtig halten, aber ich bin gerne so, wie ich bin, und ich würde so gerne von ihnen auch so akzeptiert werden. ■

Die äußere Schale beschützt den inneren Kern und lässt gleichzeitig dessen Empfindlichkeit ahnen, vorausgesetzt, man kann die Zeichen deuten. Aber auch darum geht es bei diesem Verhalten ja: Nur die, die die Zeichen verstehen, sind einer bestimmten Beziehung wert.

Kleidung und Stil ist kein reines Jugendthema, man denke nur an die Parallelen zu Uniformierungen in der Erwachsenenwelt oder an die Symbolträchtigkeit von Kopfbedeckungen. Auch hier dienen Statussymbole in Form von Auszeichnungen, die wie Trophäen zur Schau getragen werden, dazu, das eigene Ansehen zu steigern. Eine ähnliche Funktion erfüllen Flaggen, Fahnen und bestimmte Farben. Jugendliche nutzen diesen Bereich auf ihre Weise, oft eher nonkonform.

BABYLON Ich versuche mich auch immer so anzuziehen, wie ich es will, ein bisschen auch, um mal aufzufallen, um zu signalisieren, dass ich jemand bin, der eine eigene Meinung hat und der es nicht nötig hat, sich an eine Meinung von jemand anderem zu hängen, vielleicht auch noch eine Meinung, die meiner eigenen nicht im Geringsten entspricht. ■

Das Tragen bestimmter Marken wird aber auch zum Statussymbol, das die Zugehörigkeit zu einer bestimmten sozialen Schicht verdeutlicht. Frisuren haben eine ähnliche Funktion. So glaubt man zuweilen von der Haartracht auf den Charakter des Trägers schließen zu können. Aber eine Glatze allein macht noch keinen rechtsradikalen Skin und gefärbte Haare noch lange keinen Punk. Genauso wenig wie Lederjacken gleichzusetzen sind mit einem Motorradrocker, schließlich macht ein Rock ja auch keine Frau. Die Situation ist also viel komplexer und dennoch für Insider der jeweiligen Szene leicht durchschaubar.

Interessieren Sie sich für den Stil Ihrer heranwachsenden Kinder, lassen Sie ihn sich erklären. Welches Innere wird wohl damit ausgedrückt, was soll geschützt werden? □

»Übermama« bekommt folgenden Tipp:

CATA Kleidung ist ein wunderbares Mittel, um sich in der Pubertät abzugrenzen, anders zu sein, vor allem, wenn man auf einem (spießigen) Dorf wohnt. Stell dir mal vor, du erreichst vielleicht, dass er sich wieder normal kleidet, muss sich dann aber andere Wege zur Abgrenzung suchen, die könnten schlimmer aussehen, als ein bisschen schräg gekleidet durch die Gegend zu laufen. ■

Durch die optischen Hinweise finden Jugendliche leichter zu ihresgleichen und fühlen sich dadurch weniger isoliert. Man weiß, wo man hingehört, wo man sich trifft, was und wer einen dort erwartet. Man kann sich auch sicher sein, dass ansatzweise gleich empfunden und gedacht wird.

Seinen extremsten Ausdruck findet die Kleidersprache in eng umschriebenen jugendkulturellen Gruppen wie den Punks, Emos oder Gothics. Hier gibt es einen Dresscode, der über die Zugehörigkeit entscheidet. Im Detail zeigt sich, wer wirklich dazugehört und wer nur ein billiges Modeplagiat darstellt; die einen werden dadurch gefunden, die anderen entlarvt.

Die Anbindung an die Subgruppe geht einher mit einer Verurteilung derjenigen, die die eigene Gruppe wegen des Aussehens negativ bewerten. Diese werden als oberflächliche Menschen betrachtet, die nur auf Äußerlichkeiten achten. Hingegen wird von denen, die einen für das eigene Aussehen bewundern, angenommen, dass sie in der Lage waren, die inneren Werte der Person zu erkennen.

MORIAN Für mich war es ein äußerliches Zeichen, anders sein zu wollen, nicht so angepasst wie die anderen. Hat auch immer gut funktioniert, bin überall aufgefallen (und hab mich toll dabei gefühlt). Natürlich ist es nicht nur das Aussehen, eine gewisse Lebenseinstellung gehört auch dazu, andere Musik etc. ■

Aufschlussreich ist, dass gerade entwurzelte Jugendliche, die daheim nicht so viel Geborgenheit erlebt haben, wie sie gebraucht hätten, und Jugendliche, deren Selbstwert nicht allzu ausgeprägt ist, sich von solchen Gruppen angezogen fühlen und sich ihnen anschließen. Dies haben auch politische und religiöse Gruppen erkannt, indem sie gezielt solche Jugendliche anwerben. Man denke hierbei nur an Neonazi-Gruppen. Die Sehnsüchte der Jugendlichen werden auf diese Art schändlich missbraucht.

Auch sexuelle Subgruppen, wie homosexuelle Szenen oder die SM-Szene, verwenden Dresscodes, um sich gegenseitig zu identifizieren und die Kontaktaufnahme zu erleichtern. Die Bedeutung der einzelnen optischen Symbole ist hierbei nur Eingeweihten vertraut.

Zur Identität aller Subgruppen gehört, dass Erwachsene und damit die Gesellschaft ihnen mit Unverständnis und Ablehnung begegnen, was die Gruppenmitglieder nur noch stärker aneinander bindet.

KIKI Leute, die immer das Gleiche anhaben wollen wie andere, haben meiner Meinung nach kein Selbstbewusstsein, sondern rennen sozusagen lieber den Vorläufern hinterher. Würden mir meine Eltern jetzt beispielsweise verbieten wollen, Schwarz zu tragen, würde ich dagegen protestieren und es dann erst recht machen. Weil das meine Sache ist! Einfach um meinen Eltern zu zeigen, dass sie mir in Sachen Kleidung nicht reinzureden haben. ■

Geben Sie Ihrem heranwachsenden Kind die Möglichkeit, sich sowohl in der Jugendclique als auch in der Familie heimisch zu fühlen und die jeweiligen Vorzüge zu nutzen, um damit den unterschiedlichen Bedürfnissen gerecht zu werden. Jugendliche suchen eine zweite Heimat und wollen in den seltensten Fällen die Familie durch die Peers ersetzen.
Unterscheiden Sie zwischen dem Aussehen und dem Wesen der Person. Nehmen Sie Ihrem Kind vor allem nicht die wachsende Eigenständigkeit. Dadurch wird ein Machtkampf heraufbeschworen, den letztlich niemand wirklich will. Das heißt auch, eventuell frühzeitig und dafür nicht zu heftig zu reagieren, statt seine eigene Toleranzgrenze allzu sehr zu strapazieren. □

Genauso wenig ist es angebracht, die Bindung zum Kind dadurch aufrechtzuerhalten, dass Sie selbst den Stil des eigenen Kindes zu kopieren versuchen. Mädchen probieren schon mal Kleidungsstücke ihrer Mütter aus, umgekehrt finden sie das gar nicht gut. Ohnehin sollten Eltern das Ganze nicht zu persönlich nehmen, denn es geht um Abgrenzung, nicht um Ablehnung.

KALITA Ich finde, man sollte Menschen nicht nur wegen ihrer Kleidung (wegen ihres Aussehens) in irgendeine Schublade stecken. Ich kenne viele Leute, die sich schwarz kleiden (ja, zu der »bösen« Szene gehören) und wirklich herzensgute Menschen sind. Jeder von ihnen ist lieb und einfühlsam. Ich hab meinem Vater dann gesagt, dass mir sein Stil auch nicht gefällt, immer karierte Hemden und all das, aber ich hab gesagt, dass ich ihn so akzeptiere, wie er ist, und ihm ja auch nicht vorschreibe, wie er rumzulaufen hat. ■

Heranwachsende sind auf Bereiche angewiesen, die sie eigenständig und kreativ gestalten können. Das Eindringen in diese Bereiche erleben Jugendliche berechtigterweise als Grenzüberschreitung, auf die sie verzweifelt und massiv mit Gegenwehr reagieren. Hier ist eine gewisse Toleranz der Erwachsenen die passende Form der Reaktion. Toleranz sollte jedoch auch in diesem Zusammenhang nicht mit Stillschweigen um des lieben Friedens willen verwechselt werden. Eltern sollten auf alle Fälle auch ihre Eigenständigkeit wahren und in ihren Reaktionen authentisch bleiben.

SPRENGKRAFT Es kommt wirklich nicht drauf an, was für Klamotten man trägt oder wie man rumläuft! Es ist verdammt schade, dass es Leute gibt, die nur nach dem Äußeren urteilen. Ich finde, man sollte allgemein etwas toleranter sein. Ich bekomme das selbst sehr oft mit, da der größte Teil meines Freundeskreises aus Punks besteht. Die werden einfach unfair behandelt, aber stehen trotzdem zu dem, was sie sind, und bleiben sich selbst treu. Sogar wenn die Polizei zu ihnen sagt, dass sie das Stadtbild angeblich verschandeln ... Ich finde, man sollte sich einfach kleiden dürfen, wie man will, und auch dazu stehen. ■

⌛

Wie geht es Ihnen mit dem Aussehen Ihres jugendlichen Kindes? Welche Bedenken haben Sie? Wie finden Sie den Stil Ihres Kindes? Wissen Sie genug über die derzeit trendigen Stile oder ist es an der Zeit, Nachhilfe zu nehmen?
Versuchen Sie die Bedeutung verschiedener Dresscodes zu eruieren und herauszubekommen, was Ihre Tochter, Ihr Sohn schön

und ästhetisch finden. Zeigen Sie Interesse, geben Sie Ihrerseits Rückmeldung und äußern Sie Ihre Meinung. □

Neue Medien und soziale Teilhabe: Allzeit verfügbar

»Bei uns zu Hause ist seit zwei Jahren Krieg, und immer dreht es sich um die Telefonrechnung«, schreibt Poms. Zum Glück haben sich zuletzt solche Kämpfe um die Kosten der Mediennutzung in den Familien entschärft, weil die meisten für Telefon und Internet die Flatrate-Angebote nutzen, aber damit sind längst nicht alle Probleme gelöst. Was ist mit den Auslandsgesprächen, mit den Anrufen in andere Netze und den langen Besetztzeiten, wenn sich die Tochter mit dem Telefon im Bett vergraben hat, um endlich mal wieder ungestört mit der besten Freundin zwei Straßen weiter sprechen zu können?

Beim Umgang mit den Neuen Medien und dem Internet sind die Kosten nicht das primäre Problem. Ein großer Unterschied zwischen Eltern und ihren Kindern liegt schon darin, dass die grundsätzlichen Haltungen zur Mediennutzung stark voneinander abweichen. Jugendliche organisieren ihren Alltag sehr stark mit Handy und Computer und erschließen sich damit große Aktionsräume. Für so manchen Erwachsenen sind sie vor allem Arbeitsmittel und werden nur eingeschränkt in der Freizeit eingesetzt. Die zeitliche Nutzung ist aber vielfach sehr ähnlich, die einen nutzen die Neuen Medien im Beruf, die anderen in ihrer Freizeit.

Bei Jugendlichen kann der Bezug zum Computer etwa so klingen:

KIBA Der Computer gibt mir ein Gefühl der Geborgenheit, der Kontrolle und er fordert mein Gehirn. ■

Die Mediennutzung hängt nicht zuletzt von der Familienkultur ab, von der Art des Zusammenlebens. Insbesondere viele Väter (und damit oft auch die Söhne) haben großen Spaß daran, sich mit (neuen) medialen Möglichkeiten zu beschäftigen. So gilt es für Eltern auch, einmal genau hinzusehen, welche Mediennutzung sie selbst ihren Kindern vorleben.

Überlegen Sie sich einmal, wer in Ihrer Familie welchen Umgang mit den Medien pflegt: Wer nutzt wann und wie lange den Fernseher? Wer beansprucht wann und wie lange und wofür das Festnetz-Telefon? Wer nutzt wofür sein individuelles Handy? Wer sitzt wann am PC oder Laptop, um *was* zu tun? □

Jugendliche wissen sehr genau, dass ihre Eltern von ihnen mehr »echtes« soziales Verhalten erwarten. So manchem ist das schleierhaft:

CHESS Ich hab zwar kaum Freunde im »realen Leben«, aber ich finde das vollkommen okay. Ich brauch so was kaum. Ich lebe sehr gut. ■

Dazu die Anregung eines Jugendlichen:

KAINER Ein Tipp am Rande: Macht, auch wenn es schmerzt, ab und zu was mit euren Eltern, das erhöht ihr Vertrauen und ihr habt bestimmt ein paar Tage Ruhe. ■

Beide Zitate dürften deutlich machen, wie sehr die Haltungen von Eltern und ihren Kinder auseinanderliegen können und wie sehr sie zuweilen aneinander vorbeireden.

Während Eltern jüngere Kinder noch mit einem »Familienhandy« (vielleicht mit Prepaidkarte) ausstatten können, wenn sie mit Freunden unterwegs sind und erreichbar sein sollen, sollten Jugendliche über ein eigenes Handy verfügen. Damit sind für sie Individualität und Unabhängigkeit verbunden.

Jugendliche nutzen das Handy zunächst einmal für ihre soziale Vernetzung: Sie sind erreichbar und nehmen teil am Geschehen ihrer Clique. Das Handy ermöglicht eine hohe Flexibilität, Treffpunkte und Termine können jederzeit neu verabredet werden. Wer kein allzeit verfügbares Handy besitzt, ist schnell »out« und wird vom Gefühl der Vereinsamung beschlichen.

Das Handy ist längst ein Multifunktionsgerät geworden und transportiert weitere Möglichkeiten, die jugendkulturell eingebunden sind: vom Klingelton über das Fotografieren und Filmen bis hin zum Abrufen von Informationen verfügbarer Dienste. Das Handy ist ein Statussymbol, vergleichbar dem, was früher die erste eigene Stereoanlage oder das erste Auto bedeutete.

Kinder und Jugendliche müssen einen sinnvollen Umgang mit Medien erst lernen. Dazu gehört auch die Einsicht, dass man ein Handy ausstellen kann. Wer sich abends schlafen legt und die Nachttischlampe ausknipst, sollte auch das Handy abschalten. Manchmal hilft vielleicht der Ausspruch: »Nur Sklaven sind jederzeit für andere verfügbar.«

Klare Regeln sollte es bei den Telefonkosten geben. Viele Eltern zahlen monatlich einen kleinen Betrag zusätzlich zum Taschengeld. Geben die Kinder dann mehr Geld für das Telefonieren aus, müssen sie die Kosten selbst tragen.

LEUCHTE Eine fette Telefonrechnung klingt immer noch nicht so schlimm, wenn man sie nicht selbst erarbeiten muss – dadurch hatte ich null begriffen, wie lange man dafür arbeiten muss. Es hat viel mit der Erziehung zum Wert des Geldes zu tun. ■

Jugendlichen, die hemmungslos Unsummen für das Telefonieren und Simsen ausgeben, weil die Eltern alles bezahlen, kann man also umgewöhnen, indem sie lernen, wie viele Stunden sie das wöchentliche Anzeigenmagazin verteilen müssten, um diese Kosten selbst zu tragen. Auch die teilweise relativ großen Summen, die für Klingeltöne ausgegeben werden, lassen sich so in eine Relation setzen.

Internet-Nutzung

Der Computer oder Laptop gehört heute zu den üblichen Geräten eines Haushalts, wenn nicht sogar jedes Mitglied einen eigenen PC besitzt. Der Computer kann auch Kindern und Jugendlichen nicht vorenthalten werden. Erst recht wäre es absurd, jungen Erwachsenen den Computer verbieten zu wollen. Im Gegenteil: Jeder junge Mensch muss den Umgang mit der Software und den Möglichkeiten im Netz erlernen – das gehört nicht nur zu unserer Kultur, diese Fähigkeiten sind später auch im Beruf von großer Bedeutung.

Der Computer bietet viele Möglichkeiten: vom schlichten Verschicken einer Mail über Informationsbeschaffung jeder Art (etwa für das Referat in der Schule), weiter über die Beteiligung an virtuellen Netzwerken (Chats etc.) bis hin zu Onlinespielen. Gerade weil am PC so viele verschiedene Dinge jederzeit getan werden können, sind generelle Verbote nicht sinnvoll.

ÖHRCHEN Eine bessere Lösung wäre, das Kind langsam an den

PC und das Internet heranzuführen. Spielt das Kind mal zu viel, dann sofort einschreiten und sagen, dass das nicht okay ist. Man sollte dem Kind auch nicht so viel Zeit geben, sich mit dem PC beschäftigen zu können, das heißt, es dem Kind nicht zu verbieten, sondern es vom PC wegzulocken, indem man etwas unternimmt – gemeinsam, versteht sich. ■

Wie sieht Ihre persönliche Internetnutzung aus? Wie gut kennen Sie sich mit den Möglichkeiten im Netz aus? Wie oft nutzen Sie den PC zum »Spaß« oder um Verbindung mit Bekannten und Freunden zu halten? □

Eltern, die den Computer pauschal abwerten und schon bei zwei Stunden täglich von »Computersucht« sprechen, werden von den Kindern schnell nicht mehr ernst genommen. Das Ergebnis ist, dass beide Seiten keine zielführende Kommunikation führen.

GRÜBLER »Computersucht« ist meiner Meinung nach zurzeit ein Modebegriff. Natürlich sollte man das nicht unterschätzen, aber gerade Eltern neigen nach meiner Erfahrung sehr schnell dazu, so was zu diagnostizieren. ■

SOFTI Meine Eltern und meine Freunde sagen auch häufiger, ich sei computersüchtig, doch ich denke nicht, dass ich es bin, da meine überwiegende Beschäftigung am PC das Programmieren ist. Da das äußerst komplex ist und viel Zeit braucht, sitze ich manchmal sehr lange vor dem PC und reagiere auch ziemlich genervt, wenn mich jemand anspricht, weil ich in voller Konzentration bin und weil die ganzen Variablen und Prozeduren und so weiter in meinem Kopf kreisen. ■

Sinnvoller ist es, die Internetnutzung anzuleiten, ihr eine Struktur zu geben. Das beginnt mit dem geplanten und gezielten

Anschalten: Was will ich am Computer und im Netz tun? Auch wer sich zum Chatten oder Spielen an den PC setzt, sollte sich Zeiten setzen, um sich nicht halbe Tage lang im Netz zu verlieren.

Bei einer allzeit verfügbaren Medienwelt müssen Kinder und Jugendliche etwas lernen, das im Beruf »Zeitmanagement« genannt wird. Sie müssen festlegen, wofür und wann sie im Laufe des Tages wie viel Zeit verwenden wollen und müssen. Wer dies einigermaßen im Griff hat, neigt weniger dazu, erst nach Stunden im Internet wieder zu Bewusstsein zu kommen.

Unterstützen Sie Ihr Kind dabei, ein aktives Zeitmanagement auch im Umgang mit Medien zu erlernen. Stellen Sie mit ihm Pläne auf. Informieren Sie sich über das Wissen Ihrer Kinder. Im Zweifelsfall sollte man einen Medienkompetenzkurs besuchen oder die Kinder dazu anregen, einen Medienführerschein zu machen. □

Da mit dem Internet so gut wie alles kulturell Verfügbare auch ins eigene Zimmer einzieht, abrufbar per Tastatur, werden Heranwachsende mit Dingen konfrontiert, von denen viele sonst erst später erfahren würden: brutalste Gewalt, »harte« Formen der Pornografie, Folter etc.

Nicht nur Kinder und Jugendliche, sondern auch junge Erwachsene berichten fassungslos von solchen Erfahrungen im Netz und wollen in der Regel nicht allein damit bleiben, zumal sie manches nicht wirklich verstehen. Hier schlummert ein guter Ansatzpunkt für Eltern: Interessieren Sie sich für das, was Ihre Kinder im Netz erleben, fragen Sie danach. Selbst wenn sich viele Eltern ihren Kinder gegenüber im Umgang mit PC und Internet als unterlegen empfinden, weil sie bei vielem nicht mitreden können, so ist es doch wichtig, sich darum zu kümmern – wobei Eltern auch nicht unentwegt herausstellen müssen, dass sie sich Sorgen machen.

Klammern Sie Erfahrungen mit dem Internet nicht aus der Alltagskommunikation aus, werten Sie die Computernutzung auch nicht ab. Sprechen Sie mit Ihrem Kind darüber, lassen Sie sich Dinge erklären und beschreiben und lassen sie sich auch mal dazuholen, wenn auf dem Bildschirm etwas erscheint, das »eigenartig« und irritierend wirkt. Tabuisieren Sie nicht Erotik- und Pornoangebote. □

Viele Jugendliche sind es gewohnt, den PC anzuschalten, sobald sie von der Schule oder vom Ausbildungsplatz nach Hause kommen, und ihn erst vor dem Schlafengehen wieder abzuschalten. Da werden erst einmal die Mails »gecheckt«, parallel Musikvideos angeklickt. Dann geht es auf die persönliche Facebook-Seite, um eventuelle Einträge der Freunde zu lesen und zu beantworten. Anschließend werden die Chats, Foren und Blogs geöffnet, in denen sie aktiv sind. Jetzt geht es vielleicht an die Schulaufgaben, Wissenslücken werden per Suchmaschine geschlossen. Das Schulfach Informatik findet ohnehin vollständig am PC statt. Sind all diese Aufgaben erledigt, sehen sich die Jugendlichen einen Film an oder beginnen ein Computerspiel.

Dass Jugendliche viel Zeit vor dem PC verbringen, ist aufgrund der Multifunktionalität des Internets nicht überraschend. Durch jugendspezifische Interessen wird das noch verstärkt. Aber auch unter Jugendlichen gibt es nicht nur Einigkeit darüber, welche Rolle der PC im Alltag spielen sollte.

ELLA Jetzt schläft mein Freund und ich bin stinkewütend auf ihn und kann nicht schlafen. Ich habe seit Wochen massive

Schlafstörungen, von denen er weiß. Ich war heute den ganzen Tag bei ihm. Er kam um 14 Uhr von der Arbeit und hat bis 18:30 Uhr nur am PC gezockt. Das war für mich ja noch o. k., ist halt eben sein Hobby, muss ich Verständnis für haben. Dann war er von 18:30 bis 22 Uhr beim Training. Er hatte mir versprochen, danach kein PC mehr zu spielen, sondern mit mir zu kuscheln. Na ja, hat er auch zehn Minuten lang gemacht. Ich bin nach vier Wochen endlich mal wieder eingeschlafen, also richtig eingeschlafen, und dann ... dann fängt er wieder an, am PC zu zocken (nachts um zwölf), und weckt mich damit auf. Dass ich darüber ein bisschen sauer war, ist ja wohl verständlich. Dann hat er mir versprochen, wenn ich nicht schlafen könne, könnten wir uns zusammen eine DVD anschauen. Na ja, was war: Er ist nach zehn Minuten eingeschlafen – aber vorher konnte er von Mitternacht bis 4:30 Uhr am PC spielen, dafür war er nicht zu müde. ■

Eltern können andere Hobbys anregen und dafür sorgen, dass sich nicht ausnahmslos alle Interessen auf den Computer beziehen. Ziel muss ein guter Mix unterschiedlichster Aktivitäten sein. Vermieden werden sollte auf jeden Fall, dass sich ein Heranwachsender gar nicht mehr vom Bildschirm wegbewegt. Großen Sogcharakter haben insbesondere Computerspiele.

Computerspiele

Spiele für den Computer sind nicht nur in der jungen Generation weit verbreitet. Wissenschaftlichen Untersuchungen zufolge geht man heute davon aus, dass bereits mehr als die Hälfte der Bevölkerung regelmäßig am PC spielt. Mit anderen Worten: Die Nichtspieler sind in der Minderheit.

Nun ist Spiel nicht gleich Spiel. Je älter die Kinder werden, desto mehr verlieren die Eltern den Überblick darüber, was ihre Kinder am PC spielen. Erfahren sie es schließlich, sind sie oft fassungslos. Auch hier gilt also, dass sich Eltern dafür interessieren sollten, was ein Kind spielt – und das heißt auch, sich zunächst über ein Spiel zu informieren, bevor es dem Sohn oder der Tochter zum Geburtstag geschenkt wird.

Über Spiele kann man im Internet oder in den entsprechenden Läden Informationen einholen. Es gibt inzwischen sowohl empfohlene Altersangaben als auch Inhaltskriterien auf den Verpackungen, die Hilfestellung geben. Seriöse Informationen über Video-, Computer und Onlinespiele bieten die folgenden Internetangebote: www.spielbar.de, www.usk.de sowie www.bubb.at.

Hilfreich sind zudem Webseiten wie: www.bundespruefstelle.de, www.klicksafe.de oder die Seiten der Landesarbeitsstellen der Aktion Jugendschutz.

Der Reiz der Computerspiele liegt im Erfolgserlebnis und unmittelbaren »Lob«, etwa durch das Erreichen eines nächsthöheren Levels oder das Knacken der Aufgabe. Dies verstärkt wiederum den Drang zu spielen. Besonders Heranwachsende, die im sonstigen Alltag eher wenige Erfolgserlebnisse haben, sehen im Computerspiel einen großen Reiz.

ERO Beim PC-Spielen erziele ich die Erfolge, die ich in der Schule niemals hatte, vielleicht ist der PC deshalb so wichtig für mich geworden. Denn, wie ja bewiesen ist, der Mensch braucht und sucht immer die Bestätigung. Da ich diese aber nicht in der Schule, auch nicht von meinen Eltern bekomme und auch nicht beim Sport finde, gleiche ich dieses Defizit wohl mit den Spielen aus. ■

Abbildung **Die sechs Inhaltsbeurteilungen nach der PEGI-Kommission**

GEWALT: Das Spiel enthält Darstellungen von Gewalt

SCHLECHTE SPRACHE: Das Spiel enthält Fluchwörter.

DISKRIMINIERUNG: Das Spiel enthält Darstellungen von Diskriminierung oder fördert Diskriminierung.

DROGEN: Das Spiel erwähnt oder stellt Drogen dar.

ANGST: Das Spiel kann bei jungen Kindern Angst auslösen.

SEX: Das Spiel enthält Darstellungen von Nacktheit und / oder sexuellem Verhalten.

Dazu kommt – das gilt auch für viele Foren und Chats im Internet –, dass über Spiele quasi-soziale Gemeinschaften entstehen, in denen man sich über das Spiel austauschen kann und in denen Spielerfolge auch etwas gelten – was bei Eltern meistens nicht der Fall ist.

Hier zeigt sich, dass Eltern nicht automatisch Angst davor haben müssen, dass ihr Kind vor dem Computer »vereinsamt«. Wer sich in ein Hobby »reinfuchst«, wirkt von außen oft etwas »isoliert« oder einseitig interessiert, meistens ist der Erwerb von Spezialwissen aber auch mit dem Zugang zu neuen Gemeinschaften verbunden. Das gilt für Taubenzüchtervereine genauso wie für Computerspielgemeinschaften, selbst wenn diese häufig virtuell bleiben. Es werden jedoch zunehmend auch örtliche oder regionale Treffen dieser »Communitys« organisiert.

ERO Ist es eine Sucht, wenn man etwas macht, bei dem man Spaß hat, Erfolge erzielt und interessante Menschen kennenlernt? ■

Bei der hohen Präsenz, die der Computer und das Internet in unserer Kultur inzwischen haben, ziehen Experten eher eine enge Grenze, ab wann eine »Sucht« oder »Abhängigkeit« vom Computer vorliegt.

Computerabhängigkeit

In ersten Untersuchungen zeigt sich, dass nur rund 3–5 Prozent der Internetnutzer und Computerspieler eine Abhängigkeit herausgebildet haben. Selbst die Mehrzahl jener Jugendlichen, die von ihren Eltern in Beratungsstellen geschickt werden, fällt nicht in die Kategorie.

Ob ein solches Suchtverhalten entsteht, hat mit den allgemeinen Persönlichkeitsfaktoren zu tun.

FLIPPER Mein Cousin hat immer zuerst nur ferngesehen, dann nur Gameboy gespielt, dann nur Musik gehört. Danach kam die Spielkonsole, dann das Internet. Jetzt zockt er nur noch an Automaten und nimmt an Wettspielen teil. ■

Bei »süchtigen« jungen Computerspielern fällt auf, dass sie sonst im Leben eher inaktiv sind, über wenig soziale Bindungen verfügen und zu Depressionen und Ängsten neigen. Sie trauen sich insgesamt wenig zu und ziehen ihre ganze persönliche Bestätigung aus dem Spielen. Fördert das Spielen den sozialen Rückzug, können die genannten persönlichen Tendenzen weiter verstärkt werden – ein Teufelskreis.

ZUPPI Mein Bruder ist süchtig. Wie er sich fühlt, kann ich natürlich nicht genau sagen, aber ich weiß, dass er deswegen Schlafstörungen hat, weil das Computerspielen einen aufregt und man deshalb nachts nicht abschalten kann. Wenn meine Eltern ihm verbieten zu spielen, tut er es trotzdem, sobald sie zur Arbeit sind, und lügt sie an, wenn sie nach Hause kommen und fragen, was er gemacht hat. Wenn man ihm die Tastatur wegnimmt, sucht er danach. Wenn er sie nicht findet, schmeißt er in seinem Zimmer Sachen durch die Gegend. Wenn er keine Chance hat zu spielen, kann er nichts mit sich anfangen und schläft den ganzen Tag. ■

Reagieren sollten Eltern also dann, wenn sich das Computerspielen in jener Weise ausweitet, die für Suchtphänomene allgemein typisch sind: Verengung des Lebensalltags aufs Spielen über eine erhebliche Zeitdauer des Tages hinweg und sieben Tage die Woche bei gleichzeitiger Vernachlässigung der Schule oder Ausbildung. Während ein Großteil der Menschen heute privat ungefähr zwei Stunden täglich vor dem PC verbringt, sind es bei »auffälligen« Spielern sechs und mehr Stunden. All ihre Aufmerksamkeit gilt dem Spiel, vieles andere wird nur noch nebenbei erledigt oder schließlich gar nicht mehr (siehe auch das Kapitel »Komasaufen, Kiffen und noch viel mehr«).

CICERO Dass man den Bezug zur Außenwelt verliert, kann ich etwas bestätigen. Ich bin viel lieber im Netz als woanders. Das heißt jetzt aber nicht, dass ich mich um meine Außenwelt gar nicht mehr kümmere. Ich freue mich aber immer richtig, wenn ich weiß, dass ich gleich chatten oder mich in einem Forum äußern kann. Das ist fast das Einzige, auf das ich mich zurzeit freue. ■

Manche, die sich im Netz verlieren, legen lange Umwege zurück, bis sie wieder ins wirkliche Leben zurückzufinden.

SMOKIE Ich bin 17 und neuerdings nicht mehr auf der Realschule, sondern mache ein Berufsvorbereitungsjahr, nachdem ich zweimal sitzen geblieben bin. Der Grund war eine Mischung aus Drogen- und Computersucht. Außerdem kam noch dazu, dass ich keinen Bock hatte, mich für einen Beruf zu entscheiden. Nach und nach hatte ich meinen Faden verloren, also keine Perspektive mehr, hatte keinen Bock mehr zu lernen, im Unterricht habe ich nur Scheiß gemacht. Jetzt bereue ich es sehr! Die meisten Freunde haben schon eine Ausbildung angefangen (sie verdienen, finde ich, einen Haufen Geld). Mein Leben dagegen ist hart. ■

Selbstverständlich sollten Eltern aufmerksam beobachten, wie sich die Mediennutzung ihrer Kinder entwickelt, sie sollten sich aber davor hüten, alles als negativ zu bewerten, was die Heranwachsenden am Computer tun, sobald es nicht der Schule dient. Der Computer bietet durchaus Lernmöglichkeiten, die für die Persönlichkeitsentwicklung hilfreich sein können.

GERADE VIER Im »realen« Leben traue ich mich nicht, mit Leuten über Gefühle usw. zu sprechen. Dies hier ist ein erster Schritt. Vielleicht keine Lösung für die Ewigkeit, aber ein Anfang. ■

Die Anonymität des Internets bietet also auch Schutz, ermöglicht es, Dinge auszudrücken und sich über sie klar zu werden, wenn es von Angesicht zu Angesicht schwerfällt.

Vorsicht ist geboten, wenn es um kostenpflichtige Angebote im Internet geht. Darauf sollten Eltern früh genug hinweisen. Ein genaueres Kennenlernen der Allgemeinen Geschäftsbedingungen (AGB) der Anbieter kann hierbei sehr hilfreich sein.

Lesen Sie gemeinsam mit Ihren Kindern mal die AGB jener Seiten, die Ihre Kinder nutzen. □

Jugendlichen ist oft nicht klar, dass sich hinter vermeintlich banalen »Service«-Leistungen Kosten verstecken können. Die Verlockung, sich »mal eben« ein ganz persönliches Horoskop erstellen zu lassen, wird häufig mit einer deftigen Rechnung quittiert. Wenn Sie auf diese Fallen hinweisen, nützt das nicht nur Ihrem Kind, sondern schont auch Ihr Budget.

Wenn die Kosten der Mediennutzung zu hohen Schulden führen, ist irgendwann der Weg zur Schuldnerberatung unumgänglich. Eltern sind den Schulden ihrer Kinder nicht ausgeliefert und sollten sich bei Beratungsstellen informieren. Nehmen Sie den Jugendlichen auf jeden Fall mit zu einem solchen Termin!

Was das Weitergeben von Daten angeht, sind Jugendliche meistens vorsichtig. Die Mehrzahl hält persönliche Daten zurück und agiert mit unterschiedlichen Identitäten und Nicknames. Sie wissen, dass sie sich im Internet nicht allzu gläsern machen sollten. Oft tun sie das ganz naiv allerdings trotzdem – und nicht immer zu ihrem Vorteil. So manche Maske mit der Abfrage persönlicher Angaben wird bereitwillig ausgefüllt. Fotos oder Filme (mit halb nackten Abbildungen oder im betrunkenen Zustand) auf persönlichen Seiten gelten als Gag.

Mediale soziale Netze entwickeln zuweilen eine ganz eigene Dynamik. Je »vertrauter« alles wirkt, desto mehr verraten die Jugendlichen von sich. Hier entsteht eine trügerische Sicherheit aufgrund der Anonymität. Außerdem können eigenartige kollektive Vorlieben entstehen, weil die Anonymität Hemmschwellen senkt. Das Filmen und Verschicken von real inszenierten Gewaltvideos (»Snuff-Videos«) ist nur eins der Extreme solcher kollektiven Effekte.

Längst jedoch ist bekannt, dass Firmen oder auch Vermieter sich im Internet anschauen, wie sich die Bewerber dort präsentieren. Darüber sollten Eltern ihre Kinder aufklären – allerdings ohne vorher im Netz nach den Seiten der Jugendlichen zu suchen. Was Jugendliche garantiert gar nicht mögen, ist, wenn ihre Eltern ihnen im Netz nachspionieren.

Schließlich sei betont, dass Eltern in Bezug auf die Computernutzung einiges von ihren Kindern lernen können – nutzen Sie das doch! Auch die neuen Bewegungsspiele (»Wiis«) richten sich zunehmend nicht mehr nur an Einzelspieler, sondern an Gruppen. Das ermöglicht vielleicht ganz neue Formen von »Familienabenden« – es muss ja nicht immer Federball sein.

Symptome des Übergangs

Selbstverletzendes Verhalten, Depressionen und Suizidalität: tiefe Wunden und schwarze Löcher

Selbstverletzendes Verhalten, Depressionen und Suizidalität hängen oft zusammen und können Ausdruck ein und derselben verzweifelten Verfassung sein, müssen es aber nicht. Während »Depression« einen Gemütszustand beschreibt, der mit einer Vielzahl unterschiedlicher Symptome einhergehen kann, können selbstverletzendes Verhalten und suizidale Handlungen ganz verschiedene Ursachen haben, eine davon kann eine depressive Verstimmung sein.

Selbstverletzendes Verhalten

ALLEIN17 Ist es eigentlich schon »Ritzen«, wenn man sich nur leichte Verletzungen am Bein mit der Schere zufügt? Oder ist es erst Ritzen, wenn das Blut richtig läuft? Und was ist, wenn man das nur ab und zu macht und nicht dauernd? ■

Selbstverletzendes Verhalten ist ein weit verbreitetes Symptom bei Jugendlichen. Es dient meist dem Abbau aufgestauten Drucks und wirkt wie ein selbst induzierter Befreiungsschlag gegen zu hohe Anforderungen von außen. Es ist ein krampfhafter Versuch, Kontrolle zu erlangen und dadurch der erlebten Hilflosigkeit entgegenzuwirken, also letztlich ein Akt der »Selbstwirksamkeit«. An die Stelle des passiven Ertragens tritt aktives, wenn auch destruktives Handeln.

Es gibt unterschiedliche Formen selbstverletzenden Verhaltens, »Schneiden« oder auch »Ritzen« ist lediglich die verbreitetste Form. Aber auch das Essen zu verweigern, sich tätowieren oder piercen zu lassen oder der Konsum von Drogen gehören dazu.

FRANZI Meistens kneife ich mich, wenn ich im Streit bin oder danach, oder auch in der Schule, wenn ich etwas nicht wusste und jemand lacht oder der Lehrer was sagt. Ich mache es meistens, um nicht auszurasten, ich brauche das in dem Moment. Wenn ich allein bin, dann schlage ich mich auch, wenn ich an etwas denke, was ich falsch gemacht habe oder was mir peinlich ist. Wenn ich im Streit bin, dann gehe ich mit der Hand in den Ärmel und kneife mich oder drücke die Fingernägel fest in die Handfläche. Entweder die anderen merken es nicht oder es ist ihnen egal. ■

Die Ursache für den erlebten Stress kann sehr vielfältig sein. Hierzu gehören Konflikte mit Gleichaltrigen, häufig auch Gewalterfahrungen wie Mobbing und Cyber-Bullying (Mobbing im Internet, z. B. in sozialen Netzwerken), Kritik von den Eltern, verbunden mit häufigen Auseinandersetzungen und dem Gefühl, von ihnen nicht akzeptiert, nicht gesehen und nicht geliebt zu werden. Aber auch die Trennung der Eltern und andere als traumatisch erlebte Belastungsfaktoren wie Tod oder schwere Krankheit eines Familienmitglieds können selbstverletzendes Verhalten auslösen. Misserfolgserleben, sowohl in der Schule als auch in anderen Bereichen wie Sport, gehört ebenfalls dazu.

Unzufriedenheit mit sich, seinem Aussehen, den eigenen Fähigkeiten und Leistungen oder Selbstvorwürfe im Hinblick auf Inkonsequenz im eigenen Verhalten sind verbreitete Gründe. In diesem Zusammenhang gibt es Parallelen zu den Themen »Essstörungen« und »Selbstwertgefühl« (siehe die Kapitel dazu). Nicht selten sind Missbrauchs- und Gewalterfahrungen. Freunde, die sich selbst verletzen, können ungewollt Vorbilder sein. Meist kommen mehrere Faktoren zusammen, die das Fass zum Überlaufen bringen.

Zusammenfassend wird selbstverletzendes Verhalten ausgeübt, um:

- Belastung, Druck und Stress zu lindern, sich zu entspannen;
- aus einer depressiven, lähmenden Stimmung zu entfliehen;
- anderen zu zeigen, wie schlecht es einem geht und wie verzweifelt man deshalb ist;
- sich selbst zu bestrafen;
- selbst Druck auf jemand anderen auszuüben;
- sich selbst zu spüren, sich lebendig zu fühlen.

⌛

Was denken Sie, welchen dieser Faktoren ist Ihr jugendliches Kind am ehesten ausgesetzt? Wie baut Ihr Kind Stress und Druck ab? Was sind Ihre eigenen Strategien? □

Das Ritzen hat hohe Nebenwirkungen. Neben dem Risiko, sich selbst ernsthaft zu verletzten und seinen Körper dadurch auf Dauer zu schädigen, sind da die unschönen Narbenbildungen, die die Jugendlichen teilweise ein Leben lang zeichnen und entstellen. Außerdem wirkt selbstverletzendes Verhalten »ansteckend« auf andere Jugendliche. Ritzen hat zudem ein hohes Suchtpotenzial und verlangt nach einer stetigen Dosissteigerung.

SCHNECKENTIER Ich habe vor zwei Jahren damit angefangen. Dann hab ich eine Zeit lang nicht geritzt, aber jetzt brauche ich es jeden Tag mehrmals. Hilfe! Bin ich süchtig? ■

Das Ausmaß der subjektiv erlebten seelischen Verletzung zeigt sich in der Art der Selbstverletzung, in deren Häufigkeit, aber auch in der Form und insbesondere der Tiefe der selbst zugefügten Verletzungen. Die inneren Schmerzen werden durch das Herbeiführen von real erlebten körperlichen Schmerzen zum Ausdruck gebracht und ersetzt. Die selbst ausgelösten Schmerzen scheinen leichter erträglich, da sie fassbar sind und kontrollierbar erscheinen.

NURATA »Ritzen« ist eine Schmerzverlagerung! Das heißt, bewusste oder unbewusste seelische Belastungen müssen »nach außen« verlagert werden. Das kann schon einfacher Liebeskummer sein, wenn dich ein Junge, den du magst, nicht beachtet. ■

Durch das Zufügen von Schmerzen werden körpereigene Endorphine ausgeschüttet, die zunächst betäubend und euphorisierend wirken. Die Wirkung hält allerdings nicht allzu lang an. Eine Art Katerstimmung ist die Folge, verbunden mit Selbstvorwürfen und Depressionen.

Hinsichtlich der zunächst entlastenden und betäubenden Wirkung gibt es große Parallelen zum Konsum von Drogen (siehe das Kapitel dazu). Ein wichtiger Aspekt ist auch, Schmerzen ertragen zu können, der im Zusammenhang mit dem Piercing bereits beschrieben wurde.

Neben der befreienden Funktion hat selbstverletzendes Verhalten aber auch eine selbstbestrafende Komponente. Schwere Selbstvorwürfe und das Gefühl, versagt zu haben und daher nichts wert zu sein, treten dabei auf. Die Eigenvorwürfe erzeugen erneut Druck, ein Teufelskreis ist die Folge.

Hinzu kommt die Angst, dass Personen des Umfelds die Verletzungen sehen und man sich dafür erklären bzw. rechtfertigen muss. Insgesamt ist die Situation allerdings paradox: Einerseits haben die Betroffenen Angst davor, dass andere Personen die Verletzungen wahrnehmen, andererseits möchten sie in ihrem Leid endlich gesehen und erkannt werden. Diese Widersprüchlichkeit ist für Außenstehende oft irritierend, entspricht aber dem Empfinden der Betroffenen.

SCHNECKLE Wie ist es, wenn ich mich nicht verletze? Dann drehe ich fast durch. Ich hatte es meinem besten Freund versprochen und habe es einen Tag ausgehalten, aber das war die Hölle! Man denkt oft daran! Die Gedanken kreisen um kaum ein anderes Thema. Ja, ich denke viel daran, vor allem wenn ich allein bin, was fast immer ist.

Die Gefühle der Einsamkeit, des Kontrollverlustes und auch des Selbstmitleids können zu schweren Depressionen führen, die mit Suizidgedanken einhergehen bis hin zu Suizidversuchen.

Die Entwicklung des Drangs nach Selbstverletzungen ist mit einem Vulkan vergleichbar, der im Untergrund brodelt und dessen Öffnung durch einen Lavabrocken verstopft ist. Der Druck baut sich bis zur Unerträglichkeit auf, bis schließlich eine befreiende Explosion die Öffnung endlich freigibt und die brodelnde Lava ans Tageslicht fließen lässt. Dadurch beruhigt sich kurzzeitig die Aktivität des Vulkans, bis sich der Druck erneut aufbaut und es zur nächsten Eruption kommt.

Kennen Sie von sich selbst den Druck, sich selbst wehtun zu wollen? Haben Sie selbst als Jugendliche Mittel und Wege gefunden, um dies zu tun? Wie gehen Sie heutzutage mit Druckabbau um, welche Bewältigungsstrategien (»Coping«) haben Sie in Ihrem Repertoire?

Bei »Coping-Strategien« oder »Skills« handelt es sich um alternative Möglichkeiten, die gefühlt dasselbe Ergebnis bewirken, jedoch keine oder doch deutlich weniger Nebenwirkungen haben. Hierzu gehören Entspannungsübungen, aber auch sozial und gesellschaftlich eher akzeptierte Verhaltensmuster, selbst wenn diese bei näherem Hinschauen ebenfalls selbstschädigendes Verhalten beinhalten wie z. B. Extremsport.

Als Coping kann auch das »Tapen« gelten: ein hackendes Runterschreiben der Gefühle und Gedanken, ohne Rücksicht auf Logik und sprachlich-grammatikalische Korrektheit, oder das wilde »Bearbeiten« der Tastatur des Computers, um seine Emotionalität zum Ausdruck zu bringen. Auch dies bringt eine entspannende Entlastung mit sich – eine Strategie, die jugendliche Mail- und Forennutzer im Internet mehr oder weniger bewusst nutzen. »Lieber tapen als ritzen.«

Schauen Sie regelmäßig, aber beiläufig auf Arme und Handgelenke sowie auf die Beine Ihres Kindes, insbesondere, wenn dieses auch im Hochsommer nur langärmelige Kleidung trägt. Sprechen Sie mit Ihrem Kind über selbstverletzendes Verhalten und über alternative Strategien der Stressbewältigung. Versuchen Sie, seine Motive zu verstehen, und suchen Sie dann gemeinsam nach Auswegen. Machen Sie aber keine Vorwürfe und äußern Sie auch keine Enttäuschung, da die Jugendlichen selbst schon genug unter ihrem Verhalten leiden. Drücken Sie stattdessen Verständnis, Sorge und auch Ihre Ängste aus. Signalisieren Sie, dass Sie bereit sind, bei der Lösung der Probleme behilflich zu sein. Zeigen Sie verständnisvolles Mitgefühl.

Wer akute Verletzungen des Kindes wahrnimmt, sollte mit der Situation so umgehen, wie mit jeder anderen Form der körperlichen Verletzung auch. Hierzu gehört das Trösten und in den Arm zu nehmen. Versorgen Sie die Wunden und fahren Sie gemeinsam zum Arzt oder in eine Klinik, falls Ihnen dies erforderlich erscheint. Manchmal sind die Jugendlichen sehr erfinderisch und kreativ, um zu verhindern, dass die Eltern die Spuren der Verletzung wahrnehmen. Sie spielen heile Welt und geben sich cool oder abweisend.

LINA Ich würde vor allem nicht versuchen, etwas »dagegen« zu tun, sondern in erster Line »für« meinen Sohn oder meine Tochter! Meiner Meinung nach ist allein dieser kleine Unterschied in der Einstellung sehr wichtig. ■

Beachten Sie, dass selbstverletzendes Verhalten auch für Ihr Kind schambesetzt ist und es sich sehr unwohl fühlt, wenn man es darauf anspricht, insbesondere wenn Sie überraschend beim Ritzen dazukommen. Wenn Sie auf Abwehr stoßen und die Verletzungen nicht tief sind, lassen Sie den Jugendlichen zunächst allein. Das Besprechen der Gründe für das Verhalten hat Zeit und sollte nicht in einer Akutsituation stattfinden, in der die Jugendlichen noch emotional aufgewühlt sind. □

Reden ist aber auf alle Fälle notwendig, es ist lediglich eine Frage des passenden Zeitpunkts. Eltern können z. B. einen konkreten Termin zum Gespräch vorschlagen und dadurch Mitgefühl und Interesse signalisieren oder auch folgenden Vorschlag aufgreifen:

KAROLINA Wenn ich mir vorstelle, dass meine Mutter von meinem Ritzen wüsste und mir helfen möchte, dann würde ich mir wünschen, dass sie mich nicht drängt, ihr zu sagen, wieso ich das tue und so was. Vielleicht könnte sie mir einen Brief schreiben, in dem sie keine Fragen stellt und mich zu nichts drängt. Sie sollte einfach sagen, dass sie für mich da ist und dass ich jederzeit zu ihr kommen kann zum Reden. Ich kann mir vorstellen, dass vielen der Mut zum Reden fehlt. Vielleicht könnten Eltern anbieten, dass die Tochter auch zurückschreiben kann, das fällt nämlich sehr viel leichter. Vielleicht öffnet sich die Tochter so und dann kann man die nächsten Schritte planen. ■

Manchmal erkennen Jugendliche selbst, dass ihr Verhalten kein adäquates Mittel der Druckentlastung ist, und halten von sich aus nach Alternativen Ausschau. Infrage kommt jedes Verhalten, das eine ähnliche »Wirkung« wie die Selbstverletzungen erzeugt, jedoch weniger Nebenwirkungen hat. Die Vorschlagsliste der Jugendlichen im Onlineforum der bke-jugendberatung ist lang. Hier eine kleine Auswahl:

- mit einem Gummiband auf die Haut schnippen,
- sich selbst kneifen,
- die Arme in Eiswasser tauchen,
- sich Chilipulver auf die Zunge streuen,
- boxen und treten,
- schreien.

Dies sind lediglich »Notfallmaßnahmen«, wenn sich das selbstverletzende Verhalten schon verselbstständigt hat. Am günstigsten ist es natürlich, präventiv dafür zu sorgen, dass es gar nicht erst zu einem zu hohen Druckaufbau kommt. Um dies zu verhindern, sollten Stressoren frühzeitig identifiziert und, soweit machbar, reduziert werden. Eine weitere Möglichkeit ist, einen »Notfallkoffer« zu entwickeln, der die Frequenz der Ritzattacken zu reduzieren hilft bzw. in einer Akutsituation schlimmere Verletzungen verhindern kann.

Ein Notfallkoffer bei selbstverletzendem Verhalten besteht aus verschiedenen Elementen, die in einer Akutsituation die Verletzungen verhindern sollen. Das müssen nicht unbedingt Gegenstände in einer Schachtel sein, sondern es kann sich auch um eine Liste mit Ideen wie oben handeln oder um positive Erinnerungen in Form von Bildern oder Symbolen. Da es unmöglich ist, erst in einer Akutsituation nach Alternativen zu suchen, ist es sinnvoll, sich einen Notfallkoffer in guten Zeiten zusammenzustellen und immer wieder zu erweitern, um diesen im Bedarfsfall parat zu haben. Ein zusätzlich positiver Faktor dabei ist, dass der Notfallkoffer dann für sich schon an gute Zeiten erinnert. Als Eltern können Sie auf die Idee des Notfallkoffers hinweisen und natürlich auch auf die oben genannten Vorschläge von Jugendlichen. Auf alle Fälle sollten Sie die Situation sehr ernst nehmen und auch den Grad der Selbstverletzung im Auge behalten, sodass frühzeitig ambulante bzw. stationäre Hilfen in Anspruch genommen werden können. Es kann sein, dass dies auch gegen den Willen des Jugendlichen geschehen muss, wenn eine akute Selbstgefährdung vorliegt (siehe das Kapitel Suizidalität).

Depressionen

LONGRUN Ich habe zu nichts mehr Lust. Ich gehe mit negativen Gedanken schlafen und wache damit auch auf, weil es einfach wirklich nichts Positives mehr gibt. Ja, ich weiß, es gibt bestimmt Menschen, denen es schlechter geht als mir, aber es kann mir ja schon reichen, dass ich mit mir selbst nicht mehr klarkomme.
Ich habe einfach das Gefühl vergessen, wieder glücklich zu sein. Wie fühlt sich dieses und jenes an? Manchmal will ich mich wegzaubern, einfach weg sein. ■

In manchen Fällen ist eine Depression die Ursache für selbstverletzendes Verhalten oder für Suizidgedanken. Depressive Störungen gehören zu den häufigsten Störungen des Jugendalters. Die Häufigkeit und Auswirkung der Krankheit bei Jugendlichen wird aber oft unterschätzt bzw. überhaupt nicht erkannt. Neben einer Beeinträchtigung mit Krankheitswert und längerem Verlauf gibt es während der Jugendzeit immer wieder auch Entwicklungsphasen, die mit einer depressiven Verstimmung einhergehen. Dies hängt unter anderem mit den hormonellen und hirnorganischen Veränderungen während der Jugendzeit zusammen.

Es gibt vielfältige Anzeichen, die auf eine Depression bzw. auf eine depressive Verstimmung hinweisen können. Das sind:

- Antriebsschwäche und Interesselosigkeit,
- Rückzugstendenzen bis zur sozialen Isolation,
- Vernachlässigung seiner selbst und seiner Grundbedürfnisse,
- Grübeln und Gedankenkreisen,
- Gewichtsveränderungen (extreme Zunahme oder Abnahme),
- negative Weltsicht,
- Niedergeschlagenheit,
- körperliche und emotionale Erschöpfung,
- Gefühl der Leere,
- Schlafstörungen,
- Appetitlosigkeit,
- Konzentrationsstörungen,
- Wahrnehmungsstörungen.

Die Schwere einer solchen Störung lässt sich am Ausmaß der Symptome, aber auch anhand der Häufigkeit des Auftretens sowie der Dauer einschätzen. Während die einzelnen Ereignisse durchaus nicht zwingend beunruhigend sein müssen, zumal wenn sie während oder nach stressreichen Zeiten auftreten oder andere plausible Erklärungen gefunden werden können, sind längere Verläufe, die unabhängig von äußeren Faktoren auftreten, eher besorgniserregend. Insbesondere dann, wenn sich der Zustand stetig verschlechtert und es keine guten Phasen mehr gibt oder wenn extrem depressive Phasen von extrem euphorischen (manischen) Episoden unterbrochen werden.

TWEENY Obwohl ich so müde bin, kann ich trotzdem nicht schlafen. Meine Gedanken drehen sich nur noch darum, mich selbst zu verletzen, oder um meine Selbstmordgedanken. Langsam versinke ich in meiner Traurigkeit und meiner Einsamkeit. Ich schaffe es einfach nicht mehr raus. Es ist schrecklich: Einen Tag fühle ich mich o. k. und den nächsten dann wieder total beschissen. Es hört einfach nicht mehr auf. Ich kann einfach nicht mehr und, ehrlich gesagt, will ich auch gar nicht mehr. Meine Kräfte sind total am Ende.
Heute war wieder mal so ein Scheißtag und irgendwie geht er nicht zu Ende. Er zieht sich einfach nur in die Länge. Ich sitze hier und bin fast am Heulen. Was ist nur mit mir los? Ich will doch glücklich sein, oder? Ich weiß nicht. Manchmal wäre es einfacher, wenn ich nicht mehr hier wäre.
Ich bin einfach nur müde. Weiß nicht, wie es weitergehen soll, so auf jeden Fall nicht. ■

Bei depressiven Tendenzen ist es wichtig, die Jugendlichen nicht allein zu lassen, da sie dazu tendieren, um sich selbst zu kreisen und mit zunehmender Passivität zu reagieren. Stattdessen ist jede Form der Aktivität und Ablenkung hilfreich und notwendig. Unternehmen Sie etwas mit Ihrem Kind und versuchen Sie, es zu verwöhnen. Lassen Sie sich nicht »abwimmeln«. Versuchen Sie herauszubekommen, in welchen Alltagsbereichen noch die größte Lebenskraft spürbar wird. Versuchen Sie, positive Zukunftsvisionen mit dem Jugendlichen zu entwickeln, aber hüten Sie sich davor, die Situation schönzureden oder zu bagatellisieren. □

Eine depressive Episode bedeutet keineswegs automatisch einen chronischen Verlauf, der die Einnahme von Antidepressiva nötig macht. Es kann sich auch um eine temporäre, entwicklungsbedingte depressive Verstimmung handeln. In manchen Fällen sind konkrete, als krisenhaft erlebte Ereignisse als Auslöser zu identifizieren.

REDHAIR Hm, eigentlich ist alles ganz gut in meinem Leben: Ich bin relativ gut in der Schule, habe eine großartige Familie, nette Freunde – und doch denke ich immer wieder daran, mich umzubringen, weil in mir so eine Leere ist, eine Unzufriedenheit. Ich weiß nicht, woher die kommt. Ich kann mich für nichts begeistern. Fange viele Sachen mit Elan an und gebe sie dann auf.
Ich glaube, ich würde mich niemals umbringen, weil ich meine Familie und Freunde nicht verletzen will, aber trotzdem denke ich andauernd daran. ■

Da die Ursachen und der Hintergrund der Verstimmung für Laien nicht immer auf Anhieb ersichtlich sind, sollten Eltern auf alle Fälle eine ärztlich-psychologische Unterstützung anregen und die Art und den Grad der depressiven Verstimmung untersuchen und abklären lassen. Die Inanspruchnahme einer fachlich versierten Unterstützung ist entlastend, weil sie dem Problem einen Namen gibt und eine Perspektive eröffnet – für Kinder und Eltern.

Antriebslose Kinder können Eltern zur Verzweiflung bringen, wenn diese merken, dass sie selbst nicht helfen können. Die Hoffnungslosigkeit kann den Jugendlichen auch nicht einfach ausgeredet werden. Sie leiden selbst unter diesem Zustand, haben aber die sogenannte Veränderungskontrolle verloren.

Deshalb ist es auch nicht hilfreich, Druck etwa in Form von Drohungen auszuüben, dass man sie rauswerfen oder einliefern werde. Wut und Ärger über den Rückzug ins eigene Zimmer oder gar in das Bett sind verständlich, doch geht es in diesem Fall nicht um Abgrenzung oder gar Provokation, sondern um eine Krankheit, die entsprechend behandelt werden muss und auch behandelt werden kann. Psychotherapien bei Depressionen gehen mit hohen Heilungserfolgen einher.

Nicht selten schwanken junge Menschen zwischen Melancholie und Euphorie. Als wolle man das Versäumte aufholen, wird sehr viel Energie für Aktivitäten aufgewendet, doch die Energie ist nach kurzer Zeit verbraucht und hinterlässt ein tiefes dunkles Loch.

DURCHEINANDER Ich habe an mir beobachtet, dass ich in letzter Zeit immer häufiger (und in immer kürzeren Zeitabständen) Tage habe, an denen ich total depressiv bin. Diese Phasen werden auch immer länger. Leider habe ich ziemlich schlimme Gedanken in diesen Phasen.
Wenn diese Phasen dann vorbei sind, geht es mir teilweise echt super. Ich bin normalerweise auch ein aktiver Mensch. Dann denke ich mir jedes Mal: »Was hast du da nur gedacht?« Ich habe schon fast Angst vor diesen Phasen, da ich eigentlich weder anderen Menschen noch mir selbst schaden möchte, aber so denke ich nur an guten Tagen. In diesen depressiven Phasen ist mir das irgendwie scheißegal. ■

Für Angehörige ist dieser Prozess nur sehr schwer verständlich, wirkt er doch sehr irrational. Sie fragen sich, wie nach einer tiefen Phase der Depression plötzlich so viel Aktivität möglich sein kann. Argumente und Versuche, eine gesund wirkende Balance wiederherzustellen, sind häufig zum Scheitern verurteilt, Hilflosigkeit ist die Folge. So wie die Betroffenen selbst diese Gefühlsschwankungen aushalten müssen, geht es auch den Angehörigen.

Gerade bei einer sogenannten bipolaren Störung ist eine professionelle, therapeutische Unterstützung unerlässlich. Besteht eine ernst zu nehmende Gefahr für Leib und Seele des

Jugendlichen, muss sogar an eine stationäre Unterbringung gedacht werden.

Suizidalität

MÄUSLEIN Ich weiß einfach nicht mehr, was ich machen soll. Es ist einfach so, dass ich keine Lust mehr auf mein Leben habe. Jeden Tag denke ich, warum ich noch lebe. Ich kann nicht glücklich sein. Ich hatte zwar einen Freund, aber mit dem hab ich Schluss gemacht, weil ich ihn einfach nicht verletzen will. Meine Bekannten wollen auch nichts mehr mit mir zu tun haben und meine Familie würde es nicht verstehen. Ich habe keine Freunde, mit denen ich reden oder was unternehmen könnte, weil ich zu schüchtern bin. Es klingt vielleicht doof, aber jeden Tag fühle ich mich so leer und wäre am liebsten tot. Der Stress mit meiner Mutter, in der Schule und all so was lassen mich eigentlich immer darauf warten, dass etwas Schreckliches passiert. Viele sagen, ich sei richtig komisch, eigenartig oder sonst was. Aber sie kennen mich nicht. Was soll ich nur tun? Ich denke immer: Entweder mache ich was dagegen oder ich bringe mich um ... ■

Negative Einstellungen, Ängste und Hoffnungslosigkeit können sich in einem Maße steigern, dass der Betroffene nur noch einen Wunsch hegt, nämlich diesem schier unerträglichen Zustand ein Ende zu bereiten. Mit dem Gefühl, immer tiefer zu sinken, drängen sich zunehmend Suizidgedanken auf, die ein Ende des Leidens verheißen und der Sehnsucht nach Ruhe zu entsprechen scheinen.

NAMENLOS Ich bin 17 Jahre alt, gehe in die 11. Klasse und habe vor allem seit einem Jahr ein paar Probleme: Erstens habe ich oft Ängste. Eigentlich schon seit meiner Kindheit, vor allem

Angst vor Neuem, dass ich etwas falsch machen könnte oder mich blamiere. Meistens drücke ich mich dann vor Sachen, die mir Angst machen. Zweitens habe ich Suizidgedanken. Diese Gedanken kamen vor ungefähr einem Jahr, eigentlich wegen Angst vor einer Prüfung. Jetzt habe ich sie fast täglich. Dann habe ich letztens zwei Mal geritzt, aber nicht stark, und ich denke, es kommt auch nicht mehr (oft) vor. Besonders wegen meiner Ängste und der Suizidgedanken wollte ich von mir aus eine Therapie machen. ■

Da der Suizid nach wie vor die zweithäufigste Todesursache bei Jugendlichen ist, sollte jede Form der Ankündigung ernst genommen werden. Die Ursachen für eine solch existenzielle Krise entsprechen weitestgehend denen des selbstverletzenden Verhaltens. Hinweise sind deutliche Verhaltensänderungen der Jugendlichen, die als Alarmzeichen gedeutet werden sollten:

- massive Konzentrationsschwierigkeiten,
- Zerstreutheit,
- Selbstaufgabe,
- eine Reihe erlebter Misserfolge,
- häufiges Fernbleiben von der Schule,
- Eingehen erhöhten Risikos und gehäufte Unfälle,
- Änderungen bezüglich Ernährung und Schlaf,
- Nachlassen der Lebenskraft, Lebensfreude und Verlust an Zukunftsplänen,
- Vernachlässigung seiner selbst als Person und des eigenen Äußeren,
- Stimmungsschwankungen, Gereiztheit,
- Aggressionen und Bemühungen, diese zu unterdrücken,
- Verwirrung, Teilnahmslosigkeit, aber auch überhöhter Aktionismus,

- zunehmende Passivität,
- gesteigerte Ängste,
- Selbstvorwürfe und -anklage,
- übermäßiger Drogenkonsum.

Höchst alarmierend wird die Situation dann, wenn:

- die Tendenz besteht, sich bis zur Isolation zurückzuziehen,
- jegliche Kommunikation verweigert wird,
- ein Rückzug von Freunden und Verwandten stattfindet,
- selbstzerstörerisches Verhalten auftritt,
- Abschiedsbriefe geschrieben werden,
- wichtige persönliche Dinge verschenkt werden,
- klare Äußerungen von Suizidabsichten formuliert werden,
- Sätze fallen wie »Alles ist sinnlos« oder »Keiner wird mich vermissen«.

Nehmen Sie die Anzeichen ernst und sprechen Sie den Jugendlichen darauf an. Bringen Sie Ihre Sorgen um ihn zum Ausdruck und bieten Sie sich als Gesprächspartner an. Suchen Sie gemeinsam nach Lösungswegen. Erscheint die Situation zu bedrohlich und aussichtslos, reagieren Sie unter keinen Umständen resignativ hilflos, sondern weisen Sie Ihr Kind, auch gegen dessen Willen, in eine psychiatrische Klinik ein. Es gibt auch Beratungs- und Kriseninterventionsstellen, die sich auf den Umgang mit Suizidalität spezialisiert haben. □

Es sind vor allem starke Bindungen, die die Jugendlichen letztlich vor dem Vollzug des Suizides bewahren. Die Sorge um den anderen und wie er wohl mit der eigenen Tat umgehen würde, hält vor dem letzten Schritt ab. Dies ist insofern verständlich, als dass man in dieser krisenhaften Situation den anderen als wichtiger ansieht als sich selbst.

Machen Sie sich kurz Gedanken darüber, was Sie eigentlich von Ihrem jugendlichen Kind wissen. An welchen Worten oder Taten erkennen Sie, wie es Sohn oder Tochter geht? Ist es ihr »Bauchgefühl«, das Ihnen die wichtigen Hinweise gibt? Und: Weiß Ihr Kind eigentlich, wie Sie sich fühlen, wie es Ihnen geht? Wie reagieren Sie, wenn Sie erkennen, dass es Ihrem Kind nicht gut geht? Bleiben Sie aufmerksam, präsent und im Kontakt. □

Essstörungen: Schwanken zwischen Macht und Ohnmacht

EIDECHSE Wenn es dir gut geht, kannst du der Sieger sein. Du kannst essen, ohne dass sich deine Gedanken verhaken, ohne Schuldgefühle, ohne Angst. Aber sobald du wieder auf der Waage stehst, ist alles vorbei: Du erinnerst dich an das, was du mal erreicht hattest, und weißt, dass du es problemlos wieder schaffen kannst. Da steht der Teller Suppe. Was wirst du tun?
Du fragst dich, warum du essen musst. Ist es nicht dein Leben, dein Körper? Du weißt nicht, ob du gesund werden willst. Ist es nicht gut so, wie es ist? Du hast es einfach nicht verdient. Du hast es nicht verdient! Die Stimme in deinem Kopf, sie kontrolliert dich wieder.
Du verschwindest in deinem Zimmer, ganz heimlich, und denkst für dich: »Ich esse keine Suppe! Nein! Ich esse meine Suppe nicht! Nein, meine Suppe esse ich nicht!«
Jetzt bist du allein und niemand sieht die glühenden Tränen, die über deine Wangenknochen rollen, während du dich nackt vor den Spiegel stellst ... ■

Ein Mädchen kämpft. Irgendwie weiß sie, dass es nicht gut ist zu hungern, sie will essen ... aber dann hört sie wieder diese innere Stimme, die ihr sagt, dass Nichtessen richtig ist, dass Nichtessen Stärke bedeutet – schon während sie dieser Stimme nachgibt, weiß sie, dass sie verloren hat. So kann der tägliche innere Kampf aussehen, wenn Jugendliche unter einer Essstörung leiden.

Die Gefahr, an einer Essstörung zu erkranken, ist für Jugendliche zwischen 14 und 20 Jahren relativ hoch, bereits jede dritte Schülerin (zwischen 12 und 20 Jahren) leidet an Frühformen von Essstörungen, bei 14 Prozent dieser Altersgruppe besteht bereits ein sehr hohes Risiko für die Entwicklung einer Magersucht. Somit gelten Essstörungen als eine Entwicklungsstörung des Kindes- und Jugendalters. Vorwiegend betroffen sind Mädchen, wobei der Anteil der Jungen zunimmt. (www.bzga-essstoerungen.de)

Für Eltern ist es schwer zu erkennen, wann sich eine Essstörung entwickelt. Es dauert geraume Zeit, bis die Mädchen so dünn sind, dass es negativ auffällt. An diesem Punkt sind die Betroffenen meist nicht mehr in der Lage, ohne professionelle Hilfe auszusteigen. Das Identifizieren von ersten Anzeichen einer Essstörung ist einfacher, wenn man die typischen Faktoren, Gefühle und Verläufe kennt.

Äußere Faktoren

Kinder und Jugendliche wachsen heute mit medialen Bildern von schönen und schlanken Menschen auf. Das Schlankheitsideal gilt nicht nur im körperlichen Sinne, es steht für ein erfülltes Leben im Allgemeinen: für Glück, Zufriedenheit, Erfolg und Wohlstand. Gleichzeitig haben viele Jugendliche eher rundlichere Formen aufgrund ihrer Ernährung und aus Mangel an Bewegung.

BROKENMIND Es ist echt zum Kotzen mit diesem Schlankheitswahn. Also, ich geb ja zu, dass es mir nichts schaden würde, etwas weniger zu wiegen, bin ja auch dabei abzunehmen, aber es ist unmöglich, dass man, wenn man mal ein paar schicke Klamotten haben will und halt nicht so ein dürrer Hecht ist, dann nur in diese XXL-Läden gehen kann (Schikane hoch drei). ■

Gerade in einem Alter, in dem Rückmeldungen aus der Clique und der Vergleich mit anderen eine große Rolle spielen, führt das gesellschaftliche Ideal zu großer Verunsicherung. Wenn Jugendliche nicht viele Erfolge in anderen Bereichen verbuchen können, wird der Blick aufs Äußere zu einer wichtigen Komponente, scheint es doch ein Bereich zu sein, der gut zu kontrollieren ist. Schon sehr junge Mädchen führen Diäten durch, junge Männer quälen sich stundenlang im Fitnessstudio. Die Gesellschaft fördert solche Verhaltensweisen, Frauen- und Männerzeitschriften geben gute Tipps, die Nachrichten und Bilder aus Hollywood oder anderer Prominenz zeigen, was vermeintlich wichtig ist: Jugend, Schönheit, Makellosigkeit, Schlankheit, dazu noch Geld und Prestigeobjekte. Letztere sind natürlich für Jugendliche meistens nicht erreichbar, jung sind sie jedoch und schlank zu sein bzw. zu werden scheint ein lohnendes Ziel.

ILONA Ich war früher eher pummelig. Meine Mutter hat es mir dauernd vorgehalten, aber selbst auch nicht anders vorgelebt. Mittlerweile hab ich einiges abgenommen (seit ich ausgezogen bin) und bin auch noch weiter dran. Es ist für mich mittlerweile schon fast schwierig bis unmöglich, mich selbst zu akzeptieren. Wenn man ein anderes Ideal sieht (meine beste Freundin hat einen sehr guten Körper), fühlt man sich irgendwann schrecklich unwohl. Wenn dann noch die Eltern powern, dann rutscht man schnell in den Abnehmwahn. ■

Die im Elternhaus vorherrschenden Überzeugungen können die gesellschaftlichen Einflüsse verstärken oder abschwächen. Dazu gehört es, welches Beispiel die Eltern ihren Kindern geben, wie sie die gesellschaftlichen Ideale kommentieren, welche Werte sie ihren Kindern vermitteln und ob es ihnen gelingt, ihre Kinder in ihrer Individualität, ihren eigenen Talenten und Fähigkeiten zu stärken.

Fragen Sie sich selbst, welchen Stellenwert Essen, Schlanksein und Leistung in Ihrer Familie haben. Kommentieren Sie jede Gewichtsveränderung, die Sie an anderen Menschen wahrnehmen? Wofür loben Sie Ihre Kinder, wofür kritisieren Sie sie? Welche Werte vermitteln Sie? Wie viel Zeit nehmen Sie sich für Kuscheln, Reden und Entspannen? Wie viel Raum geben Sie für Individualität? Wie viel Toleranz zeigen Sie für das »Andersein«? Fördern Sie das Selbstwertgefühl Ihrer Kinder und helfen Sie ihnen, ein gutes Verhältnis zu ihrem Körper und Vertrauen zu ihren Fähigkeiten zu entwickeln. □

Interne Faktoren

Es gibt Verhaltensweisen und bestimmte Persönlichkeitsstrukturen, die Menschen leichter in eine Essstörung führen: Gefährdete Personen sind häufig etwas zwanghaft, perfektionistisch, ängstlich oder pessimistisch.

GELB Vor vier Jahren habe ich angefangen abzunehmen. Irgendwann meinten dann meine Mutter, meine Schwester und auch andere, ich sei magersüchtig. Ich hab jeden Tag Sport gemacht und nach deren Meinung zu wenig gegessen. Das ging etwa zwei Jahre so. Dann hab ich immer weniger Sport

gemacht und irgendwann gar nicht mehr und auch wieder »normal« gegessen.
Aber ich war nie glücklich mit mir und meinem Aussehen. Und mittlerweile wird's wieder schlimmer. Ich esse zwar von der Menge her ziemlich viel, aber eben nur Dinge, die ganz wenig Fett haben (höchstens 25 g pro Tag). Ich will unbedingt abnehmen. Wenn ich mich anschaue, dann könnte ich kotzen. In allem sehe ich fett aus, und wenn ich mal shoppen gehe, passe ich nirgends rein. Ich wäre halt auch gerne total dünn. Seit ein paar Wochen denke ich auch ständig darüber nach, mein Essen wieder auszukotzen. Ein paar Mal hab ich es sogar gemacht. ■

Wenn häufig Unzufriedenheit mit dem eigenen Körper geäußert wird und wiederholt Diäten gemacht werden, ist es Zeit, mit dem Kind über die Gründe zu sprechen.

Bei anderen Jugendlichen klafft eine Lücke zwischen der körperlichen, intellektuellen und emotionalen Reifung. Sie wirken durch ihre Sprache und ihr Verhalten frühreif, sind körperlich weit entwickelt, in der Geschlechtsrollenfindung aber noch unsicher. Sie versuchen, diese Selbstunsicherheit zu überspielen, indem sie sich stark an Leistung oder an übernommenen Idealen orientieren.

Das beschriebene Verhalten kann eine Phase sein, die ohne bleibende Beeinträchtigungen vorübergeht. Im schlimmsten Fall verstärkt sich die Beschäftigung mit dem Nichtessen und es kommt zu einem krankhaften Verlauf.

In dieser Phase ist eines wichtig: Geraten Sie nicht in Panik! Eine Überreaktion führt nur dazu, dass die Jugendliche vorsichtiger wird und ihr Verhalten versteckt. Sagen Sie Ihrer Tochter, dass

Sie in Sorge sind, versuchen Sie dabei jedoch, nicht anklagend oder überzogen zu klingen. Behalten Sie die Entwicklung im Auge. Bestärken Sie Ihre Tochter in anderen Bereichen, die nicht nur mit Leistung oder Aussehen zu tun haben. Betonen und loben Sie ihre Stärken. □

⌛

Welche Stärken fallen Ihnen ein? Denken Sie auch an künstlerische und soziale Fähigkeiten! Was kann Ihre Tochter gut: Ist sie fantasievoll oder eine gute Freundin oder Schwester? Ist Ihr Sohn ein guter Zuhörer oder ein mitreißender Musiker? Sie werden merken, dass es ungewohnt ist, nicht nur über Leistung oder Aussehen nachzudenken, wenn es um positive Eigenschaften geht. Was fällt Ihnen leichter? □

Auch wenn in Familien Konflikte immer vermieden werden und Eltern überfürsorglich sind, können Kinder zu wenig Stärke entwickeln und sind in schwierigen Situationen bzw. Lebensphasen wie der Adoleszenz überfordert.

Manchmal führen Familiengeheimnisse zu einer Atmosphäre, in der Stillschweigen gepaart mit Andeutungen dafür sorgen, dass Kinder mit einem Gefühl der Unsicherheit aufwachsen. »Nichts ist so, wie es scheint!« – das kann sich zur vorherrschenden Einstellung entwickeln. Bei all dem kann eine Essstörung offenbar das Gefühl eines »sicheren Ankers« vermitteln in einer Welt, in der sich die Jugendlichen nicht zurechtfinden.

So können auch Familienstrukturen und Umgangsformen, die auf den ersten Blick nichts mit Ernährung zu tun haben, den Boden für ein gestörtes Essverhalten bereiten. Unsichere Bindungen und bestimmte Beziehungsmuster sind in Familien von Magersüchtigen verstärkt zu finden. So können Loyalitätskonflikte, Verstrickungen und wechselnde Koalitionen mit den Elternteilen verhindern, dass Kinder lernen, ihren eigenen Gefühlen zu trauen.

Es ist wichtig, dass Kinder lernen, ihre Gefühle zu erkennen und auch auszudrücken. Die Fähigkeit, Konflikte auszutragen und Unstimmigkeiten auszuhalten, sind wichtige Grundlagen für ein positives Selbstbild und den Aufbau sozialer Beziehungen. Kinder und Jugendliche sollten Erfahrungen von Selbstwirksamkeit machen und eine eigene Meinung bilden und äußern dürfen. □

Der Weg in eine Essstörung kann ganz unterschiedlich aussehen, manchmal beginnt er vor dem Hintergrund des gesellschaftlich vorherrschenden Schlankheitsideals in Verbindung mit einem oder mehreren der beschriebenen Risikofaktoren. Sehr häufig kommen noch andere Auslöser hinzu.

Einige Mädchen oder Jungen haben körperliche oder psychische Grenzverletzungen oder sexuellen Missbrauch erlebt, sodass das Zur-Frau- oder Zum-Mann-Werden mit einem Gefühl der Gefahr und der Angst verbunden ist. Sie versuchen, ihren Körper aufzulösen, um nicht erwachsen zu werden bzw. keine Anziehung auf das andere Geschlecht auszuüben.

Hoffnungslos erscheinende Schwierigkeiten oder Stress, bedingt durch familiäre Konflikte, Familiensituationen wie Trennung und Scheidung oder Krankheit und Tod einer nahestehenden Person, fehlende soziale Integration in die Gleichaltrigengruppe, Mobbing oder Überforderung in der Schule können verstärkende Faktoren sein.

Es sind also nicht spezifische Gründe, sondern häufig das Zusammenspiel äußerer Faktoren und innerer Konflikte und Unsicherheiten, die die Entwicklung einer Essstörung begünstigen. Die besondere Gefahr liegt in einer Chronifizierung, da diese Krankheit häufig zu Anfang unentdeckt bleibt und die Jugendlichen zuerst einen hohen Gewinn (etwa Anerkennung für die schlanke Figur) daraus ziehen.

Die Bedeutung der Gewichtskontrolle für Jugendliche

Unbeteiligte fragen sich oft, was der Gewinn der Selbstkasteiung durch eine Essstörung sein kann. Von außen betrachtet sind die positiv erscheinenden Aspekte schwer verständlich. Im inneren Erleben jedoch haben Erfahrungen der Autonomie, Kontrolle und Selbstwirksamkeit eine große Bedeutung. Während Jugendliche sich den neuen »erwachsenen« Anforderungen oft hilflos ausgeliefert fühlen, erleben Sie das Essen als Möglichkeit, Kontrolle zu erlangen. Die Jugendliche übernimmt die Herrschaft über die eigenen Bedürfnisse und den eigenen Körper und verbannt mit dem Hunger auch Wut, Angst, Sehnsucht und Unsicherheit.

KAJA Ich werde mich heute ganz dem Lernen verschreiben, mich nicht so viel ums Essen kümmern. Wenn ich was esse, dann aufschreiben und weiterlernen. Ich muss mich einfach konzentrieren. Es wird mir heute nicht schwerfallen. Das Baguette kaufe ich nicht, auch wenn ich das Geld dazu hätte, aber ich brauche nur an gestern zu denken, schon vergeht mir der Appetit. Hätte ich das blöde Baguette nicht gegessen, dann wäre noch ein Salat gegangen, ohne Sorge. Da Montag war, habe ich den Salat auch gegessen. Aber das wird mir nicht mehr passieren!

Werde einfach für die Schule lernen und zu Fuß nach Hause gehen. Ich will auf meine 45 kg, sind eh nur noch lächerliche 3 kg. Schon allein der Gedanke, ich würde 54 kg haben oder noch mehr, da krieg ich echt Panik. Das ist ein Gedanke, den ich nicht aushalte. Geht nicht, da bin ich ganz stur, ich will das nicht. ■

Durch die Unterdrückung der körperlichen Bedürfnisse wird gleichzeitig das eigene Gefühlsleben verleugnet und damit die Vielschichtigkeit des Lebens reduziert und überschaubar gemacht. Die Beschäftigung mit dem (Nicht-)Essen strukturiert und füllt den Tag und ist, zumindest am Anfang, eine dankbare Aufgabe. Es vermittelt den Jugendlichen das Gefühl, sich kontrolliert und erwachsen zu verhalten.

Die Befriedigung beim Sieg über die Versuchung führt zu einem Gefühl der Macht und kann sich zu einem Rausch steigern. Verstärkt wird dies durch körperliche Stressreaktionen, wie die Ausschüttung von Endorphinen. Eigentlich soll der Körper damit in einer bedrohlichen Situation zum Widerstand befähigt werden, erlebt wird die Ausschüttung der sogenannten »Glückshormone« als Belohnung und Verstärkung.

SILJA Wenn es zumindest zwei Arten von Menschen geben könnte: Die eine, die isst, und die anderen verzichten vollkommen auf Nahrung und führen so ihr Leben.
Kalorien brauche ich nicht. Kalorien will ich nicht. Ich kann auch so funktionieren. Es ist Zeitverschwendung zu kochen und dann zu essen. Warum denn auch, wenn es mich nicht interessiert und mir sowieso nicht schmeckt.
Ich schütte mir meinen Kaffee einfach runter, fresse meine Reiswaffel, saufe Tee, stopfe Obst in mich hinein, gehe regelmäßig schwimmen und beim Studieren an der Uni vergesse ich dann alles und lebe das Leben dort. In einer Welt voller Wissen, wo nur Wissen herrscht: keine Gefühle, nur Theorie und geballtes Wissen, das darauf wartet, gelernt zu werden, erfahren zu werden, und das dann beim Test niedergeschrieben wird. ■

Da die körperlichen Bedürfnisse jedoch nicht dauerhaft verleugnet werden können, währt das positive Gefühl nur kurz und schlägt bei Versagen sogar um in Selbstvorwürfe und -bestrafungen, bis hin zu regelmäßigen Selbstverletzungen und depressiven oder gar suizidalen Gedanken (siehe die Kapitel dazu).

Der Anspruch an Selbstbeherrschung in Bezug auf Essen geht oft einher mit einem Drang nach Perfektion in anderen Bereichen wie Schule oder Ausbildung. Dies erleben die Eltern als positiv, es ist durchaus erwünscht, und die Zwanghaftigkeit oder andere Auswirkungen des Perfektionismus sowie die verminderte Nahrungsaufnahme fallen spät oder gar nicht auf.

SILJA Für heute ist alles durch und durch geplant. Der Tagesplan beinhaltet mein Lernpensum, Essensmenge und -art. Ich finde es besser, wenn ich mit Plan den heutigen Tag lebe. Denn schließlich habe ich ein Ziel und möchte es auch erreichen. Ich könnte es ja wie die anderen machen, keinen Plan und einfach irgendwie und ohne viel Mühe, aber dann ist es der einfachere Weg und das möchte ich nicht. Das könnte ich nicht mit meinem Verstand und der Vernunft gutheißen. ■

Die Selbstkontrolle und der Fleiß führen am Anfang zu Erfolgserlebnissen und damit zu elterlicher oder anderer sozialer Anerkennung durch Lehrer, Mitschülerinnen, Verwandte und Bekannte. Diese positiven Rückmeldungen spornen die Jugendlichen zu noch mehr Leistung an. Doch irgendwann kann der junge Mensch den eigenen und den Ansprüchen der anderen nicht mehr genügen und setzt sich selbst mehr und mehr unter Druck. Der Einstieg in einen Teufelskreis beginnt. Mit ständig steigenden Erwartungen und sich häufenden negativen Ergebnissen steigern sich die Anstrengungen immer weiter, und damit wird ein realistischer Umgang mit den eigenen Vorgaben immer unwahrscheinlicher. Der Blick aufs Essen erhält noch mehr Bedeutung, weil hier immer wieder kurzfristig Erfolge zu erzielen sind; eine »Dosissteigerung« – noch weniger essen, noch mehr Sport treiben – ist vorprogrammiert.

Abgleiten in die Krankheit

Die inneren und äußeren Veränderungen gehen langsam vonstatten, schleichend verschieben sich die Prioritäten und den Jugendlichen ist nicht bewusst, dass sie auf dem Weg sind, in eine Krankheit abzugleiten.

ELLEN Ich glaube, wenn ich so recht drüber nachdenke, ist schon so einiges eigenartig. Wenn meine Mutter fragt, was ich gegessen hab, dann lüg ich ganz oft. Aber Magersucht? Das hört sich so hart an, dass ich's gar nicht schreiben mag. Das mit dem Kalorienzählen ist auch so eine Sache. Früher waren es mal 1500, die ich mir »erlaubt« hab, jetzt sind es irgendwie nur noch 300–400, aber wie gesagt, wenn man sich Magersüchtige so anschaut ... so sehe ich nun wirklich nicht aus.
Zwar drehen sich fast all meine Gedanken ums Essen oder Nichtessen, aber denkt nicht jeder Mensch oft daran? ■

Wenn zu Anfang noch gewisse Zweifel aufblitzen, weicht das bald der Leugnung der Probleme mit dem Essen, obwohl die Beschäftigung mit dem Kalorienzählen und Hungern schon längst den Alltag beherrscht. Sie ist zur Sucht geworden.

Die Störung kann sich in einer reinen Magersucht zeigen oder in einer Esssucht mit nachfolgendem, vorsätzlich herbeigeführtem Erbrechen, manchmal folgen diese Formen auch aufeinander.

Zuerst leiden die Betroffenen unter einem ständigen und quälenden Hungergefühl. Sie denken permanent ans Essen, manche kochen und backen für die Familie, essen selbst jedoch nur nach den strengen Kriterien, die sie sich auferlegt haben. Dies erfüllt die Betroffenen mit einem Gefühl von Macht, Überlegenheit und Stärke und demonstriert ihre Unabhängigkeit. Dieses Gefühl schlägt jedoch bald um in Ohnmacht und Selbstanklage.

EIDECHSE Wenn du erwachst und mit jeder Faser deines Körpers spürst: Nichts hat sich geändert. Du bist immer noch der gleiche Mensch von gestern, mit den gleichen Sorgen, den gleichen Gedanken. Du quälst dich ins Bad, denn du weißt, dass dort jemand Grässliches auf dich wartet. Dein Spiegelbild. Eigentlich willst du deine Augen davor verschließen, doch diese erschreckende Hässlichkeit erlaubt deinem Blick nicht, sich abzuwenden. Du siehst nicht, wie wenig von dir überhaupt noch da ist. Noch lebt. Du siehst nichts als Fett. ■

Allmählich geht das Gefühl von Hunger und auch von Sättigung verloren und damit auch jedes Maß für das, was der Körper braucht und wie er wirkt. Das Selbstbild ist verzerrt, das heißt, dass die Jugendlichen sich immer noch zu dick finden, auch wenn sie in Wirklichkeit vielleicht nur noch aus Haut und Knochen bestehen. Diese Körperschema-Störung ist Teil der Krankheit und für Eltern nur schwer zu verstehen. Es beginnt ein quälender Kampf um jedes Gramm Körpergewicht, dem mit Argumenten nicht beizukommen ist. Selbst wenn ein Mädchen realisiert hat, dass sie sich selbst schadet, so kann sie doch nicht mehr davon lassen.

Ist die Krankheit so weit fortgeschritten, setzen die Mädchen meist alles daran zu verbergen, wie wenig sie essen und auch wie dünn sie geworden sind. Sie entwickeln Methoden, wie sie Essenssituationen umgehen können, lügen bei Nachfragen, dass sie schon gegessen hätten bzw. täuschen es vor, indem sie Geschirr benutzt aussehen lassen oder öfter an den Kühlschrank gehen und so tun, als ob sie sich etwas zum Essen holen. Dieses Verhalten zeigen sie auch bei Freunden. Sie vermeiden Verabredungen, bei denen gegessen wird, oder erfinden Ausreden. Im weiteren Verlauf kann der Wunsch, das Nichtessen bzw. den großen Gewichtsverlust zu verbergen, zu einem sozialen Rückzug führen. Dieser hat seinen eigenen Preis:

EIDECHSE Gib die Hoffnung auf. Du wirst bald wieder erwachen und spüren, dass sich nichts geändert hat.
Du bist immer noch klein und fett und hässlich. Ein Versager. Ein Nichtskönner.
Es ist schön, wenn man geliebt wird, wie man ist.
Aber du – vergiss es. Dich wird nie jemand lieben. ■

Psychisch kann dies von dem Wunsch begleitet sein, sich völlig aufzulösen, von der Erde zu verschwinden. Die selbstverneinende Haltung gipfelt nicht selten in immer häufigeren Selbstverletzungen, aus der Hoffnung heraus, sich überhaupt noch zu spüren.

Magersüchtige Mädchen tragen vermehrt weite Kleidung oder hüllen sich in mehrere Lagen, zum einen, um mehr Körperfülle vorzutäuschen, zum anderen, weil sie fast immer frieren. Körperliche Nähe wie Umarmungen sind ihnen unangenehm, sie lassen niemanden mehr an sich heran. Sport in der Gruppe, Schwimmbad- oder Arztbesuche werden zum Problem und weitestgehend vermieden.

JULY Keine Berührungen zulassen zu können, das ist so eine Sache. Das ist typisch für Leute, die sich ritzen oder magersüchtig sind. Das liegt daran, dass Ritzer das Gefühl haben, dass man die Schnitte durch die Kleidung spüren kann, und Magersüchtige, dass man eben merkt, wie dünn sie sind. Geküsst oder geknuddelt werden ist so, als würde man mit der Haut an Feuer kommen und sich verbrennen. Wir haben zwar ständig Sehnsucht danach, aber letztendlich halten wir es nicht aus, und es ist Erfahrungswert, es dann einfach ganz sein zu lassen. Es ist irgendwie total unangenehm. Als meine Mum das mal bei mir gemacht hat, haben sich bei mir alle Schleusen geöffnet und ich hab nach ewiger Zeit mal wieder geweint. ■

Wenn Ihnen solche Verhaltensweisen auffallen, fragen Sie nach. Versuchen Sie nicht, Ihre Tochter zum Essen anzuhalten oder gar zu zwingen. Dies führt nur dazu, dass sie sich noch mehr Mühe geben wird, alles zu verschleiern. Sie müssen akzeptieren, dass Sie keinen direkten Einfluss auf das Essverhalten Ihrer Tochter haben, und den Zustand der Machtlosigkeit auf diesem Gebiet aushalten. Sinnvoller ist es, die vorhandenen unerfüllten Sehnsüchte Ihres Kindes anzusprechen. Versuchen Sie, in Kontakt zu kommen, und machen Sie Beziehungsangebote. Sprechen Sie von Ihren Beobachtungen und den Befürchtungen, die sie haben. Es kommt jetzt darauf an, den richtigen Ton zu treffen, wenn Eltern ihr Kind erreichen wollen.

Sie brauchen zudem Ausdauer, Geduld und die richtige Strategie. Therapeutische Hilfe, vielleicht sogar ein stationärer Klinikaufenthalt in einer auf Essstörungen spezialisierten psychosomatischen Klinik, erhöhen die Erfolgschancen für eine Heilung. □

Wie bei anderen Süchten denken Magersüchtige, dass sie jederzeit aufhören können. Es gibt zwiespältige und widersprüchliche Tendenzen in ihrem psychischen Empfinden. Sie genießen die Aufmerksamkeit und verweigern gleichzeitig jede Annäherung. Sie sind sehr hilfebedürftig und lehnen gleichzeitig jede Hilfe ab. Es ist ihre größte Angst, das letzte Stück Souveränität zu verlieren, den letzten Bereich, in dem sie sich kompetent fühlen und Kontrolle haben. Sie müssen erst wieder lernen, sich fallen zu lassen, dem Zwang zum Kalorienzählen, zur Gewichtskontrolle und zum Abnehmen nicht nachzugeben. Es fällt ihnen schwer, die vermeintliche Kontrolle über ihr Leben aufzugeben und auf eine gesunde Weise Verantwortung für sich und ihr Leben zu tragen. Druck, Schimpfen, Sich-lustig-Machen oder gar Gewalt erleben sie zu diesem Zeitpunkt als erheblichen Übergriff in ihren ureigensten Bereich. Als Reaktion erfolgt oft sogar noch mehr vom problematischen Verhalten.

KAJA Ich muss mehr Sport auch in den Alltag einbringen. Das heißt, heute fahre ich nicht mit dem Bus heim, ich gehe zu Fuß. Ich muss mich heute konzentrieren, nicht zu essen. Vier Bananen habe ich mit in der Schule. Würde ich kein lautes Magenknurren haben, wenn ich nichts esse, dann würde ich eh nichts essen. Kann ja nicht die ganze Klasse mit meinem lauten Magenknurren unterhalten. ■

Um die Gewichtsabnahme gezielt voranzutreiben, nutzen betroffene Jugendliche auch andere Mittel. Sie treiben exzessiv Sport, verrichten viele Wege zu Fuß oder mit dem Rad, sie nehmen Appetitzügler, Entwässerungstabletten, Abführmittel und verlieren jegliches Gefühl dafür, was ihr Körper braucht. Durch diesen Raubbau leiden magersüchtige Menschen meist unter Kreislaufbeschwerden, Müdigkeit, Durchblutungsstörungen, Magen-Darm-Beschwerden, an Konzentrationsmangel und Muskelschwäche. Durch den Mangel an lebensnotwendigen Stoffen können nach einiger Zeit Herzschädigungen,

Nierenschäden, Knochenschwund und Zahnausfall die Folge sein. Hormonelle Veränderungen bewirken eine trockene Haut, brüchige Fingernägel, Haarausfall, Störungen des Zyklus bis zum Ausbleiben der Regel und Wachstumsstörungen.

Spätestens wenn Depressionen, selbstverletzendes Verhalten und Suizidgedanken ein bedenklich niedriges Gewicht begleiten, helfen nur noch Aufenthalte in speziellen Kliniken; eine Einweisung auch gegen den Willen der Betroffenen ist ratsam. Auch wenn dieser Schritt schwerfällt und die Beziehung zunächst weiter belastet wird: Magersucht ist eine schwere Erkrankung, 10–15 Prozent der Betroffenen sterben an der Anorexia nervosa und ihren Folgen (Infektionen, Herz-Kreislauf-Erkrankungen, Organversagen, Suizid). Die Behandlung einer Magersucht gehört in die Hände von Profis – je früher, desto besser sind die Chancen auf Heilung. Eltern sollten ihr Kind ermutigen, möglichst früh Hilfe zu suchen, zunächst ambulant, im Zweifelsfall auch stationär.

Ess-Brech-Sucht (Bulimie)

Bei der Ess-Brech-Sucht wechseln sich Hungern und Kalorienzählen mit »Fressattacken« ab, die danach durch herbeigeführtes Erbrechen ungeschehen gemacht werden sollen. Exzessiver Sport oder Abführmittelmissbrauch sowie die überzogenen Leistungsansprüche, die wir von Magersüchtigen kennen, gehören auch hier zum Störungsbild. Zu den Folgen einer Mangelernährung können Schädigungen der Speiseröhre und des Zahnschmelzes durch das häufige Erbrechen kommen.

JULY Wenn ich einen Fressanfall habe, kann ich das schlecht verhindern. Also, das passiert schon von allein, und wenn nicht, dann zwingt mich mein Gewissen.

Einfach aufhören – das klingt so banal. Genau das packe ich eben nicht. Ich hab es probiert. Aber die Fressanfälle kommen eben doch einfach. Meine Therapeutin hat schon einmal versucht, mein Essverhalten zu stabilisieren. Beziehungsweise wir beide. Aber ich habe es nicht geschafft. Wenn ich anfange zu essen, kann ich nicht mehr aufhören. Genauso ist es jedes Wochenende. Und dann hab ich wieder zugenommen. Das halte ich nicht aus, werde depressiver. Wenn ich hungere, geht es mir, so beschissen es auch klingt, besser.
Die körperlichen Schäden schrecken mich nicht ab. Ich habe angefangen zu kotzen, weil ich mich zerstören wollte. Und dieser Aspekt hat sich dabei nicht geändert. Ich glaube auch gar nicht, dass es demnächst so sein wird, dass ich daran verrecke. ■

Bulimische Menschen halten häufig ein mittleres Gewicht und sind deshalb nicht am Körperbau erkennbar. Diese Essstörung zeichnet sich nicht hauptsächlich durch extreme Magerkeit aus, sondern wird durch das abweichende Essverhalten und die Begleiterscheinungen definiert.

Die besondere Gefahr bei der Bulimie ist, dass manche Menschen Jahre mit Essattacken und Erbrechen, mit Kalorienzählen und exzessivem Sport verbringen, ohne durch extreme Gewichtabnahme aufzufallen. Sie leiden unter quälenden Selbstzweifeln, und jeder Tag ist geprägt vom Kampf ums (Nicht-)Essen. Gerade in jenen Jahren, in denen es darauf ankommt, einen schulischen Abschluss und eine Ausbildung zu vollenden, wird hier viel Kraft und Energie verschwendet, die die jungen Menschen für andere Belange gebrauchen könnten.

Häufig leiden auch die sozialen Beziehungen unter der Krankheit. Das gemeinsame Essengehen oder Kochen wird zur Gratwanderung, da niemand das nachfolgende Erbrechen bemerken soll. Meist vermeiden die Betroffenen solche Treffen und ziehen sich mehr und mehr zurück. Freundschaften und Partnerschaften werden geopfert, weil die Heimlichkeiten zu anstrengend sind.

SOLA Ich hatte schon nach der vierten Stunde aus, bin aber noch drei Stunden länger in der Schule geblieben. Hier zu Hause essen und k***, aber es geht nicht. Es geht einfach nicht. Mann, dieser sch*** K***reflex ist dermaßen im Ar***. Hab gerade erst mal dreißig Entwässerungstabletten, zwanzig Abführkapseln und zwanzig andere Abführtabletten, keine Ahnung, wie die heißen, genommen. Aber ich weiß, dass die auch nichts bringen. Ich weiß nicht, werde ich vielleicht nur beachtet werden, wenn ich tot bin?!

Wer interessiert sich denn schon für mich? Niemand. Das soll jetzt auch nicht so klingen, als würde ich gerade im Selbstmitleid versinken; es ist einfach anscheinend so. Aber es ist doof, dass es so ist. Ich fühle mich gerade richtig, richtig, richtig schlecht, einsam und hab keine Lust mehr aufs Leben. ■

Wenn Ihnen an Ihrer Tochter also die beschriebenen Umgangsweisen oder auch einige Folgeerkrankungen auffallen, dann lassen Sie sich nicht durch ein ausreichendes Gewicht beruhigen. Teilen Sie ihr Ihre Beobachtungen und Sorgen mit, suchen Sie das Gespräch mit ihr. □

Binge Eating

Die Binge-Eating-Störung (to binge = schlingen, ein Gelage abhalten) zeichnet sich durch extreme Heißhungerattacken aus.

LIVE Ich hasse mich! Ich bin einfach zu schwach. Ich kriege es einfach nicht hin. Ich bin so blöd. Ich weiß genau, dass es mir nicht gut tut, aber ich kann mit meinen Gefühlen nicht anders umgehen. Ich kann meine Gefühle einfach nicht zeigen. Dafür stopfe ich alles in mich hinein ... ich stopfe und stopfe, bis ich mich ekelig und fett fühle. Ich bin einfach zu schwach. Mein Leben hat mich im Griff und nicht ich habe mein Leben im Griff. ■

Die Menschen verlieren die Kontrolle über ihr Essverhalten und nehmen in kürzester Zeit Unmengen von Speisen zu sich. Hunger- und Sättigungsgefühl sind außer Kraft gesetzt. Diese »Fressorgien« sind Selbstbelohnungen, oft fühlen sich die Betroffenen einsam und ungeliebt. Die Hochstimmung schlägt aber sofort nach Beendigung in Scham und Selbsthass um. Dies kann sich ausweiten zu fortdauernden Selbstbestrafungen und -verletzungen, Depressionen, sozialem Rückzug und zur Suizidgefährdung.

Anders als Bulimikerinnen führen die von Binge Eating Betroffenen kein Erbrechen herbei und versuchen nicht, die Kalorienzufuhr durch viel Sport auszugleichen. Dadurch nehmen sie stark an Gewicht zu, mit allen körperlichen Folgen und Erkrankungen, die starkes Übergewicht auslösen kann: Herz-Kreislauf-Erkrankungen (Bluthochdruck, Schlaganfall, Herzinfarkt), Gelenkleiden, Wirbelsäulenschäden, Diabetes mellitus.

Da die Heißhungerattacken den Betroffenen peinlich sind, ist es schwer, mit ihnen darüber ins Gespräch zu kommen. Leichter ist es, die negativen Gefühle wie Einsamkeit, Langeweile und Stress anzusprechen, die von vielen Betroffenen als Auslöser der Attacken beschrieben werden.

Wenn die Essstörung schon weit fortgeschritten ist, fällt ein Ausstieg sehr schwer und ist den Betroffenen meist nicht mehr ohne Hilfe möglich. Für die Eltern ist diese Aufgabe nicht zu meistern. Da die jungen Menschen zunächst keine Einsicht in den krankhaften Charakter haben und die Störung sehr lange leugnen, sollten Eltern professionelle Hilfe einschalten. Manchmal besteht Einsicht, die Scham ist jedoch oft so groß, dass den Eltern gegenüber die Krankheit nicht zugegeben wird. Der schwierigste Part ist, eine Zusammenarbeit mit den Jugendlichen zu erreichen. Eine professionelle Hilfe ist in jedem Fall unausweichlich und ab einem bestimmten Punkt nur noch stationär möglich.

ADA Seit ich aus der Klinik draußen bin, bin zum Glück endlich auch von meinem Exfreund losgekommen, war keine schöne Zeit.

Ich habe mittlerweile einen BMI unter 15, meine Eltern sind ziemlich am Ende, da ich volljährig bin und sie quasi nix unternehmen können. Ich merke auch sehr, wie unzufrieden ich selbst mit allem bin und dass es nicht besser, sondern dass alles schlimmer wird.

Ich würde gerne wieder ein Leben haben wollen, das nicht nur von Essen bestimmt ist, ein Leben mit etwas mehr Lebensfreude und nicht immer nur Gedanken ans Essen. ■

Manche Jugendliche suchen von allein nach Hilfen, verbergen dies jedoch so lange wie möglich vor den Eltern, weil es ihnen peinlich ist oder auch, weil sie dies als ihr Problem betrachten, das die Eltern nichts angeht. Wenn Eltern von einer Therapie erfahren, sollten sie diese unterstützen (weitere Hinweise finden sich im Kapitel zu Therapiewünschen).

Nach Bekanntwerden einer Essstörung liegt häufig die Aufmerksamkeit auf der betroffenen Person bzw. ihrem Essverhalten. Den Erkrankten ist das unangenehm, sie hassen es, beobachtet oder kontrolliert zu werden. Die Eltern machen sich oft Vorwürfe, schuld zu sein oder nicht genügend auf ihr Kind geachtet zu haben. Gefühle von Hilflosigkeit, Angst und auch Zorn wechseln sich ab. Das Essen und die Störung sind Inhalt vieler Gespräche in der Familie. Es ist nicht leicht, wieder eine Normalität herzustellen.

ZWEISAM Aber bei einer ambulanten Therapie habe ich irgendwie Angst, weil ich ja trotzdem oft hier zu Hause sein werde mit den Gedanken, die ich momentan öfter hab, und weil meine Mutter wahrscheinlich von der ES erfahren würde und ich nicht wüsste, wie ich diese Situation tagtäglich überstehen sollte. Wenn ich mir das vorstelle: Ich weiß, dass sie weiß, dass ich ziemlich viel gegessen habe und dann rausgehe ... oder sie mich kontrollieren möchte ... Ich würde mich doch tagtäglich erneut in Grund und Boden schämen ...

Und hier zu Hause versuchen, normal zu essen, ist irgendwie unmöglich, weil wir nicht zusammen essen, weil meine Mutter selbst ein merkwürdiges Essverhalten hat, weil ich die meiste Zeit des Tages allein bin.

Versuchen Sie, Interesse an der Person und der Situation Ihrer Tochter zu zeigen. Fragen Sie nach ihrem Leben und ihren Gefühlen. Behandeln Sie sie nicht wie ein rohes Ei und schließen Sie sie nicht aus dem Familienleben aus. Zeigen Sie Ihrem Kind, dass Sie es lieben, egal, was es leistet oder was es isst. Hilfreich zum Umgang mit eigenen Schuldgefühlen, vielleicht auch mit Wut oder Angst, ist eine eigene therapeutische Unterstützung. Denken Sie auch an sich!

Eine Therapie ist schwierig und langwierig, die Rückfallquoten sind hoch. Die besondere Schwierigkeit liegt daran, dass man nicht, wie bei anderen Süchten, dem Suchtmittel oder der Versuchung aus dem Weg gehen kann. Das Essen gehört zum Leben, es muss neu gelernt werden. Die Wahrnehmung des eigenen Körpers, seiner Bedürfnisse und seines realen Aussehens ist verloren gegangen. In der Therapie setzen sich die Jugendlichen zudem mit den zugrunde liegenden Unsicherheiten und Ängsten auseinander und erlernen neue Strategien im Umgang mit Anforderungen.

Eltern brauchen Geduld und Ausdauer, bis ihr Kind diese Störung überwunden hat. Sie können es aber nur begleiten – die Verantwortung und den Kampf ums Gesundwerden müssen die Jugendlichen selbst übernehmen. Auch wenn die Autonomiewünsche fehlgeleitet sind, so haben sie ihre Berechtigung, und auch wenn Eltern versuchen, sich besonders um ihr »krankes« Kind zu kümmern: Ablösung und Verselbstständigung bleiben die übergeordnete Aufgabe und das angestrebte Ziel.

Komasaufen, Kiffen und noch viel mehr: graue Tage bunt getüncht

»Ich will heute nichts trinken und bin schon sehr nervös. Ich hoffe, ich schaffe das.« Wenn das eine 17-Jährige über ihren Alkoholkonsum sagt, dann ist es höchste Zeit einzuschreiten. Doch: Solche Sätze werden vielleicht der besten Freundin gesagt, aber bestimmt nicht den Eltern. Erschwerend kommt hinzu, dass beim Alkohol oft viel Toleranz in den Familien herrscht und hoher Konsum eher bagatellisiert wird, solange keine unmittelbaren Probleme auftreten: »Mein Cousin säuft ziemlich oft, das fällt schon auf, aber es liegt halt auch bei uns in der Familie.«

Ähnlich unauffällig bleiben zunächst oft nicht stofflich gebundene Süchte. Eltern brauchen lange, bis ihnen das Verhalten ihres Kindes in diesem Sinn auffällt. Neben Spielsüchten (siehe das Kapitel zu den Neuen Medien) betrifft das beispielsweise Essstörungen oder auch das selbstverletzende Verhalten (vgl. dazu die gesonderten Kapitel).

Während Alkoholprobleme und nicht stoffliche Süchte häufig erst spät wahr- oder ernst genommen werden, löst das Kiffen meistens schnell elterliche Reaktionen aus, zu groß sind die Unsicherheiten: Was tun? Wie reagieren? Warum tut mein Kind so etwas überhaupt?

Kiffen

Warum ein Jugendlicher kifft, ist gar nicht so schwer zu erklären, denn Kiffen verändert die eigene Wahrnehmung positiv und die Begleiterscheinungen des »Rausches« sind – anders als beim Alkohol – kaum negativ. Die eigene Stimmung wirkt aufgehellt, das Leben wirkt leichter.

BONBON Im Ernst: Kiffen ist fein, solange man kein Suchti wird! ■

Sorgen und Ängste treten in den Hintergrund oder verflüchtigen sich völlig. Konsumiert wird außerdem fast immer in Cliquen. Alle fühlen sich miteinander verbunden, das soziale Leben fühlt sich harmonisch an.

GOLD Warum man kifft? Ich kann nur für mich antworten: Gruppenzugehörigkeit, Langeweile, Sorgen vergessen, Spaß haben ... ■

Bei anderen spielt Neugierde genauso eine Rolle wie der Reiz des Verbotenen.

YARUN Ich kiffe in erster Linie aus Neugier. Ich bin lebenshungrig, experimentierfreudig und will alles ausprobieren. Zwar war am Anfang der Rausch kaum zu spüren, aber die Atmosphäre und das Bewusstsein, etwas Außergewöhnliches und Geheimes zu tun, glichen das aus. ■

Das Kiffen führt zu angenehmen Gefühlen, die Realität wird als weniger belastend erlebt und so reduziert sich während der Wirkung das persönliche Stresserleben. Der Jugendliche wirkt in dieser Zeit gelassen und entspannt – es gibt immer was zu lachen. Ein solches Empfinden ist natürlich sehr reizvoll.

Cannabis als Stoff führt nicht automatisch in eine körperliche Abhängigkeit. Es kann also durchaus sein, dass Jugendliche nur hin und wieder kiffen, eben zu besonderen Gelegenheiten. Rund 35 Prozent aller Jugendlichen haben Erfahrungen mit dem Kiffen, Jungen doppelt so häufig wie Mädchen.

Gleichwohl kann eine psychische Abhängigkeit entstehen, die dazu treibt, sich regelmäßig und in kurzen Abständen das Leben »schöner und leichter« zu machen. Mehrmaliges Kiffen täglich kann die Folge sein.

Riskant wird der Cannabiskonsum dann, wenn folgende Auffälligkeiten zusammenkommen:

- allgemeine psychische Labilität, eventuell mit depressiven Phasen;
- ein Freundeskreis, der nur noch aus der kiffenden Clique besteht;
- große persönliche Ängste und das Gefühl, kaum Perspektiven für die Zukunft zu haben;
- kritische Lebensereignisse (Unfälle, Verluste) oder sogar Traumatisierungen;
- wenig verlässliche Beziehungen in der eigenen Familie.

Durch die starken Gefühlsschwankungen in »bekifften« und »nüchternen« Phasen lassen sich Gereiztheit, Ängste und Unsicherheiten, innere Unruhe und oft auch »depressive« Einbrüche beobachten.

Wenn Sie Ihr Kind insgesamt als psychisch instabil erleben und gleichzeitig beobachten, dass es sich zurückzieht, seine Hobbys vernachlässigt und verstummt, dann sollten Sie initiativ werden. Findet gleichzeitig eine Verengung auf einen Freundeskreis statt, von dem regelmäßiges Kiffen bekannt ist, dann sollten Sie ein offenes, wenn auch behutsames Gespräch über Ihre Sorgen führen. Vielleicht schauen Sie sich gemeinsam mit Ihrem Kind mal die Internetseite der Bundeszentrale für gesundheitliche Aufklärung an: www.bzga.de.

Bei längerfristigem starkem Konsum treten Folgen wie Konzentrationsprobleme, verringerte geistige Fähigkeiten, Gedächtnislücken, Aufmerksamkeitsdefizite und Lernschwierigkeiten auf. Diese spürbaren Beeinträchtigungen, die dann zum Beispiel auch an Schulnoten ablesbar sind, lassen sich bei manchen Jugendlichen nutzen, um sie auf die Schädlichkeit ihres Konsums hinzuweisen und sie zu einer Reduzierung zu bewegen.

Hinzu kommt die Gefahr der Beschaffungskriminalität, denn Drogen sind teuer und häufiger Konsum übersteigt die finanziellen Möglichkeiten vieler Jugendlicher. Nicht selten beginnen Jugendliche dann zu stehlen, um sich durch den Wiederverkauf der Waren den Konsum zu finanzieren, oder sie fangen an zu dealen, also selbst als Zwischenhändler aufzutreten.

Verbote und verschiedenste Androhungen den Heranwachsenden gegenüber zeigen meistens wenig Wirkung.

YARUN Ich finde Verbote in jedem Fall nicht sinnvoll, weil sie das Vertrauen untergraben und dafür sorgen, dass man sich mit Problemen aus Angst vor Strafe erst gar nicht an die Eltern wendet. Am Kiffen hindern sie aber niemanden. ■

Drogenprobleme verweisen häufig auf fehlende Lebensperspektiven und auf instabile soziale Beziehungen.

YARUN Ich brauchte ein Ziel in meinem Leben, eine Beschäftigung, ich musste aktiv sein. Meiner Meinung nach ist die beste Suchtprophylaxe, sich vielseitig zu engagieren und einen Traum zu haben. ■

Die Empfehlung, die sich daraus ableiten lässt, ist eindeutig: Helfen Sie Ihrem Kind, Interessen und Perspektiven für sein zukünftiges Leben aufzubauen.

Konsummuster in der eigenen Familie

Kiffen wird nicht von allen Erwachsenen als problematisch angesehen. Die jüngere Elterngeneration kennt es aus der eigenen Jugend, dass so manche Party erst einmal mit einem Joint begonnen wurde. Alles halb so wild also, schließlich ist aus uns ja auch etwas geworden?

Ja, für einen Großteil junger Menschen gilt das wohl wirklich: Der Drogen- und Alkoholkonsum hält sich in Grenzen und variiert über die Lebensphasen hinweg in einem unproblematischen Rahmen. Und doch beschäftigt es die Eltern, wenn ihre heranwachsenden Kinder mit dem Kiffen oder Trinken beginnen. Welchen Konsum erlaube ich? Ab wann greife ich ein? Wie erkenne ich ein »Konsummuster«, das an der Schwelle zum »Missbrauch« oder womöglich längst darüber liegt?

Jede Gesellschaft und jede Familie hat ihre Drogen und die

entsprechenden Konsummuster. Kinder und Jugendliche werden in diese »Drogenkultur« hineinsozialisiert. So erleben sie meist schon früh, dass es in einer Gaststätte durchaus vorkommen kann, dass eine erwachsene Person – vorrangig ein Mann – völlig betrunken über einen Stuhl stürzt, was meistens lediglich zu allgemeinem Gelächter führt. Zuweilen wird auch noch behauptet, Alkohol in Maßen (»jeden Abend ein Glas Rotwein«) fördere die Gesundheit, wofür jeder nachprüfbare Beleg fehlt.

Überlegen Sie einmal, welche Drogen in Ihrer Familie wie konsumiert und bewertet werden: Wer nimmt wann welche Medikamente ein, Schmerzmittel oder Stimmungsaufheller etwa? Wer raucht? Wer trinkt wann wie viel Alkohol? Wer kifft? Wer erzählt auf welche Weise »unterhaltsame« Anekdoten über den eigenen Drogenkonsum? □

Im Umgang mit Drogen sollten wir Erwachsenen jedenfalls nicht »scheinheilig« tun. Wir sind es, die unseren Kindern den Umgang mit Drogen aller Art vermitteln. Und Kinder und Jugendliche durchschauen uns schnell, wenn wir etwas anderes fordern, als wir selbst leben. Das zeigt sich deutlich in der Anonymität der Online-Beratung: Die Sorgen, die Jugendliche bezüglich des Umgangs mit Alkohol umtreiben, betreffen oft nicht zuerst sie selbst, sondern ihre Eltern.

Trinkverhalten der Eltern

Für Heranwachsende ist die Begegnung mit Drogen zunächst nicht nur »cool«, Drogen schrecken durchaus auch ab. Drogenkonsum anderer kann Angst machen, etwa wenn der Vater abends oder am Wochenende mit der Anzahl der Biere immer aggressiver wird. Drogen konsumierende Eltern verursachen also erst einmal bei vielen Heranwachsenden Sorgen und Ängste. Und sie haben durchaus ein Gespür dafür, wenn »etwas« nicht stimmt.

SCHNECKE Ich habe momentan eine Riesenangst um meine Mutter. Letztes Jahr war sie schwer krank, überhaupt gab es in den letzten sechs Jahren viele Vorfälle, die uns sehr mitgenommen haben. Seit einigen Jahren trinkt sie sehr viel Alkohol. Jetzt frage ich mich, ab wann man ein Alkoholiker ist. ■

Diese Frage von »Schnecke« lässt sich klar beantworten: Wer jeden Tag Alkohol trinkt, scheint in einer gewissen Abhängigkeit vom Stoff zu stecken. Beträgt die konsumierte Menge mehr als 0,7 Liter Bier oder 0,4 Liter Wein, dann ist das eindeutig gesundheitsschädigend. Wer also dauerhaft oder in bestimmten Phasen stark trinkt, der hat ein ernst zu nehmendes Alkoholproblem.

Auffällig ist es, dass sich Jugendliche vorrangig dann Sorgen machen, wenn es die Mutter ist, die zu viel trinkt. Trinken gilt bei Männern als »normaler« und wird lange Zeit nicht als abweichendes oder problematisches Verhalten erlebt. Da Mütter aber oft mehr Zeit mit den Kindern verbringen und auch die emotionaleren Parts in der Familie übernehmen, gilt ihr Alkoholkonsum für die Kinder als besonders bedrohlich. Die emotional hohe Bindung zu den Eltern führt zu Sorgen um diese, die Abhängigkeit von ihnen sorgt aber auch für ein eigenes Bedrohungsgefühl.

MITTERNACHTSSONNE Meine Mutter trinkt, wenn auch nicht oft. Nur wenn, dann richtig. Das läuft dann immer aus dem Ruder und wir streiten uns und sie geht auf mich los. Warum regt sich meine Mutter immer so auf, wenn sie getrunken hat? Warum schlägt sie dann, wo sie doch sonst nicht schlägt? Soll ich weggehen oder mit ihr sprechen oder was? ■

Mit übermäßigem Drogenkonsum in einer Familie wird das Zusammenleben »unberechenbar«. Es treten Verhaltensirritationen auf. Kinder müssen sich ihren Eltern gegenüber anders verhalten, wenn diese getrunken haben. Aber wie? Was unter nüchternen Bedingungen unproblematisch zu sein scheint, wird in angetrunkenen Zuständen zu einem Problem, die Aggressionen nehmen zu. Oft begegnen die Jugendlichen dem trinkenden Elternteil mit einer ganz besonderen Vorsicht, um ihn nicht zu provozieren. Daraus kann ein ausweichendes Verhalten resultieren.

Fällt ein Elternteil zunehmend aus bei der Bewältigung der Alltagsaufgaben, versuchen Heranwachsende oft, dessen Rolle zu übernehmen. Das führt zu einem Maß an Verantwortlichkeit, das junge Menschen noch nicht tragen können. Überforderungsgefühle setzen ein, dann aber auch Schuldgefühle, die Eltern oder die Familie nicht »retten« zu können, alleinzulassen.

Nicht selten versuchen ältere Geschwister, die jüngeren zu schützen. Gelingt das nicht, nehmen die Schuldgefühle auch ihnen gegenüber zu. Spätestens dann bekommt die Verantwortlichkeit dramatische Ausmaße. Die jungen Menschen haben den Eindruck, vor einem unüberwindlichen Berg von Problemen zu stehen. Das eigene Leben gerät aus den Fugen. Die Eltern werden nun in der Umkehrung der urspünglichen Rollen zu den Schwachen, die versorgt werden müssen – was in der Wissenschaft treffend »Parentifizierung« (»Verelterlichung«) genannt wird.

Ein inzwischen nicht mehr bei der (geschiedenen) Mutter lebender und mehrere hundert Kilometer entfernt wohnender junger Mann berichtet:

BIDOO Meine Mutter hat Alkoholprobleme, Geldprobleme, Wohnprobleme, Jobprobleme und Probleme mit meinem kleinen Bruder, den sie jetzt zu meinem Vater geben will. Wenn jetzt auch noch meine Schwester wegen der Ausbildung auszieht, wird sie bald ganz allein sein, dann hat sie vermutlich folgendes Problem: Sie wird ihre Traurigkeit im Alkohol ertränken und wird, denke ich, in ein tiefes Loch fallen. Ich glaube, sie unterschätzt die Situation und ist sich überhaupt nicht bewusst, dass sie dann ganz allein sein wird. ■

Der junge Mann regt über die Entfernung hinweg zahlreiche Problemlösungen an – offenbar erfolglos. So versucht er bei der Sondierung von Wohnungsanzeigen zu helfen. Gesprächsangebote an die Mutter hatte es früher bereits gegeben.

BIDOO Das mit dem Ansprechen ist so eine Sache. Einerseits traue ich mich nicht wirklich. Andererseits habe ich auch schon versucht, mit ihr über gewisse Dinge zu sprechen. Aber sie beginnt dann schnell zu weinen und dann bin ich überfordert. Ich weiß nicht, was ich tun oder sagen soll.
Auch mein Vater hat immer wieder mit ihr gesprochen. Aber wenn sie mit jemandem redet, ändert das auch nichts an ihrer Situation, da sie nichts verändert. Ich glaube, sie hat gar nicht den Willen und die Nerven, etwas zu ändern. ■

Für Heranwachsende ist es überaus schwierig, inmitten einer solchen Belastung die eigenen Gefühle in der Balance zu halten und sich ein gesundes Maß an Selbstvertrauen zu erhalten. Und bei so manchem führt das zum eigenen Trinken.

Eltern, bei denen ein Partner ein Alkoholproblem hat, sollten das Thema nicht tabuisieren und den Kindern immer wieder Gesprächsangebote machen. Das Ziel muss es sein, die Kinder deutlich spüren zu lassen, dass sie nicht verantwortlich sind für die Situation. Wichtig dabei ist, dass der trinkende Elternteil nicht moralisch abgewertet, sondern als krank und hilfebedürftig bezeichnet wird. Trotzdem liegt die Verantwortung für die Veränderung bei dem Erwachsenen. Jugendliche und junge Erwachsene sollten auch wissen, dass sie selbst Beratung und Gruppenangebote von Fachleuten oder Selbsthilfegruppen (Al-Anon) in Anspruch nehmen können, um die Situation besser zu verstehen und im Austausch mit anderen gestärkt zu werden. □

Jugendlicher Alkoholkonsum

Für die Entwicklung von Süchten sind zwar alle Menschen anfällig, aber der Umgang mit den Suchtmitteln ist größtenteils gelernt. Ein Lernprozess findet auf jeden Fall statt, denn die Begegnung mit allen in einer Gesellschaft legalisierten Drogen ist unvermeidbar. Es ist nur die Frage, ob und wie Eltern den Umgang mit Alkohol und Drogen beeinflussen.

Für legale Drogen existieren legale Märkte. Medikamente, Tabak und Alkohol sind in fast allen Alltagsbereichen präsent und werden ganz offensiv zum Kauf angeboten. Diese Produkte wurden – das sei einmal betont – ausnahmslos von Erwachsenen geschaffen, die daran verdienen (und über Steuern auch den Staatshaushalt finanzieren).

Da eine vollständige Abstinenz über die gesamte Lebenszeit hinweg eher unwahrscheinlich ist – obwohl es diese gibt! –, ist es für die meisten Menschen hilfreich, sich Konsumregeln aufzustellen. Dies gilt insbesondere für jene Rauschmittel, für die eine Person besonders anfällig zu sein scheint. Bei den meisten ist dies Alkohol.

Solche Regeln können wie folgt lauten:

- Ich nehme nie an zwei aufeinanderfolgenden Tagen Tabletten gegen meine Kopfschmerzen.
- Ich rauche nur abends und nie mehr als drei Zigaretten.
- An drei Tagen pro Woche trinke ich keinen Schluck Alkohol.
- Ich trinke nie mehr als zwei Weißbiere an einem Tag.
- In der Fastenzeit verzichte ich sowohl auf Alkohol als auch auf Zigaretten.

Jugendliche sollten darin unterstützt werden, solche Regeln auch in der eigenen Clique vertreten zu können: »Ich trinke keine hochprozentigen Alkoholika«, oder in bestimmten Kontexten entschieden zu verzichten: »Null Alkohol, wenn ich Auto fahren muss«. Regeln einhalten zu können ist eine Stärke, keine Schwäche.

Eine elterliche Regel wie die folgende ist hingegen Unsinn. Ein 15-jähriges Mädchen schreibt: »Ich darf trinken was und so viel ich will, solange ich nicht irgendeinen Scheiß baue bzw. betrunken nach Hause komme.« Diese Regel ist nicht nur absurd. Mit ihr wird das Trinken auch außerhalb des elterlichen Einflussbereichs verlegt und unter Geheimhaltung gestellt.

Regeln ermöglichen Kontrolle – und »Kontrolle« ist beim Drogenkonsum ein bedeutendes Thema. Bei den einen führen stetige innere Kontrollwünsche dazu, im Rausch endlich mal locker sein zu können, nicht immer so verkrampft. Bei anderen ist das Kontrollverhalten ein grundsätzliches Problem, nie kann »Maß gehalten« werden, immer kippt alles gleich ins Extreme – so eben auch beim Drogenkonsum. Dabei sind Kontrollverluste eigentlich für jeden Menschen unangenehm, auch wenn sie anschließend mit dem Drogenkonsum »begründet« werden: »Das lag ja bloß daran, dass ich zu viel getrunken hatte.«

Jugendliche Alkoholexzesse werden häufig »wie Heldengeschichten« erzählt und erst einmal nicht als problematisch eingeschätzt. Doch spätestens wenn Ihr Kind nicht mehr genau weiß, was eigentlich passiert ist, oder gar im Koma ins Krankenhaus eingeliefert wurde, ist Zeit für ein ernsthaftes Gespräch. Gerade beim ersten lebensbedrohlichen Zustand ist die Chance, die Jugendlichen zu erreichen, am höchsten. Auch wenn sie es vielleicht nicht zugeben, so ist die Erfahrung des völligen Blackouts und der Lebensbedrohung ein Schock. Häufig reagieren die Freunde in der bedrohlichen Situation erst spät oder gar nicht und die Polizei oder Passanten rufen den Rettungswagen. Hier können Eltern gut ansetzen, indem sie den Jugendlichen vor Augen führen, dass sie bei Kontrollverlust völlig auf Hilfe anderer angewiesen sind – die nicht garantiert ist.

Wenn Polizei oder Krankenhaus ins Spiel kommen, empfiehlt es sich in jedem Fall, professionelle Hilfe in Anspruch zu nehmen. In vielen Städten gibt es Programme für gefährdete Jugendliche. Hier wird in der Lebenswelt der Jugendlichen angesetzt, Erlebnispädagogik und Gruppenangebote sind Bestandteil der Programme. Dahinter steckt das Ziel, Anregungen für sinnvollere Freizeitbeschäftigungen zu geben und Alternativen zu bieten beim Umgang mit Frust oder Gruppendruck.

Komasaufen

Das sogenannte Komasaufen wird seit Jahren heftig diskutiert. Zweifelsohne handelt es sich dabei um ein Verhalten, dem gegengesteuert werden muss. Das beginnt schon bei Angeboten von Gaststätten zum »Flatrate-Saufen«. Auch ein (nächtlicher) Verkauf von Alkohol an Tankstellen gehört dazu. Die gemeldeten Fälle Jugendlicher,

die nach Alkoholkonsum ins Koma gefallen sind, steigen seit Jahren. Ob das Ausdruck eines veränderten Trinkverhaltens ist oder einer größeren öffentlichen Aufmerksamkeit, lässt sich kaum entscheiden. Erzieherisch muss auf das »Feiern, bis der Arzt kommt« entschieden reagiert werden.

Das Besaufen am Wochenende ist in der Phase des Heranwachsens so normal geworden, dass riskante Verhaltensweisen von den Jugendlichen lange Zeit nicht als solche wahrgenommen werden. Es bedarf eines Hinweises von außen und auch deshalb ist es wichtig, dass Eltern präsent und ansprechbar bleiben. Das Argument, jemand sei inzwischen »alt genug«, greift hier nicht. Gerade weil Alkohol bis zum zwanzigsten Lebensjahr körperlich weit stärker schädigt als im späteren Alter, sollten wir entschieden reagieren. Auch wenn es heute uncool wirkt: Null Alkohol vor dem 16. Geburtstag!

Manche Jugendliche spüren auch selbst, dass ihr Verhalten alles andere als gut für sie ist. Sie sind jedoch unsicher, wie sie darauf reagieren und ob sie sich jemandem anvertrauen sollen. **B-PROBE** Was sagen eigentlich Eltern, wenn ihr Kind plötzlich vor ihnen steht und sagt: »Mama, Papa, ich hab ein Alkoholproblem ... Ich trinke, um einiges zu vergessen, um die Angst wegzubekommen und um mich nicht mehr so zu spüren, wie ich bin.« Ich weiß nicht, manchmal habe ich das Gefühl, meine Eltern wissen das längst, sprechen mich aber nicht darauf an. Was ist, wenn sie mich des Alkohols wegen rausschmeißen? ■

Stoßen Heranwachsende auf eigenes problematisches Verhalten, dann sind sie oft nicht nur ratlos und hilflos, sondern tun sich auch schwer damit, das Thema anzusprechen. Oft warten sie nur darauf, dass die Eltern es benennen, damit ihnen das Reden leichter fällt.

Sollten Sie den Eindruck haben, dass Ihr Kind ein Problem mit Drogen hat, dann sprechen Sie es offen an. Eine Tabuisierung des Drogenkonsums führt nur tiefer in die Sucht. Wenig hilfreich ist es in solchen Gesprächen, allzu moralisch oder ausschließlich rational zu reagieren. Hilfreicher sind Fragen wie: »In welchen Situationen trinkst du und warum? Was am eigenen Verhalten möchtest du verändern?« (Allzu Peinliches wollen die meisten nämlich doch lieber vermeiden.) »Wie können wir dich unterstützen, damit du Nein sagen kannst? Welche Regeln würden dir helfen?« Über ein solches verstehendes Fragen werden Hintergrundprobleme eher sichtbar und so wird sogar eine Intensivierung der Eltern-Kind-Beziehung möglich. □

Pillen und andere illegale Drogen

Wie schwer es für Jugendliche ist, den eigenen Drogenkonsum (selbst)kritisch einzuschätzen, zeigt sich drastisch am Umgang mit illegalen Drogen. Mit dem Aufkommen der synthetischen Substanzen entstand ein völlig neues Konsummuster. Die häufig als »Partydrogen« bezeichneten Pillen gehören heute in bestimmten Jugendkulturen fest zu den »Feiern« am Wochenende dazu. Ausgefeilte Cocktails, in einer bestimmten Reihenfolge »eingeworfen«, sorgen dafür, von Freitagabend bis Sonntag früh die Stimmung hochzuhalten. Die »happy pills« machen gute Laune, alles um einen herum ist »easy«, alle sind eine große Gemeinschaft, und die körperliche Energie, etwa beim Tanzen, scheint schier grenzenlos. Der Schlaf ist beinahe verzichtbar. Das alles gehört so sehr dazu, dass der Konsum von vielen Heranwachsenden als »total normal« empfunden wird.

Viele der Risiken dieser Drogen sind beschrieben. Die Hauptgefahr besteht darin, dass die jeweilige chemische Zusammensetzung dieser Pillen nicht bekannt ist, das heißt: Die Konsumenten wissen im Augenblick der Einnahme meistens nicht, was sie ihrem Körper genau zuführen. Damit ist dann auch nicht bekannt, wie Körper und Gehirn auf diese Substanzen reagieren werden. Treten unvorhergesehene Reaktionen auf, weiß die betreffende Person oft nicht, wie sie sich verhalten soll.

Sogar viele langjährige Drogenberater müssen zuweilen einräumen, längst den Überblick über die angebotenen Drogen verloren zu haben. Immer wieder tauchen neue auf. Bei körperlichen Zusammenbrüchen in Kneipen oder Jugendtreffs ist dann den Helfern oft nicht klar, um welche Reaktion aufgrund welcher Drogenwirkung es sich handelt und was zu tun ist.

Dass ein exzessiver Drogenkonsum über einen langen Zeitraum hinweg zu gravierenden Veränderungen im Gehirn führen kann, das wissen Mitarbeiter von Drogenabteilungen in Kliniken längst eindrucksvoll darzustellen. Die sogenannten drogeninduzierten Psychosen haben deutlich zugenommen.

Drogeninduzierte Psychosen

Drogeninduzierte Psychosen gehören heute im psychiatrischen Versorgungssystem zu den häufigsten Erkrankungen von jungen Menschen. Der extreme Drogenkonsum führt zu einer dauernden Überreizung des noch nicht ausgereiften Gehirns, dem irgendwann offenbar die Umstellung von Illusion auf Realität nicht mehr gelingt. Da Psychosen meistens eine langwierige »Störung« des Gehirns bedeuten, führen sie oft zu fundamentalen Brüchen im Leben. In gravierenden Fällen kann die Genesungszeit vom Entzug der Drogen

über die psychiatrisch-medikamentöse und psychotherapeutische Behandlung bis hin zum Beginn etwa einer Berufsausbildung ein Jahrzehnt in Anspruch nehmen. Die psychische »Verletzlichkeit« nach psychotischen Erfahrungen bleibt nicht selten lebenslang bestehen.

Während vielen Eltern eigene Erfahrungen mit diesen Drogen fehlen, können es die Freunde der Jugendlichen sein, die ein problematisches Verhalten wahrnehmen.

CORA Ich hab meinen Freund verlassen. Ich bin fest davon überzeugt, dass er kokainabhängig ist, aber er sagt, er könne jederzeit damit aufhören. Er wird sich das sicher nie selbst eingestehen, dass sein Drogenkonsum nicht normal ist. Aber wie könnte ich ihm helfen? Was soll ich ihm sagen? Ich will nicht, dass ihm was passiert. Er fährt berufsbedingt fast den ganzen Tag Auto. ■

Bei einem süchtigen Drogenkonsum schwanken die Freunde oft zwischen einer helfenden Zuwendung und einer sich selbst schützenden Abwendung.

ANGRY In meinem Bekanntenkreis gibt es ehemalige Kokser und aus deren Berichten weiß ich, wie tief sie zum Teil erst sinken mussten, um ihre Probleme zu erkennen. Manches kenne ich aus eigener (schmerzlicher) Erfahrung. Koks gibt einem das Gefühl, ein Übermensch zu sein, alles zu schaffen. Dass es total kaputt macht, körperlich und auch finanziell, wird dabei total vergessen. Eine Sucht ist auch nach erfolgreicher Therapie nicht beendet. Das ist etwas, was man sein Leben lang hat. Das kann man nicht einfach »wegoperieren«. ■

Illegale Drogen mit speziellen Einnahmepraktiken führen häufig zur Bildung geschlossener Gruppen. Die Notwendigkeit, den eigenen Konsum geheim zu halten, führt zur Abschottung von anderen. Das ist bei Kokain so, das gilt aber ganz besonders für Heroin, für dessen Konsum bestimmte Bedingungen nötig sind: das Aufkochen des Stoffs, das Vorhandensein einer Spritze und dann eine gewisse Ruhe für die Injektion. Auch wenn viele Heroinabhängige schließlich in der Lage sind, all dies hinter einem parkenden Auto oder auf einer Parkbank zu tun, findet der Konsum doch lange Zeit im Verborgenen statt.

Wenn Eltern Spiegel, Rasierklingen, Strohhalme oder Spritzen an ungewöhnlichen Orten finden, sollten sie dies auf jeden Fall thematisieren. In den Familiengeschichten junger Drogenabhängiger fällt sehr oft auf, wie lange die Eltern und andere nahestehende Personen die Augen zugemacht haben, obwohl viele Anzeichen für einen überhöhten Drogenkonsum sichtbar waren. Scham- und Peinlichkeitsgefühle können Eltern zur Verheimlichung verleiten und führen sie in eine Rolle der Ko-Abhängigkeit. Das Fehlen in der Schule wird entschuldigt, den Großeltern gegenüber eine Ausrede erfunden, warum das Kind in seinem Zimmer bleibt. Das kann so weit gehen, dass Mütter ihren Kindern den Stoff besorgen, weil es denen ja so dreckig geht.

Ko-Abhängigkeit

Unter diesem Begriff werden alle Verhaltensweisen von Angehörigen Drogenabhängiger verstanden, die dazu beitragen, dem Betroffenen ein Leben mit Drogen zu ermöglichen. Belastungen werden von ihm ferngehalten und Erwartungen kaum noch aufgestellt. Der Drogenkonsument wird dermaßen im Alltag entlastet, dass es für ihn kaum noch einen Grund gibt, mit dem Konsum aufzuhören. Zuweilen hat die Familie sogar einen »sekundären Krankheitsgewinn« davon, indem etwa alle wieder enger zusammenrücken, obwohl die Eltern vielleicht kurz davor standen, sich zu trennen.

Hinter einem hohen Drogenkonsum verbergen sich immer tiefer liegende Probleme persönlicher Art: Selbstunsicherheit, Zweifel an der persönlichen Stärke, Zukunftsängste, Verlust von Bindung oder auch das fehlende Gefühl, geliebt zu werden. Eltern sollten genau hinsehen, wenn Drogenprobleme auftreten, ein Bagatellisieren verlängert das Problem nur und »verschleppt« die Lösungsmöglichkeiten.

Beim Konsum harter Drogen zeigt sich oft eine tiefe Sehnsucht nach Bindung. Der Stoff gibt ein wohliges Gefühl, eine innere Wärme. Er ist jederzeit verfügbar und die Wirkung immer verlässlich. Die eigene Clique fungiert als Ersatzfamilie.

Die Konsumenten durchschauen lange Zeit nicht, dass auch das Gemeinschaftsgefühl in der Clique nur aus dem Drogenkonsum resultiert. Mehr noch: Je häufiger der Konsum und je teurer die Drogen, desto stärker die Gefahr, dass sich Cliquenmitglieder gegenseitig ausnutzen, hintergehen, bestehlen. Erneut führen soziale Beziehungen zu Enttäuschungen, was wiederum zu einem verstärkten Drogenkonsum verleitet etc.

Der Konsum von Drogen gehört zum kindhaften Verhalten der Flucht. Drogenkonsumenten trauen sich oft wenig zu, sind wehleidig und wirken »lasch«. Wichtig ist daher, dass diese jungen Menschen die Erfahrung machen, auch etwas aushalten zu können und nicht gleich zusammenzubrechen, wenn mal Anforderungen an sie gestellt werden. Dazu brauchen sie aber Unterstützung.

Drogentherapie bedeutet daher immer auch, eine verlässliche soziale Umgebung zu etablieren. Fatal ist deshalb ein Kontaktabbruch der Eltern zu den Kindern, obwohl es durchaus ratsam sein kann, dass der Jugendliche von zu Hause auszieht – vielleicht in betreute Wohnformen. Wichtig ist aber, dass Eltern im

Kontakt bleiben und versuchen, die Beziehung zu ihrem Kind auf neue Füße zu stellen. Dies gilt auch und ganz besonders, wenn ein junger Erwachsener »rausgeschmissen« wird aus der elterlichen Wohnung.

Wenn Sie befürchten, dass Ihr Kind in der Gefahr steht, in eine Drogenkarriere abzurutschen, sollten Sie sich unbedingt und zügig Hilfe in einer Beratungsstelle holen. Viele Sucht- und Psychiatrieeinrichtungen haben Hotlines, die Eltern zur Verfügung stehen. Es kann gerade bei einem aufkeimenden Verdacht sehr hilfreich sein, sich zuerst ausführlich über die Gefahren zu informieren – und natürlich auch über mögliche weitere Vorgehensweisen. □

Belastende und förderliche Faktoren

Jugendliche und ihr Verhalten können nicht isoliert betrachtet werden, Eltern haben eine Geschichte mit ihren Kindern und miteinander. Beziehungen in der Familie entwickeln sich über Jahre hinweg; im besten Fall besteht ein vertrauensvoller Umgang und die Eltern-Kind-Beziehung hat ein stabiles und sicheres Fundament. Dies bedeutet nicht, dass keine Spannungen auftreten, Pubertät und Erwachsenwerden eines Kindes verändern immer das Familienleben.

Um die Hintergründe von Konflikten besser verstehen zu können, hilft es, einen Schritt zurückzutreten und die bestehenden Beziehungen und auch die momentane Familiensituation mit Abstand zu betrachten. Möglicherweise erklärt sich ein bestimmtes Verhalten aus einem dahinterliegenden Bedürfnis des Jugendlichen, das auf den ersten Blick nicht zu erkennen ist.

Nehmen Sie sich die Zeit, die Beziehungen in Ihrer Familie genauer anzuschauen. Hatten Sie bisher eine sehr enge Beziehung zu Ihrem Kind? Vielleicht braucht es einen gewissen Abstand und provoziert deshalb Meinungsverschiedenheiten. Sind Ihre Kinder sehr selbstständig und lassen Sie ihnen viele Freiheiten? Vielleicht möchte sich die Jugendliche versichern, dass Sie noch für sie da sind. Liegt Ihre Aufmerksamkeit gerade auf anderen Bereichen oder Familienmitgliedern? Vielleicht möchte sich Ihr Ältester in Erinnerung bringen. □

Die »ideale« Familie, die wir alle aus der Werbung kennen, gibt es nicht. Jede Familie hat kritische Ereignisse zu überwinden, manchmal sind es Schicksalsschläge, die die ganze Familie betreffen, manchmal Krisen Einzelner oder Konflikte untereinander, die alles durcheinanderwirbeln. Diese einschneidenden Ereignisse stellen eine besondere Herausforderung dar.

Die Häufigkeit der Anfragen Jugendlicher in der Online-Beratung zeigt, dass kritische Lebensereignisse in der Familie die Jugendlichen mehr beschäftigen, als Eltern oft vermuten. Dies beeinträchtigt die natürliche Verselbstständigung auf unterschiedliche Weise. Es gibt keine Rezepte für den Umgang mit auftretenden Schwierigkeiten, aber wenn Eltern nachvollziehen können, was in ihren jugendlichen Kindern vorgeht, und ihren eigenen Umgang mit Belastungssituationen kritisch hinterfragen, dann entstehen neue Chancen für alle Beteiligten, einen Weg aus der Krise zu finden.

Was bedeuten Familienkrisen für Jugendliche?

STROHSTERN Ich weiß einfach nicht, wie ich damit umgehen soll. Ich komme mit dieser Unsicherheit nicht klar. Es gibt in meinem Leben keine Sicherheit mehr. Ich bin kein kleines Kind, das sich beruhigt an seine Mutter kuscheln kann, in der Gewissheit, dass sie schon alles in Ordnung bringt. Sie kann nicht auf mich aufpassen. Das muss ich selbst tun. Ich muss stark sein. Immer.

Ich wünsche mir einfach so sehr, dass sie für mich da sein könnte. Aber sie kann es nicht. ■

Jugendliche sind aufgrund ihrer Entwicklungsstufe in besonderem Maße verunsichert durch familiäre Krisen. Sie durchschauen Unsicherheiten der Eltern oder Beziehungsprobleme, gleichzeitig sind ihre Möglichkeiten, Einfluss zu nehmen, jedoch sehr begrenzt. Sie können auch nicht einfach ausziehen, wenn sie zum Beispiel die Streitigkeiten zwischen den Eltern nicht mehr ertragen.

Stress wird umso stärker empfunden, je mehr man sich ausgeliefert oder hilflos fühlt. Jugendliche haben noch nicht viele Erfahrungen, auf die sie zurückgreifen können. Die kindlichen Muster, etwa alles den Eltern zu überlassen, passen nicht mehr und neue müssen erst noch gefunden werden. Die Heranwachsenden haben noch nicht erlebt, dass sie gestärkt aus einer Krise hervorgehen können, und nicht das Selbstvertrauen, dass ihnen schon etwas einfallen wird. Deshalb lösen familiäre Krisen oft starke Ängste in Jugendlichen aus.

Familienkrisen treffen Jugendliche zudem in einer labilen Phase, ihre Persönlichkeit ist noch nicht gefestigt und sie haben gerade viele verschiedene »Baustellen« in ihrem Leben. Manche dieser Umbauten müssen die Jugendlichen allein bewerkstelligen, bei Familienkrisen jedoch können Eltern darauf achten, dass sie die Jugendlichen unterstützen. Das betrifft auch Konflikte zwischen den Eltern.

Paarkonflikte

SOUNDSO Seit Jahren ist zu Hause zwischendurch echt nur Stress. Meine Eltern versuchen es zu verstecken, aber ich bin ja noch nicht ganz doof, dass ich es nicht mitbekommen würde!! Mein Vater macht meiner Mutter nur noch Vorwürfe. Er ist auch schon mal ausgerastet! Deshalb hab ich Angst vor ihm und meine Mutter hat mir auch gesagt, dass sie Angst hat! ■

MAIKÄFERCHEN Deine Situation kenn ich auch ziemlich gut, bei meinen Eltern war es so ähnlich. Sie denken, die eigenen Kinder würden nichts mitbekommen, aber da täuschen sie sich total. ■

Heranwachsende beobachten und bewerten den elterlichen Umgang miteinander sehr genau. Auch wenn sie sich unbeeindruckt geben oder wenn eigene Konflikte mit den Eltern im Vordergrund stehen, belasten sie Spannungen in der Beziehung der Eltern. Sie ergreifen innerlich oder auch lautstark Partei, wollen helfen und möchten vermitteln.

LACHEN88 Ich sitze am Küchentisch beim Abendessen und meine Eltern streiten sich vor meinen Augen. Ich bin in meinem Zimmer und meine Eltern streiten sich, ich kann es genau hören. Ich bin draußen und meine Eltern streiten sich, ich kann es genau hören.
Ich bin unsichtbar während dieser Zeit – nur, für wie lange? Für sie existiere ich in diesen Momenten wohl nicht, keine Wahrnehmung mehr ... bis ich was sage: Sie sollen aufhören, wenn ich am Küchentisch sitze und es mit anhören muss. ■

Lang andauernde oder schwelende Paarkonflikte haben auch auf einer anderen Ebene Auswirkungen auf Heranwachsende. Sie setzen sich mit den geschlechtsspezifischen Rollenvorstellungen auseinander, die die Gesellschaft vorgibt, und auch mit Ideen, wie sie ihr Leben verbringen wollen, inklusive verschiedener Formen von Partnerschaft und Familie. Die eigene Familie dient als Beispiel und wird mit anderen Bildern aus Medien, dem Freundeskreis und der Fantasie verglichen. Eltern geben also ein Modell für eine Paarbeziehung – eines, das dazu einlädt, ihnen nachzueifern?

Keine Partnerschaft ist konfliktfrei, es kommt darauf an, wie Konflikte ausgetragen werden. Achten Sie auf Ihre Streitkultur! Sie sollten Ihren jugendlichen Kindern ehrlich sagen, wenn es tief gehende Zerwürfnisse gibt. Sagen Sie ihnen jedoch auch, dass Sie sich um Lösungen bemühen. Wenn es größere Probleme gibt, denken Sie darüber nach, ob Sie Unterstützung in Form einer Paarberatung in Anspruch nehmen wollen. Beziehen Sie die Jugendlichen inhaltlich nicht in die Streitigkeiten mit ein und benutzen Sie Ihre Kinder nicht als Schiedsrichter oder Verbündete – und auch nicht als Sündenböcke. □

Wenn die Paarbeziehung gestört ist, wenden sich Eltern manchmal verstärkt den Kindern zu: Diese sollen nun ausgleichen, was in der Beziehung zum Partner fehlt. Gerade jugendliche Töchter übernehmen in einigen Familien die Rolle der Seelentrösterin oder der besten Freundin für die Mutter.

SOUNDSO Mit meinen Eltern ist es komisch. Wir verstehen uns, aber wir haben eine sehr anstrengende Beziehung. Gerade ich und meine Mutter. Sie erzählt mir alle ihre Sorgen, ich hab es immer noch nicht geschafft, mich abzugrenzen, auch wenn das wirklich nötig wäre. Aber ich kann sie dann auch nicht einfach dasitzen lassen. Mein Vater hört ihr ja nicht zu ... und sie braucht ja auch mal jemanden zum Reden!

Ich hab's aufgegeben, ihr meine Sorgen zu erzählen, sie vergisst es so oder so wieder, oder hört nicht zu ... ■

Übernehmen Kinder die Rolle eines Elternteils, ist das eindeutig eine Überforderung. Sie sorgen für einen Elternteil, ohne wirklich den Ansprüchen gerecht werden zu können, und verlieren gleichzeitig die Unterstützung für ihre eigenen Belange und Nöte. Es besteht die Gefahr, dass sich die Übernahme von Verantwortung beinahe umkehrt. Das stört den natürlichen Prozess der Ablösung, weil eine neue, unangemessene Form der Bindung entsteht.

ENGELCHEN Wieso werden die meisten Scheidungen eigentlich auf dem Rücken der Kinder ausgetragen? Bei mir ist das zurzeit der Fall. Ich und meine drei Brüder leiden ziemlich darunter. Unsere Eltern meinen auch noch, dass das vor allem an uns liegt, weshalb sie sich trennen, und geben uns die Schuld dafür. Ich weiß nicht, was ich dagegen tun kann bzw. wie ich damit umgehen soll, weil mir das schon extrem wehtut. Ich weiß auch nicht, bei wem ich bleiben soll, weil beide hier wegziehen wollen, ich aber meinen Freund und meine Freunde nicht verlieren mag. ■

Manchmal sind die Differenzen in einer Partnerschaft unüberbrückbar, sodass eine Trennung oder Scheidung unausweichlich wird. Dies ist in jedem Alter schwierig für die Kinder, auch Jugendliche sind auf mehrfache Weise betroffen. Sie leiden darunter, auch wenn sie schon fast erwachsen wirken.

Heranwachsende haben von der Familie unabhängige, soziale Beziehungen. Ihre Freunde sind ihnen wichtig, mit ihnen tauschen sie sich oft umfangreicher und auch ehrlicher aus als mit ihren Eltern. Gerade bei elterlichen Trennungen werden sie durch ihr eigenes soziales Netz aufgefangen. Wenn das gemeinsame Zuhause nicht erhalten werden kann, da ein Umzug nötig wird oder weil es finanziell nicht mehr tragbar ist, gerät diese Quelle der Unterstützung in Gefahr, was verständlicherweise Ängste auslöst.

MARY Ich habe eine Scheidung meiner Eltern durchgemacht. Es ist hart. Ich leide heute noch drunter (es ist knapp ein Jahr her). In so einer Situation brauchst du richtige Freunde, die dir zuhören und bei denen du dich ausheulen kannst. Die richtigen stehen immer hinter dir. Ich hoffe von ganzem Herzen, du hast solche

Freunde. Ich weiß, es wird eine Scheißzeit, aber es wird wieder besser, glaub mir. Ich wünsche dir alles erdenklich Gute – und hoffe, du schafft es, nicht abzurutschen. ■

Auch die Schulausbildung befindet sich bei Jugendlichen in einer kritischen Phase. In ihrem Alter fehlt häufig die Motivation, sich mit allen zur Verfügung stehenden Kräften in der Schule einzubringen, auch wenn der Abschluss kurz bevorsteht. Um diesen Abschluss nicht zusätzlich zu gefährden, sollten sich trennende Eltern darauf achten, dass das gewohnte und stützende Umfeld für ihre Kinder erhalten bleibt.

Eine 16-Jährige hat ein tieferes Verständnis für die Gründe einer Trennung als eine 6-Jährige. Sie hat eine eigene Meinung dazu, wer die »Schuld« an der Trennung trägt, wer sich unfair verhält oder welche Lösungen gefunden werden sollten oder könnten. Je nach Sachlage kann das dazu führen, dass der vermeintlich schwächere Elternteil beschützt und verteidigt wird oder der Versuch unternommen wird, eine ausgleichende Gerechtigkeit herzustellen. Manchmal versuchen besonders Mädchen, ihre Mütter zu bestärken, sich nicht unterkriegen zu lassen, wobei es gleichzeitig sein kann, dass sie Angst haben, den Vater zu verlieren. Es kann aber auch das Gegenteil eintreten, dass die Tochter der Mutter vorwirft, den Vater vertrieben zu haben. Jungs wiederum fühlen sich als Beschützer der Mutter und greifen eventuell den Vater wegen seines Verhaltens an.

ILONA Ich kann meine Eltern einfach nicht verstehen. Seit einem guten Jahr gibt es ein ständiges Hin und Her zwischen ihnen, mal vertragen sie sich, mal streiten sie sich andauernd. Das ist so anstrengend! Im Moment reden sie so ziemlich gar nicht mehr miteinander, wohnen aber noch zusammen. Nun hält sich einer immer in dem einen Raum auf und der andere in einem anderen. Wenn ich da bin, weiß ich nie, was ich tun soll; setze ich mich zu dem einen, ist der andere sauer und umgekehrt ... Im Moment habe ich auch immer häufiger das Gefühl, die beiden versuchen, mich zu kaufen. Sie schenken mir andauernd irgendwas, überlassen mir eins von den Autos, aber hetzen dabei hintenrum kräftig über den anderen. Was macht das für einen Sinn? ■

Die Loyalitätskonflikte in einer Trennungssituation sind für Jugendliche enorm anstrengend. Es ist ihnen kaum möglich, sich herauszuhalten. Meist werden sie gefragt, bei welchem Elternteil sie leben möchten. Einerseits ist das richtig, da solch eine Entscheidung in diesem Alter nicht ohne die Zustimmung des Kindes erfolgen kann, auf der anderen Seite verstärkt es jedoch die Last der Verantwortung, denn Jugendliche fühlen sich verantwortlich für die Eltern und wollen meist beiden Eltern gerecht werden.

Wenn die Eltern keine Einigung über die Lebenssituation der Kinder erzielen können, wird dies vor Gericht entschieden, hier werden Kinder in der Regel ab dem Alter von 14 Jahren in die Entscheidung mit einbezogen. Für wen sich das Kind auch entscheidet, es bedeutet nicht, dass es zum anderen Elternteil keine Beziehung hat oder haben möchte. Im Gegenteil: Es sollten Kontakte mit beiden Eltern erlaubt sein, ohne dass sich Sohn oder Tochter rechtfertigen muss.

Sprechen Sie mit Ihrem Sohn oder Ihrer Tochter offen und ehrlich über die Trennung. Sie können auch gemeinsam traurig sein über die Entwicklung, die die Beziehung genommen hat. Vermeiden Sie Beschimpfungen des anderen Elternteils und intime Details. Sie hatten und haben Entscheidungsfreiheit bei der

Wahl eines Partners oder einer Partnerin, Ihre Kinder jedoch haben nur die eine Mutter, den einen Vater. Sie besitzen vererbte Ähnlichkeiten im Aussehen oder Persönlichkeitsmerkmale wie Temperament oder bestimmte Eigenheiten von beiden Elternteilen. Heranwachsende vergleichen sich mit ihren Eltern, suchen Unterschiede und Gemeinsamkeiten und bewerten diese. Deshalb treffen sie Sätze wie »Du bist genau so hysterisch wie deine Mutter!« oder »Dein Vater ist genauso skrupellos wie du!« besonders hart. Sollten Sie sich, etwa während eines Konflikts, an den anderen Elternteil erinnert fühlen, bedenken Sie, dass Ihre Kinder eine einzigartige Mischung aus Eigenschaften Ihrer eigenen Familie bzw. der Ihres Partners oder Ihrer Partnerin sind – Kinder sind nie genauso wie ein Elternteil! □

Alleinerziehende

Jugendliche versuchen in einer Ein-Elternteil-Familie oft, den Part des zweiten Erwachsenen zu übernehmen, besonders wenn jüngere Geschwister vorhanden sind. Gleichzeitig brauchen sie in der Phase der Ablösung auch die Reibung mit den Eltern. So kann es sein, dass sie sich zwischen ihren eigenen Bedürfnissen und dem Verantwortungsgefühl für die Familie zerrissen fühlen. Häufig äußert sich das darin, dass sie besonders fürsorglich sind oder aber sich zurückziehen und sich aus dem Familienalltag ausklinken. Sie versuchen, ihre eigenen Probleme selbst zu lösen und die Eltern zu schonen. Es kann passieren, dass sie damit überfordert sind und es zu Schwierigkeiten kommt wie Leistungsabfall in der Schule, selbstverletzendem Verhalten, Heißhungerattacken und anderen Versuchen, den inneren Druck abzubauen.

Wenn Ihnen auffällt, dass sich Ihre Tochter zurückzieht oder Ihr Sohn zu Hause sehr angepasst ist, obwohl Sie möglicherweise von der Schule anderslautende Nachrichten erhalten, nehmen Sie sich Zeit für Gespräche. Gehen Sie immer wieder auf Ihr Kind zu, bleiben Sie im Kontakt, auch wenn Sie Gegenwind erhalten. Versuchen Sie trotz eigener Sorgen und auch, wenn Ihr Kind schon so verständig erscheint, Nähe herzustellen und Ihre Liebe zu zeigen. Gleichzeitig brauchen die Jugendlichen die Erlaubnis, eigene Wege zu gehen. Sind Sie über mehrere Jahre allein mit Ihrem Kind gewesen und haben eine besonders innige Beziehung, achten Sie darauf, dem Jugendlichen Freiheiten zu geben, und erlauben Sie ihm, Sie allein zu lassen. Wenn Sie selbst beginnen, sich neue Aufgaben zu suchen oder Aktivitäten allein oder mit anderen zu unternehmen, wird Ihr Kind nicht das Gefühl haben, Sie im Stich zu lassen. □

Patchworkfamilien

SCHMALZKRINGEL Das Verhältnis zwischen mir und meiner Mutter war eigentlich immer in Ordnung, aber am besten war es während der Scheidung meiner Eltern, auch wenn sich das blöd anhört ...

Dann kam mein heutiger Stiefvater ... am Anfang war er noch der Gast bei uns, sozusagen der Neue, immer lieb und freundlich zu allen. Dann wollte er immer mehr zu sagen haben und fing an, über uns Kinder zu entscheiden, und meine Mum hat sich immer hinter ihn gestellt, egal, ob wir Kinder das gut fanden oder nicht. Mich hat es fertiggemacht. Er stellt irgendwelche sinnlosen Regeln auf (etwa dass der Müll bis zu einer bestimmten Uhrzeit geleert sein muss, ansonsten bekommen wir einen Monat lang kein Taschengeld) und sie merkt nicht mal, was sie da mit anschaut ... ■

Wenn nach einiger Zeit ein neuer Partner in die Familie kommt, verändern sich die Rollen wieder. Hat der Sohn vielleicht vorübergehend den Part des »Mannes in der Familie« übernommen, so wird er nun vom Thron gestoßen, er soll wieder das Kind sein. Die Tochter hat vielleicht viele Entscheidungen allein gefällt und wurde durch die Umstände sehr selbstständig. Plötzlich gibt es für beide eine neue »gesetzgebende Instanz«. Einerseits sind die Jugendlichen froh, die Verantwortung wieder abgeben zu können, andererseits verlieren sie an Bedeutung in der Familie und Freiheiten, die ihnen lieb waren.

In einem Alter, in dem gemäß der normalen Entwicklung Selbstständigkeit und Orientierung nach außen zunehmen, gelingt es Erziehenden nicht ohne Widerstand, Einfluss und Kontrolle wieder zu erhöhen. Das aber sollte auch nicht das Ziel sein.

Natürlich ist es angemessen, wenn ein neues Familienmitglied die Bühne betritt, dass die Rollen neu verteilt werden, dass neue Abläufe und Rituale geschaffen werden. Es bleibt auch nicht aus, dass der neue Partner bzw. die neue Partnerin Regeln der Familie durchsetzen muss. Diese Regeln sollten jedoch nicht willkürlich sein, sondern transparent und im Austausch mit den Jugendlichen vereinbart werden.

Die Familiengemeinschaft hat sich erweitert und der neue Partner ist eine Person, der Respekt gebührt. Ob die jungen Menschen das neue Mitglied auch mögen, hängt stark davon ab, ob sich der neue Partner für sie als Person interessiert. Wenn in den Jahren des Zusammenlebens eine liebevolle Beziehung entsteht, dann ist es der Verdienst aller Beteiligten. Das kann aber nicht erzwungen oder befohlen werden.

Sie haben das Recht darauf, eine neue Beziehung einzugehen. Das können Sie auch deutlich machen. Verlangen Sie jedoch nicht, dass Ihre jugendlichen Kinder den neuen Partner oder die neue Partnerin mögen oder an einer eigenen engen Beziehung interessiert sind. Jugendliche sind oft nicht bereit, kurz vor ihrem Auszug eine neue Vater- oder Mutterfigur zu akzeptieren. Vielleicht ist es nur möglich, dass die Jugendlichen die neue Partnerin als wichtig für den Vater ansehen und sie deshalb akzeptieren oder den neuen Partner als Unterstützung für die Mutter erleben und ihr die neue Liebe einfach gönnen. Was Sie jedoch verlangen können, ist ein respektvoller Umgangston. Achten Sie darauf, dass Sie auch Zeiten einplanen, die Sie trotz neuem Partner allein mit Ihren Kindern verbringen. Gerade am Anfang einer neuen Partnerschaft zeigen Sie damit, dass sich Ihre Verbundenheit nicht verändert hat. □

Tod einer Bezugsperson

CHARON Vor ca. viereinhalb Jahren hat sich mein Daddy umgebracht. Ich hatte zu ihm immer ein super Verhältnis und ich kann mir nicht erklären, warum er es getan hat. Danach hat mein Patenonkel Selbstmord begangen und vor vier Wochen fand man die Leiche meines großen Bruders. Auch er hat Selbstmord begangen. Ich habe von allen drei einen Abschiedsbrief erhalten, in dem stand: Es tut mir leid, aber wenn ich weiterleben würde, dann würde ich damit dein Leben zerstören.
Ich mache mir im Moment ziemlich große Vorwürfe, dass ich die Schuld an ihrem Tod trage, und denke immer wieder daran, dass

sie noch leben würden, wenn es mich nicht gäbe. Das ist alles ziemlich heftig, vor allem, weil es meine Mutter total kaltlässt. Es interessiert sie nicht!! Ich hasse sie!!! ■

Der Tod einer nahestehenden Person ist in allen Lebensphasen eine traurige Erfahrung, die nicht leicht zu verarbeiten ist. Im Übergang vom Kind zum Erwachsenen trifft so ein Schicksalsschlag die Jugendlichen besonders schwer. Jüngere Kinder verfügen über die Fähigkeit, zwischen Trauer und selbstvergessenem Spiel umzuschalten. Das schützt sie vor abgrundtiefer Verzweiflung. Jugendliche verstehen, dass der Tod nicht umkehrbar ist, und sie wissen auch, dass alle Menschen sterblich sind. Sie suchen nach Erklärungen, wie es nach dem Tode weitergeht, und machen sich Gedanken über die Unsterblichkeit der Seele. Sie haben jedoch noch kein Konzept dafür entwickelt, wie es bei den meisten Erwachsenen der Fall ist.

Wenn also Großeltern oder andere Verwandte sterben, Freunde durch Unfall oder Suizid ums Leben kommen oder auch Eltern oder Geschwister enger Freunde, so wirft das manche Jugendlichen völlig aus der Bahn. Sie sind tief betroffen und grübeln lange nach über existenzielle Fragen.

LOTTA Ich weiß vom Kopf her auch, dass das Sterben zum Leben gehört ... nur ... hm ... ich kann es nicht beschreiben ... es ist irgendwie so ein Gefühl von Panik, das ich mit dem Tod verbinde ... hm ... Ich glaube, diese Tatsache war auch *mit* der Grund, warum ich dort oben auf der Brücke stand ... Ich habe unglaubliche Panik vor dem Tod und ich glaube, ich war so durcheinander, dass ich dachte: Wenn ich jetzt sterbe, kann *ich* kontrollieren, wann ich sterbe und wie und ich werde nicht ... wie kann ich das ausdrücken? ... ich werde nicht vom Tod kontrolliert, der beherrscht, wann ich sterbe und wie ...

Es ist einfach zu viel! Dieser Tod ist überall und immer da ... und im Prinzip sind wir alle nur hier, um später sowieso sterben zu müssen. Wo ist da der Sinn? Oh nein, ich merke schon wieder, wie die Panik in mir hochkommt! Ich habe Angst! ICH HABE SOLCHE ANGST!!! ■

Stirbt ein Elternteil, so hat dies natürlich noch schwerwiegendere Folgen. Die Phase des Heranwachsens ist geprägt von Abgrenzung und Ablösung, jedoch immer in Bezug auf ein Gegenüber. Nach wie vor brauchen die Jugendlichen Orientierung und Unterstützung. Ist plötzlich ein Elternteil nicht mehr da, verlieren einige Jugendliche den Boden unter den Füßen, auch weil von ihnen schon erwartet wird und auch sie selbst den Anspruch haben, sich auf die Situation einzustellen, Verantwortung für sich oder kleinere Geschwister zu übernehmen und bei der Organisation des Alltags zu helfen. Schließlich sehen sie, dass der verbliebene Elternteil selbst genug mit der eigenen Trauer zu tun hat. Er muss den Verlust des Partners verarbeiten, hat die Verantwortung für die Kinder und häufig auch mit finanziellen Nöten zu kämpfen oder damit, den Alltag mit allen Anforderungen ohne die Partnerin bzw. den Partner zu bewältigen.

NIGHTMARE In neun Tagen ist der vierte Todestag meiner Eltern, vielleicht bin ich daher so traurig, ich weiß es nicht. Mum, warum hast du das damals getan, hast du die Verbindung zwischen uns endgültig getrennt?
Wo ist meine Mutter, wo ist mein Vater? Papa, Mama, ich brauche euch. Ich weiß, ich bin alt genug, aber warum seid ihr nicht da?! Papa, Mama, warum??! Ich kann mein Essen selbst kochen, kann meine Wäsche selbst waschen, mache meine Ausbildung ohne euch, aber ich brauche euch innerlich, ich brauche euch!!! ■

Im Vordergrund der Trauer steht in diesem Alter nicht die verlorene »äußere« Versorgung; die Jugendlichen vermissen schmerzhaft das Vertrauen in ihre Fähigkeiten und den inneren Halt, den Eltern geben können.

Da Jugendliche ihre Trauer oder Verunsicherung eher mit Gleichaltrigen besprechen als mit Vater oder Mutter, wirken sie oft unbeteiligter, als sie es wirklich sind. Sie wollen stark sein, dem Vater beistehen, der Mutter helfen und für die kleinen Geschwister da sein – im eigenen Inneren jedoch herrscht manchmal pure Verzweiflung.

DESPERATE Alles ist scheiße, ich bin scheiße, die Welt ist scheiße, mein Leben ist scheiße, einfach alles ... Wieso sterben einem immer die Leute weg, die man liebt und braucht??? Wieso verliere ich gerade immer die Menschen, die ich liebe!?!?!? Wieso???
Ich kann einfach nicht mehr und ich kann nicht mehr mit dem Tod umgehen. Der Tod ist ein Arschloch und nimmt einem das, was man braucht. Ich hasse ihn und habe ihn so verdammt oft kennenlernen müssen ...
Es tut so verdammt weh, wenn man erst seinen Dad verliert und dann auch noch die beste Freundin!!! Mein verdammtes scheiß Herz blutet. Vielleicht hört es bald einfach auf zu schlagen, dann hab ich meine Ruhe. ■

Gerade in Trauerphasen ist es wichtig, die Zeit gemeinsam durchzustehen. Aus dieser Erfahrung heraus kann auch eine tiefere Verbundenheit resultieren.

Bieten Sie Gespräche über den Verlust an, fragen Sie nach, achten Sie auf Hinweise von Überforderung, trauern Sie gemeinsam. Rituale helfen, den Abschied zu vollziehen und die Trauer zu bewältigen. Wenn Sie selbst zu belastet sind, überlegen Sie, wer in der Familie vielleicht eine gute Ansprechpartnerin sein könnte und sprechen Sie dies an. Ziehen Sie gegebenenfalls professionelle Hilfe für sich und Ihre Kinder in Betracht. Auch Selbsthilfegruppen können eine Anlaufstelle sein. Bleiben Sie nicht allein mit der Trauer und lassen Sie auch Ihre Kinder nicht allein damit. □

Krankheit eines Elternteils

WEISSE LILIE Meine Mutter hat eine Erkrankung, die nennt man Bipolare Störung. Also, manchmal geht es ihr gut und man merkt ihr gar nichts an, und dann wieder ist sie wirklich psychiatriereif und das ist genau auch die Zeit, in der ich nicht mehr kann, denn in der Zeit bin ich immer die »schlimme Tochter«. In dieser Zeit kommt sie immer und sagt, sie könne nicht mehr und wir müssten mit ihr behutsam umgehen. Aber wie behutsam soll ich denn noch werden?! Ich bin ja schon so nett, und netter geht von meiner Seite wirklich nicht mehr. Zumindest nicht für mich. Ich brauche nur mal eine Taschentuchpackung etwas stärker hinwerfen als hinlegen, und sie sieht es als aggressiv an. Was soll ich denn in dieser Zeit bitte machen? Ich bin echt gerade mehr als hilflos. ■

Es kann viele Gründe dafür geben, dass Jugendliche zu viel Verantwortung für andere Familienmitglieder übernehmen, sei es für die Eltern oder auch für die kleineren Geschwister. Besonders hoch ist die Gefahr der Übernahme von Elternpflichten, wenn ein Elternteil an einer schweren Krankheit leidet und seine elterlichen Aufgaben nicht erfüllen kann.

Da bei körperlichen Erkrankungen die Not meist offensichtlich ist, nehmen Familien hier eher Hilfe von außen in Anspruch;

Krankenkassen finanzieren beispielsweise eine Haushaltshilfe oder Verwandte unterstützen die Familie. Bei psychischen Störungen und Alkoholmissbrauch sind die Gefahren für die psychische Entwicklung der Kinder ungleich höher.

Es kann sein, dass eine psychische Erkrankung eines Elternteils über Jahre hinweg nicht als solche erkannt wird. Je früher die Krankheit aufgetreten ist, desto prägender wirkt sie sich auf die Identitätsentwicklung der Kinder aus. Sie erleben das elterliche Gegenüber als instabil und unzuverlässig. Der Aufbau einer sicheren Bindung ist häufig nicht möglich. Dies kann dazu führen, dass sich Kinder ausgeliefert und hilflos fühlen, dass sie während der akuten Krise und in der übrigen Zeit extrem wachsam sind und Ausschau danach halten, wann sich wieder Zeichen eines Ausbruchs der Krankheit zeigen.

Kinder psychisch Kranker machen ähnliche Erfahrungungen wie Kinder in Familien mit Suchtmittelmissbrauch (siehe das Kapitel zum Drogenkonsum). Eigene Bedürfnisse werden in dieser Zeit oft unterdrückt, eigene Probleme, so gut es geht, selbst gelöst. Die Heranwachsenden organisieren den Tagesablauf und übernehmen Haushaltspflichten, kochen zum Beispiel für die Familie. Sie versuchen außerdem, immer alles richtig zu machen, und wollen perfekt sein. Damit ist jeder Mensch natürlich überfordert.

Eigentlich sollte es in diesem Alter für die Jugendlichen um Selbstfindung, Identitätsentwicklung, Erwachsenwerden und Loslösung vom Elternhaus gehen. Jugendlichen, die Teile der Elternrolle aus welchen Gründen auch immer übernommen haben, fällt dies besonders schwer. Sie haben kein angemessenes Gefühl für die eigenen Bedürfnisse entwickelt und manchmal keine klare Vorstellung davon, was »normal« bzw. altersangemessen ist. Durch mangelnde Gelegenheiten können sie häufig nicht gut Kontakt zu anderen finden. Da sie wenig freie Zeit haben, fehlt ihnen der Anschluss an Gleichaltrige. Sie sind oft einsam, da sie sich nicht trauen, Freunde nach Hause einzuladen, aus Scham vor dem Verhalten des erkrankten Elternteils oder weil sie sich wegen der Unordnung zu Hause schämen.

Ihnen fällt es schwer, unbeschwert zu sein, und sie erlauben es sich nicht, eigene Forderungen zu stellen, weder in der Familie noch in ihrem weiteren Umfeld. Sie vermissen Fürsorge und Zuwendung und verspüren ein Gefühl von ungerechter Behandlung durch das Schicksal. Wenn sie eigene Wege gehen, haben sie massive Schuldgefühle und bestrafen sich manchmal selbst dafür.

Das Verhalten bei psychischer Krankheit ist oft wechselhaft und nicht vorauszusehen. Kinder psychisch kranker Eltern leben in ständiger Angst vor der Unberechenbarkeit, der Überempfindlichkeit oder den Aggressionen des kranken Elternteils. Andere leben in Furcht vor einem depressiven Rückzug oder einem Suizidversuch.

NOITALOSI Ich habe zu spät gesehen, dass das Mutter-Kind-Verhältnis bei uns ganz schön schiefläuft. Erst als ich wegen Depressionen und Suizidversuchen in einer Klinik landete, wurde mir langsam bewusst, dass ich als Tochter im Laufe der Zeit die Mutterrolle und meine Mutter die Kindrolle angenommen hatte.
Als ich in der Klinik war, hatte ich erst ein Scheißgefühl, weil meine Mutter allein zu Hause war (die Ehe mit meinem Stiefvater ging einige Monate vorher in die Brüche) und sie einen Suizidversuch hinter sich hatte und mir auch öfter sagte, sie wolle nicht mehr leben usw. Ich sei groß und alt genug, um nun allein klarzukommen. ■

Die Zerrissenheit zwischen altersgemäßem Drang, sich abzunabeln, und dem inneren Druck, Mutter oder Vater oder auch die Geschwister nicht ihrem Schicksal zu überlassen, kann zu verschiedenen Störungen wie selbstverletzendem Verhalten, depressiven Verstimmungen oder Suchtmittelmissbrauch führen.

Wenn Sie selbst wissen, dass Sie oder Ihr Partner an einer psychischen Störung leiden, dann begeben Sie sich in jedem Fall in eine psychotherapeutische oder psychiatrische Behandlung. Als Eltern tragen Sie die Verantwortung für eine gute Entwicklung Ihrer Kinder. Klären Sie Ihre Kinder über die Erkrankung auf. Errichten Sie ein Netzwerk um sich herum, auf das Sie während akuter Krisen zugreifen können. Verabreden Sie mit Ihrem Partner, dass er auf Hinweise achtet. Achten Sie selbst auf Ihr Verhalten und auf Ihre Gesundheit. Während akuter Phasen sollte der gesunde Elternteil ausgleichend agieren und für Entlastung der Kinder sorgen. Überlegen Sie, welche Hilfe Sie von außen bekommen können.

Geschwister: Fluch und Segen

LÖWENMUT Ich bin irgendwie überhaupt nie happy. Nirgends, egal was ich mache. Früher hat es mich immer aufgemuntert, mit meinen kleinen Brüdern einfach Blödsinn zu machen, aber mittlerweile nerven sie mich und ich schnauz sie dauernd an.

Wenn aus Kindern Jugendliche werden, verändert sich nicht nur ihre Beziehung zu den Eltern, sondern auch zu den Geschwistern. Während der Austausch mit Gleichaltrigen an Bedeutung zunimmt, nimmt die Nähe zu den Geschwistern im selben Maße ab. Die jüngeren Geschwister sind nun »Babys«, sie »nerven« nur noch. Für die Jüngeren hingegen »zickt« die Ältere nur rum, weil sie meint, sie könne nun Vorschriften machen. Die Eltern appellieren, schlichten, strafen und könnten manchmal aus der Haut fahren, weil es nur noch Streit gibt.

Manchmal bekommen die Geschwister von Jugendlichen, genauso wie die Eltern, die Auswirkungen ihrer inneren Unzufriedenheit zu spüren, ohne dass die Jugendlichen selbst dies beabsichtigen. Jugendliche kreisen um sich selbst, sie urteilen strenger als vorher und sind leichter zu erschüttern.

Jede Familie kennt die Rivalitäten zwischen Geschwistern. Befindet sich eins oder befinden sich gar mehrere Kinder in der Pubertät, eskalieren die Streitigkeiten, besonders wenn der Altersunterschied mehrere Jahre beträgt. Geschwister, die im Alter näher beieinander liegen, haben manchmal weniger Streit, es gibt gemeinsame Themen und Unternehmungen und sie verbünden sich gern auch mal gegen die Eltern. Ausschlaggebend dafür, wie gut Geschwister in der Pubertät miteinander harmonieren, sind neben dem Altersunterschied und Persönlichkeitsmerkmalen auch noch Gleich- oder Gegengeschlechtlichkeit und natürlich die Lebensumstände (siehe auch das Kapitel zu Krisen in Familien).

Konkurrenz und Rivalität zwischen Geschwistern

SUGAR In unserer Familie ist meine Schwester eher die selbstbewusste und laute und aufdringlichere und stärkere. Ich bin schon immer sehr zurückgezogen und kann einfach selten laut sein, bin eher leise, schüchtern und nachdenklich und merk schnell, was andere fühlen, und bin oft traurig. Sie ist aber noch dazu immer neidisch auf mich, weil sie denkt, ich wäre hübscher als sie – dabei läuft ihr Leben viel besser als meins. Ich hasse sie so dafür, dass sie mich immer in den Hintergrund drängt. Ich schaff es einfach nicht, gegen sie anzukommen. Ich bin nicht der Typ dazu. Ich hab jetzt zum Beispiel einen Hund bekommen, der mein Hund ist, aber sie drängt sich immer dazwischen und bei der Hundeschule geht sie immer mit und mischt sich überall ein und sie mischt sich in mein ganzes Leben ein. Immer nimmt sie mir alles weg, ich hab nie was für mich allein! ■

Konkurrenz zwischen den Geschwistern ist bis zu einem gewissen Grad normal. Geschwister buhlen um die Gunst der Eltern und vergleichen sehr genau, ob beispielsweise Zuwendung gerecht verteilt wird oder nicht. Wenn Eltern jedoch versuchen, ihre Aufmerksamkeit immer gleich zu verteilen, verstärken sie die Konkurrenz noch mehr. Jedes Kind wird sich subjektiv im Nachteil fühlen und durch die Bemühungen der Eltern bestärkt werden, noch genauer zu vergleichen und noch mehr Gerechtigkeit einzufordern. Empfehlenswert ist es, wenn von Anfang an betont wird, dass jeder andere Bedürfnisse zu verschiedenen Zeiten hat, und die Eltern versuchen, jedem Kind das zu geben, was es im Moment braucht. Dies ist der Lebenssituation angemessener und die Zuwendungen gleichen sich mit der Zeit aus.

Da Heranwachsende häufig diejenigen sind, die für den meisten Gesprächsstoff in der Familie sorgen, werden ihnen die braveren Geschwister manchmal vorgehalten. Das können ältere »pflegeleichtere« Geschwister sein oder jüngere, die den Eltern gegenüber weniger kritisch sind. Dieser Umstand führt dazu, dass sie sich permanent missverstanden und übervorteilt fühlen, und ihr inneres Ungleichgewicht verstärkt sich.

HIMMELSREITER Zu meiner Familie hab ich kein gutes Verhältnis. Meiner Schwester darf ich nix sagen, was meine Mutter nicht wissen soll. Und meine Mutter hat meine große Schwester als ihren großen Liebling. Warum, das kann ich nur vermuten. ■

Sie haben vielleicht das Gefühl, dass Sie Ihre jugendlichen Kinder nicht mehr verstehen, dass sie Ihnen fremd geworden sind. Bedenken Sie, dass es an der Ablösungssituation liegt. Auch wenn Sie andere Geschwister unkomplizierter im Umgang finden, Sie sollten die Kinder nicht vergleichen und auch keine Aussagen machen, die persönliche Abwertungen enthalten. Es kann schon abwertend sein, wenn Sie die persönliche Beziehung zu anderen Geschwistern (im Gegensatz zu Ihrem jugendlichen Kind) als besonders positiv beschreiben. □

LIEBLING Ich habe einen kleinen Bruder (elf Jahre), den ich auch lieb habe und so ..., aber es ist klar, dass es auch mal zu Streit kommt. Ich finde das ganz normal unter Geschwistern, ich finde auch, dass wir beide gleichermaßen schuld daran sind. Das Einzige, was mich voll fertigmacht, ist, dass meine Mutter mir echt immer die Schuld zuweist. Und wenn sie mich dann anmeckert, steht mein kleiner Bruder hinter ihr und grinst. Ich finde das so gemein. Langsam fängt er auch an, das voll auszunutzen. Er provoziert mich immer öfter, weil er genau weiß, dass meine Mutter hinter ihm steht. Einmal hat meine Mutter mir ins Gesicht gesagt, dass sie nun mal mit ihm auf einer Wellenlänge sei und mit mir nicht. Er saß daneben und hat mich wieder nur doof angegrinst. Das tut so weh! ■

Von ältesten Kindern wird oft Rücksichtnahme und Vernunft verlangt. Besonders ältesten Töchtern werden gerne Babysitterdienste für die jüngeren Geschwister oder auch Haushaltspflichten übertragen. Älteste Söhne haben häufig die Aufgabe, besonders erfolgreich zu sein, Leistung zu erbringen oder den Erhalt des Familienerbes zu gewährleisten

Älteste sind die Ersten in der Pubertät und Vorreiter für Vergünstigungen im Jugendalter. Sie kämpfen um Freiheiten mit Eltern, die noch »ungeübt« und voller Sorge sind, wenn die Jugendlichen eigene Entscheidungen treffen oder beispielsweise länger ausgehen wollen.

VERRÜCKTE ZAUBERFRAU Ich bin unter meinen Geschwistern die Mittlere. Ich hasse das! Meine große Schwester kriegt ständig neue Sachen, die ich dann auftragen kann! Und mein kleiner Bruder kriegt selbstverständlich neue Klamotten! Okay, er ist 'n Junge, aber das ist voll unfair!
Und noch was: Meine Geschwister werden auch noch bevorzugt! ■

Mittlere Kinder gehen oft unter, die Erstgeborenen sind die Stammhalter und die Jüngsten sind die Nesthäkchen. In der Mitte müssen sich Kinder eine besondere Position suchen, häufig übernehmen sie eine Rolle, die noch »frei« ist. Ist der Älteste ein Rebell, ist der Nächste vielleicht angepasst, ist die Älteste sportlich und extrovertiert, glänzt die Zweite vielleicht im künstlerischen Bereich und ist verträumter. Natürlich kann das nicht pauschal vorhergesagt werden, grundlegende Persönlichkeitsmerkmale haben Einfluss auf solche Rollenübernahmen.

LAILA Ich hab 'ne große Schwester, sie ist anderthalb Jahre älter als ich und meint, immer alles besser wissen zu müssen, und sie kann ja auch alles besser und so ... Ich hasse sie. ■

Jüngere Schwestern oder Brüder in der Pubertät haben es nicht leicht, vor allem, wenn die Großen schon etwas erreicht haben, ausgezogen sind und den Eltern keinen Ärger (mehr!)

machen. Vielleicht haben sich die Eltern damals genauso gesorgt oder aufgeregt, aber das ist schon eine Weile her, und im Vergleich zu jetzt – so scheint es häufig – war das alles gar nicht so schlimm.

Jüngere Kinder werden schneller erwachsen, sie eifern dem Vorbild der Großen nach und fordern früher Freiheiten und Selbstständigkeit ein. Hier haben sie häufig einen Vorteil, weil die Eltern schon Erfahrungen gemacht haben und (falls diese nicht gerade besonders schlecht waren) leichter loslassen können.

Besonders empfindlich reagieren Jugendliche (und nicht nur Jugendliche), wenn ihnen »perfekte« Geschwister als Beispiel vorgehalten werden. Problematisch ist es auch, wenn sich ältere Geschwister auf die Seite der Eltern stellen. So fallen sie als Verbündete für die Jugendlichen aus.

RIEKE Ich habe eine Schwester – das Problem ist nur, sie ist perfekt und hat noch nie etwas angestellt. Das Verhältnis von meinen Eltern zu ihr ist viel besser als zu mir. ■

Eltern können es nie völlig vermeiden, dass sich Geschwister wechselseitig ungerecht behandelt fühlen. Jugendliche sind in einer Phase der Selbstunsicherheit, sie vergleichen sich mit anderen, auch innerhalb der Familie. Wenn Sie den Eindruck haben, dass sich die Streitigkeiten der Geschwister verstärken, achten Sie mehr auf die Inhalte der Streitereien und suchen Sie verstärkt das Gespräch mit demjenigen, von dem Sie den Eindruck haben, dass er sich weniger liebenswert fühlt. Überprüfen Sie die Erwartungen, die Sie bewusst oder auch unbewusst an Ihre Kinder richten. Sind dies unerfüllte eigene Träume? Geschieht dies aufgrund von Geschwisterposition oder Geschlecht? Versuchen Sie, Ihre Kinder zu sehen, wie sie sind: ihre Persönlichkeit, ihre Stärken und Schwächen. Lassen Sie ihnen den Freiraum, sich aufgrund ihrer Besonderheiten so zu entfalten, wie es ihnen entspricht und ihnen guttut. □

Der Wunsch nach Aufmerksamkeit

Manche Kinder erfordern besondere Zuwendung und Unterstützung, weil sie krank sind oder Entwicklungsrückstände, Teilleistungsschwächen oder Verhaltensauffälligkeiten haben.

Kindern mit einer Verhaltensstörung fällt es schwer, sich in die bestehenden Systeme unserer Gesellschaft einzufügen und sich an Regeln zu halten. Das führt zu Schwierigkeiten in Kindergarten und Schule, und auch zu Hause kosten die erzieherischen Aufgaben viel Zeit und Energie. Eltern haben es dann nicht leicht, zu verhindern, dass sich die gesunden Kinder benachteiligt fühlen und die »bevorzugten« Geschwister als Quelle allen Übels sehen.

HIMBEERFRUCHT Mein kleiner Bruder hat ADHS. Das macht uns allen das Leben mit ihm nicht gerade leicht. Ich bekomme schon weniger Aufmerksamkeit als er. Bei mir läuft es in der Schule ganz gut, meine Mutter fragt mich gar nicht, ob wir Arbeiten schreiben oder so ... Mit meinem kleinen Bruder aber macht sie oft Hausaufgaben. ■

Geschwister von verhaltensauffälligen oder kranken Kindern sind oft erstaunlich verständnisvoll und werden früh selbstständig. Die geringere Aufmerksamkeit kann also durchaus individuelle Vorteile haben. In der Zeit der Ablösung kann es jedoch sein, dass die eigentlich so »verständigen« Kinder plötzlich aufgrund ihrer eigenen Bedürfnisse die Aufmerksamkeit der Eltern einfordern.

Scheuen Sie sich nicht, Hilfe von Fachleuten für die Kinder mit Verhaltensauffälligkeiten zu beanspruchen. Damit Ihnen nicht die Kräfte ausgehen, sollten Sie sie gut einteilen. Auch chronisch kranke Kinder, zum Beispiel mit Diabetes, können und müssen lernen, mit der Krankheit zu leben. Unterstützen Sie sie in einem selbstständigen Umgang mit den Erfordernissen der Behandlung. Kinder sind durchaus in der Lage, mit ihrer Störung oder Krankheit umzugehen und Defizite auszugleichen. Helfen Sie ihnen dabei, indem Sie ihnen auch etwas zutrauen und ihnen Mithilfe abverlangen. □

Etwas anders gelagert ist die Familiensituation mit einem behinderten Geschwister. Je nach Grad der Behinderung brauchen diese Kinder Zeit ihres Lebens besondere Fürsorge. Solange sie in der Familie leben, müssen sich alle darauf einstellen. Für die Entwicklung der gesunden Kinder kann es durchaus eine Bereicherung sein, sie lernen, Rücksicht zu nehmen, und Toleranz gegenüber Menschen, die »anders« sind. Für die Eltern heißt es, darauf zu achten, dass alle Kinder die Unterstützung bekommen, die für sie förderlich ist. Aber Achtung: Es muss nicht alles ausschließlich von den Eltern selbst geleistet werden!

Knüpfen Sie ein Netzwerk zu Fachleuten und anderen betroffenen Familien. Nutzen Sie Hilfeangebote für Ihre behinderten Kinder und überlegen Sie, welche Tätigkeiten möglicherweise andere Menschen, beispielsweise Paten, mit Ihren gesunden Kindern ausführen können. Fördern Sie die nicht behinderten Kinder, indem Sie Kontakt zu Vereinen oder Gruppen initiieren. Verbringen Sie eigene Zeit mit ihnen, halten Sie Kontakt, auch und gerade wenn sie jugendlich werden. Geschwister von behinderten Kindern sind oft früher verantwortungsvoll und selbstständig, sie brauchen ihre Eltern trotzdem als ein Gegenüber in der Adoleszenz. Bei alldem sollten Sie natürlich auch an sich selbst denken und für einen Ausgleich sorgen: Schaffen Sie sich Freiräume zum »Auftanken«. □

Geschwister, die einem das Leben schwer machen

Geschwister sollten ihre Streitigkeiten so oft wie möglich ohne Eingreifen der Eltern regeln. Idealerweise helfen die Eltern anfänglich, indem sie Regeln für Auseinandersetzungen aufstellen, Beispiele geben, wie konstruktiv Lösungen gefunden werden, und selbst als Vorbild für eine gute Streitkultur dienen.

Die Rolle als Schiedsrichter oder Richter ist undankbar, da die Eltern zu Beginn eines Streits oft nicht anwesend sind und so nie wirklich gerecht entscheiden können. Sie verführt die Kinder außerdem dazu, keine eigenständige Konfliktlösungskultur zu entwickeln, sondern sich auf die Eltern zu verlassen. Wenn sich Eltern immer auf die Seite des vermeintlich schwächeren Kindes stellen, verstärken sie die Streitigkeiten. Das Kind, das sich benachteiligt fühlt, wird seinen Ärger am »bevorzugten« Kind auslassen. Die Geschwisterbeziehungen und auch die Eltern-Kind-Beziehungen leiden darunter, wenn Eltern wiederholt Koalitionen mit Einzelnen eingehen.

Wenn die Auseinandersetzungen jedoch gewalttätige Formen annehmen, müssen Eltern entschieden eingreifen und ganz klar Stellung beziehen.

GEWITTERCHEN Früher, als wir noch klein waren, haben wir uns eigentlich so gut verstanden wie alle anderen Geschwister eben auch. Es gab schon ab und zu mal Zoff, aber das ist ja normal.

Aber je älter wir wurden, desto mehr haben wir uns gestritten, eine Zeit lang sogar ziemlich oft geschlagen – was dann so aussah, dass mein Bruder mich geschlagen hat und ich als kleine Schwester keine Chance hatte. Ich habe es wirklich nie auf einen Streit mit ihm angelegt und habe nie angefangen. Ganz im Gegenteil, ich bin ihm sogar immer aus dem Weg gegangen und hab schnell gelernt, ihn bis zu einem gewissen Punkt nicht zu beachten. Meine Eltern wussten, glaub ich, nie, was sie tun sollten. Oft haben sie mit meinem Bruder geschimpft, aber genauso oft auch mit mir, nur damit es gerecht blieb, selbst wenn es gar keinen Grund gab, damit sie nicht nur ihr eines Kind schimpften! Hart ... ■

Bei körperlichen Auseinandersetzungen, die über Rangeleien hinausgehen, sollten Sie nicht auf den Grund der Auseinandersetzung fokussieren, sondern auf die Gewalt. Es gibt keine Rechtfertigung für Gewalt. Führen Sie diese Regel frühzeitig in Ihrer Familie ein. Wenn die Kinder größer werden und Gewalt als Mittel bei Streitigkeiten akzeptabel erscheint, dann kann das dazu führen, dass Angst bei den unterlegenen Kindern regiert und die schlagenden Geschwister ein Machtgefühl entwickeln, das für sie selbst und für ihre Umgebung (auch in anderen Bezügen) zum Problem wird. □

Auch wenn die Privatsphäre der Jugendlichen verletzt oder ihr Besitz nicht geachtet wird, brauchen sie Unterstützung von ihren Eltern.

REHKITZ Seit über einem Jahr beklaut meine kleine Schwester mich. Ständig wühlt sie in meinen Sachen und nimmt Unterwäsche, Schuhe und sogar Tagebücher. Die liest sie und macht sie dann kaputt. Letztes Mal hätte ich ihr am liebsten eine gescheuert. Das tat einfach nur weh, denn wer wird schon von seiner eigenen Schwester beklaut? Und wenn man sie drauf anspricht, dann sagt sie immer: »Ich mach das nie wieder!« Aber klauen tut sie dann doch weiter. Und meine Eltern, die tun nicht mal was dagegen. »Was kann ich dafür?«, sagt meine Mutter. Was soll ich da noch machen? Immer bin ich dann die Schuldige.

Diebstahl innerhalb der Familie bleibt Diebstahl. Hier ist es die Aufgabe der Eltern, das klar zu benennen und für Strafe und Wiedergutmachung zu sorgen. Dies kommt nicht nur dem bestohlenen Jugendlichen zugute, es ist gleichzeitig für die moralische Entwicklung der grenzüberschreitenden Geschwister wichtig.

Jugendlichen ist ihre Privatsphäre heilig, passen Sie die Familienregeln an diese Bedürfnisse an. Nehmen Sie Verfehlungen, die außerhalb der Familie als Straftaten gelten (Diebstahl, Zerstörung von Eigentum etc.), sehr ernst und kümmern Sie sich darum, dass Grenzen eingehalten werden.

Es kommt auch immer wieder vor, dass Brüder sexuell übergriffig bei ihren Schwestern werden. Wenn die Tochter Andeutungen in diese Richtung macht, sollten Eltern der Sache entschlossen nachgehen und dafür sorgen, dass die Übergriffe als solche benannt werden und sofort aufhören. Hier wird auf jeden Fall professionelle Hilfe vonnöten sein. Je nach Schweregrad und Auswirkungen des Missbrauchs benötigen möglicherweise die ganze Familie sowie das übergriffige und das missbrauchte Kind getrennt therapeutische Unterstützung. Verdrängung und Verleugnung aus Scham haben negative Folgen für die seelische Entwicklung des Opfers.

Geschwisterbeziehungen sind neben der Beziehung zu den Eltern die frühesten und engsten Beziehungen, die Menschen haben. Hier lernen Kinder zu kämpfen und Rücksicht zu nehmen, sich durchzusetzen und zurückzustecken. Geschwister teilen Freud und Leid und sind manchmal Auslöser von Freud und Leid. Es sind enge und einflussreiche Bindungen, die die eigene Entwicklung formen und begleiten.

EINFALLSREICH Ich bin ein Zwilling und mich nervt das sehr oft. Wir streiten uns auch öfter mal, da meine Schwester die Faule von uns beiden ist. Aber dennoch vertragen wir uns immer wieder echt schnell und irgendwo ist sie wirklich die beste Freundin, die ich mir wünschen kann. Wenn eine von uns Probleme hat, dann ist es wirklich so, dass wir uns richtig gut zuhören können und uns auch versuchen zu helfen. ■

Zwischen Zwillingen besteht eine einzigartige Bindung, charakterisiert durch intensives Verstehen und emotionale Nähe. In der späteren Kindheit, besonders in der Jugend, kann die Aufgabe der Identitätsfindung jedoch erschwert sein. Je früher Eltern eine Individuation fördern, indem sie bestehende Unterschiede erkennen und fördern, desto besser gelingt diese Entwicklungsaufgabe und desto mehr stehen die positiven Aspekte der Beziehung im Vordergrund.

Nicht nur bei Zwillingen können Geschwister diejenigen sein, die am meisten Verständnis haben oder Kraft und Unterstützung geben. Ältere Geschwister, auch wenn sie schon ausgezogen sind, geben Ratschläge, wie es »damals« für sie war, sich den eigenen Weg zu erkämpfen. Sie vermitteln zwischen den Eltern und dem jetzigen »Rebellen« in der Familie, sie rücken auch manch einem den Kopf zurecht, wenn zum Beispiel der Schule zu wenig Energie gewidmet wird. Da sie nicht mehr im Familienalltag präsent sind, gelingt es ihnen manchmal, eine neutrale Zone anzubieten, was bei heftigen Auseinandersetzungen sehr helfen kann.

Wenn die Familie Schicksalsschläge ertragen muss, rücken Geschwister näher zusammen und geben sich Halt. Sie befinden sich in derselben Situation und können sich austauschen, ohne ein schlechtes Gewissen haben zu müssen, dass Familieninterna nach außen getragen werden.

Gewalt und Missbrauch: Spuren an Leib und Seele

Eltern möchten ihre Kinder gut erziehen, trotzdem kommt es in manchen Familien zu Gewalt. Manchmal fehlt schlicht das Wissen darüber, wie sich Gewalteskalationen verhindern lassen, manchmal wird der negative Einfluss von Handlungen unterschätzt, manchmal sind die Umstände so, dass Eltern keinen Ausweg wissen. Und selbst wenn Eltern alles tun, um ihre Kinder vor furchtbaren Erlebnissen zu schützen, kann ihnen trotzdem etwas zustoßen.

Viele Jugendliche machen in unterschiedlichen Kontexten Gewalterfahrungen, zu Hause, in der Schule, auf der Straße. Scham und Selbstvorwürfe führen anschließend nicht selten dazu, dass sie mit den belastenden Erlebnissen allein bleiben. Die Dunkelziffer ist erschreckend hoch. Nur wenige haben den Mut, sich jemandem zu offenbaren. Da die Täter meist im Familien- oder Bekanntenkreis zu finden sind, befürchten die Betroffenen, dass ihnen nicht geglaubt wird oder dass die Familie auseinanderbricht. Sie befinden sich in einer Zwickmühle, da die Beziehung zur gewalttätigen Person häufig auch positive Aspekte aufweist.

Hier bieten Beratungsangebote im Internet durch ihre Anonymität einen leichten Zugang und damit eine wichtige Form der Entlastung und Hilfe. Oft ist das jedoch nicht ausreichend, die Betroffenen brauchen Unterstützung im persönlichen Kontakt.

Die Hemmschwelle, sich Hilfe bei den Eltern oder bei Fachleuten vor Ort zu holen, ist oft hoch, weil der Missbrauch oder die Misshandlung meist durch Erwachsene zugefügt wird, wodurch generell das Vertrauen in die Erwachsenenwelt beeinträchtigt wird. Die sexuellen Übergriffe erscheinen kaum ansprechbar, so stark ist die Scham, so unfassbar und schmerzlich ist die Vorstellung für die Angehörigen.

Unbewusst schützen sich Eltern deshalb manchmal, indem sie Andeutungen oder Hinweise nicht wahrnehmen. Selbst wenn Missbrauchsprozesse Medienereignisse geworden sind, im persönlichen Bereich ist das Thema noch immer ein Tabu. Auch eine Entlastung durch Gespräche mit Freunden erscheint unmöglich, fühlen sich Jugendliche doch partiell selbst schuldig an dem, was ihnen angetan wurde.

INSIDER Ich habe oft über die Frage nachgedacht: Warum kriegen Eltern nichts mit? Natürlich kann man das nicht verallgemeinern, aber ich bin sicher nicht der einzige Fall, bei dem die Mutter einfach nichts sieht oder sehen will. Und genau das frage ich mich: ob sie (Eltern, Bekannte, Verwandte) es nicht sehen wollen oder ob sie es nicht können? Meine einzige Erklärung dafür war immer, dass meine Mutter die Dinge einfach sehr, sehr gut verdrängen kann. Das zusammen mit Gedanken der Art »Bei uns passiert so was doch nicht« führt zur Ignoranz, dazu, nichts sehen zu können und wollen. ■

Gewalt und Missbrauch haben tief gehende Folgen für die Psyche und die Persönlichkeitsentwicklung. Bei besonders schwerwiegenden Vorfällen kommt die Entwicklung gänzlich ins Stocken, der Alltag ist geprägt von Ängsten und Selbstvorwürfen, von Scham und Zweifeln.

Traumata bedingen psychische Störungen, wie psychosomatische Beschwerden, Albträume, Schlafstörungen oder starken Leistungsabfall in der Schule sowie sozialen Rückzug. Depressionen, Selbstverletzungen und Essstörungen können auf einen erlebten Missbrauch hinweisen. Wenn Jugendliche Opfer von Gewalt oder Missbrauch werden, dann verstört und attackiert es ihr Selbst und ihr Leben bis in die Grundfesten.

Körperliche Gewalt

Früher gehörte eine Tracht Prügel ganz selbstverständlich ins Erziehungsrepertoire; sogar Lehrer durften Ohrfeigen verteilen oder mit einem Stock auf Handflächen schlagen, ohne dass sich jemand darüber aufregte. Die Konzepte der liberalen Erziehung sehen Wertschätzung und Respekt vor der Person eines Kindes als Grundlage der Erziehung an, ohne die Wichtigkeit von Führung und Grenzsetzung zu bestreiten. Grenzsetzungen sollen weder mit körperlicher noch mit seelischer Gewalt erfolgen. Kinder haben ein Recht auf gewaltfreie Erziehung.

Auch wenn sich die gesetzliche Lage geändert hat, herrscht in manchen Familien immer noch das Recht des Stärkeren.

ZEDER Seit Jahren gibt es bei uns zu Hause Stress wegen meinem Vater. Er ist aggressiv und war früher auch gewalttätig. In der Zwischenzeit war es besser, aber nun spitzt sich die Situation wieder zu: Mein Vater droht mir. Seit letzter Woche verbietet er mir, dass ich ihn als meinen Vater bezeichne, außerdem weigert er sich seit heute, für schulische Ausgaben aufzukommen. Meine Mutter ist todunglücklich und weint sehr oft, auch wenn sie meinen Vater nicht verlassen will, denn sie verdient kein Geld und hat Angst, ohne ihn nicht zurechtzukommen. Meine Mutter scheint komplett blind zu sein, sie sagt die ganze Zeit, dass »alles wieder funktionieren« würde, aber es funktioniert nicht! Ich hab keine Ahnung, was ich machen soll, und bin richtig unglücklich, dabei brauche ich zurzeit all meine Konzentration für die Schule. Und mir tut meine Mutter so leid ... Was kann ich machen? ■

In Familien, in denen der Mann das Geld verdient, fühlen sich die Frauen oft finanziell abhängig und haben Existenzängste bei der Vorstellung, den Mann zu verlassen. Manchmal halten sie über Jahre hinweg Demütigungen aus. Ein häufiger Grund ist ihr Verantwortungsgefühl für ihre Kinder. Sie möchten den Kindern die Familie nicht nehmen oder denken, dass sie sie nicht allein großziehen können. Durch die ständigen Abwertungen unterschätzen sie völlig ihre eigenen Kräfte und Möglichkeiten. Auch wenn dadurch bis zum Auszug der Kinder die Familie zusammenbleibt, so sind die psychischen Auswirkungen auf die Kinder nicht zu unterschätzen.

Jugendliche und junge Erwachsene, die jahrelang Gewalt erfahren haben oder sich davon bedroht fühlen, können kein gutes Selbstwertgefühl entwickeln. Sie haben kein Gefühl für eigene Bedürfnisse, sind zurückhaltend und ängstlich. Es kann aber auch das Gegenteil eintreten, dann fallen diese Kinder im Jugendalter selbst als gewalttätig auf. Die Ablösung gelingt häufig schlecht, weil sie sich um die Mutter oder um die Geschwister sorgen.

STERNENSCHIMMER Ich empfinde nur noch Hass für meine Eltern! Mein Vater schlägt mich seit mehreren Jahren, meine Mutter guckt zu. Oder, wenn sie es nicht gesehen hat, glaubt sie natürlich Papa, weil ich ja schon immer so ein »schwer erziehbares« Kind war. Das ist so gemein! Mir geht's schlecht: körperlich und seelisch. Ich halte den ganzen Scheiß hier nicht mehr aus. Ich will nur noch weg, aber das Jugendamt hält es ja für besser, wenn ich bei meinen Eltern bleibe, weil ich ja krank bin. Aber warum bin ich wohl krank?
Ich denke, das hat sehr viel mit meinen Eltern zu tun. Klar wird man krank, wenn man jeden Tag gezeigt bekommt, dass man nur ein kleines Arschloch ist und am besten gar nicht auf der Welt wäre und alles, was man macht, sowieso falsch ist.
Ich kann nicht mehr, ich hasse die echt so sehr! ■

Sollte in Ihrer Familie Gewalt auftreten oder sogar an der Tagesordnung sein, dann nehmen Sie es nicht hin! Es gibt soziale Einrichtungen und Institutionen, die Ihnen helfend zur Seite stehen. Das Ziel muss nicht unbedingt ein Auseinanderfallen der Familie sein, es gibt Therapiemöglichkeiten und Gruppen für gewalttätige Männer. Häufig stellt sich heraus, dass die Männer selbst unglücklich über ihre Ausbrüche sind, sie haben aber nicht gelernt, mit Gefühlen wie Wut, Ärger oder Angst anders umzugehen. Das kann man jedoch nachholen. Oft hilft es, ihnen vor Augen zu führen, dass ihre Ausbrüche nicht mehr toleriert werden oder dass sie verlassen werden, wenn sich nichts ändert. □

Gewalt in der Familie ist nicht akzeptabel, alle Familienmitglieder leiden darunter. Auch wenn Kinder mit ansehen müssen, dass der Vater die Mutter schlägt, hat das Auswirkungen auf ihre Psyche. Sie erleben die Welt als beängstigend, sie fühlen sich ausgeliefert und hilflos, haben das Gefühl, dass weder Vater noch Mutter sie beschützen können. Außerdem dient die Anwendung von Gewalt als negatives Modell, es ist daher nicht verwunderlich, wenn Jugendliche schließlich selbst gewalttätig gegenüber Klassenkameraden oder den eigenen Eltern werden.

In manchen Familien ist Gewalt kein Thema, bis die Kinder Jugendliche werden. Es passiert vielleicht, dass sich die Mutter in einem Streit völlig hilflos oder auch schwer »getroffen« fühlt und ihr durch eine Beleidigung ihrer Tochter »die Hand ausrutscht«.

CLARA Ich schaffe das nicht mehr, wieso hat sie mich geschlagen? Wieso? Ich tu ihr doch nichts, ich geh ihr doch ständig aus dem Weg. Und jetzt lässt sie mich nicht gehen, sie sperrt mich ein. Wie soll ich das noch schaffen? Ich will nicht mehr, ich kann nicht mehr ... Ich will hier weg, egal wie, aber sie lässt mich nicht gehen, sie hält mich hier fest, damit ich niemandem sagen kann, was sie mir angetan hat. Ich hasse sie so sehr dafür, viel mehr als für all die anderen Sachen.

Ich verstehe auch meinen Vater gerade nicht. Er ist heimgekommen und kam in mein Zimmer. Ich hab das Weinen angefangen und habe gesagt, er solle mich gehen lassen, ich wolle nicht mehr als gehen. Und er redet wie alle anderen: Du musst dich ausruhen, wenn man auf den Kopf geflogen ist, sollte man nicht durch die Gegend springen. Es wird alles wieder besser und dann darfst du wieder raus. Dann hab ich gesagt: Es war kein Unfall, sie hat mich geschlagen. Aber er will es nicht sehen, er verschließt einfach die Augen vor der Wahrheit. Mein Vater war eigentlich meine letzte Hoffnung und die ist jetzt auch verflogen. ■

Wenn es so weit kommt, sollten Sie innehalten. Ist die Grenze einmal überschritten und in Kommunikation und Beziehung verändert sich nichts, dann kann »es« schnell wieder passieren. Hier empfiehlt sich die Anmeldung in einer Erziehungsberatungsstelle (www.bke.de). In gemeinsamen Gesprächen mit den Jugendlichen oder in Gesprächen allein mit dem Berater können Sie andere Optionen im Umgang mit schwierigen Situationen kennenlernen und Veränderungen in der Kommunikation herbeiführen. Warten Sie nicht so lange damit, bis ein gemeinsames Zusammenleben nicht mehr möglich ist. □

BEATE Ich bin 17 Jahre alt und wohne mit meiner kleinen Schwester und meiner Mutter zusammen. Die Anfänge liegen so weit weg, dass ich mich kaum erinnern kann, wann meine Ma mir das erste Mal eine geknallt hat.

Heute Morgen war die Polizei da. Ma hat mir eine runtergehauen, weil ich angefangen habe zu heulen, denn sie wollte mir kein Schreiben für die Schule mitgeben, mit dem meine Fehlstunden entschuldigt wären. Die Polizei hat meine zwei Schrammen im Gesicht gesehen, die meine Mutter mir zugefügt hat, und sie wollten mit mir eine Anzeige schreiben. Ich habe das aber abgelehnt, denn wenn, dann gehen wir zum Jugendamt. Das habe ich auch gesagt.

Ich weiß, dass das nicht das letzte Mal war, dass sie mich geschlagen, beschimpft und gedemütigt hat. Sie hat heute gesagt, wir müssen uns zusammenraufen, sonst würde sie zusammenklappen. Innerlich bin ich schon seit Jahren zuammengeklappt und kann tagsüber nicht aufhören, mein Zuhause zu verdrängen, und nachts kann ich die Gefühle, sterben zu wollen, nicht verdrängen. ■

In vielen Fällen ist Gewalt ein Zeichen von Überforderung. Wenn eine alleinerziehende Mutter unter Geldmangel, Überarbeitung und massiven Zukunftsängsten leidet, so können die kleinsten zusätzlichen Schwierigkeiten das Fass zum Überlaufen bringen. Hier ist es wichtig, die Situation zu erkennen und sich Hilfe für grundsätzliche Änderungen zu holen. Wenn dies versäumt wird, dann wiederholen sich die »Ausraster«. Das Jugendamt kann ein Ansprechpartner sein, wenn sich die Situation zugespitzt hat. Über einen Antrag auf »Hilfe zur Erziehung« kann man Unterstützung für die Familie bekommen.

Nicht immer ist Gewalt in Familien offensichtlich und nicht immer geht sie von den leiblichen Eltern aus, manchmal sind es Stiefelternteile oder neue Partner, die sich in der Elternfunktion überfordert fühlen. Manchmal sind auch ältere Geschwister diejenigen, die jüngere Geschwister drangsalieren oder bedrohen.

FALLSCHIRM Ich glaube, ich werde zum Arzt gehen – er darf doch niemandem erzählen, warum ich bei ihm war, oder? Ich habe solch eine Angst um meine Mutter. Mein Stiefvater hat gesagt, wenn ich es jemandem erzähle, schlägt er sie auch. Er wird das wirklich tun. Ich weiß nicht, wie ich sie schützen kann. Sie will ja bei ihm bleiben. Ich weiß echt nicht, was ich falsch mache. Aus irgendeinem Grund liebt sie ihn mehr als mich.

Achten Sie auf Anzeichen, fragen Sie nach bei Andeutungen. Glauben Sie zuerst einmal, wenn Ihnen Ihre Tochter oder Ihr Sohn von gewalttätigen Übergriffen erzählt, und gehen Sie der Sache nach.

Nicht nur Schläge, auch Abwertungen oder Schuldzuweisungen, die fortwährend wiederholt werden, sind eine Form von Gewalt. Durch die permanente Zuschreibung von negativen Eigenschaften entwickeln die Jugendlichen ein negatives Selbstbild (siehe das Kapitel zur Identitätsfindung und zum Selbstwertgefühl). Sie sind schüchtern und haben das Gefühl, wertlos und unfähig zu sein. Dadurch fällt es ihnen schwer, Freundschaften zu schließen, und sie werden leichter Opfer von Mobbing, weil sie sich nicht gegen Anfeindungen wehren. Sie entwickeln ein Verhalten, das sich in Fachkreisen »erlernte Hilflosigkeit« nennt.

Erlernte Hilflosigkeit

Wenn Menschen wiederholt die Erfahrung machen, unterlegen zu sein oder keinen Einfluss zu haben, sehen sie dies als ihr Schicksal an. Die Personen fühlen sich ausgeliefert und glauben nicht daran, dass sie sich jemals behaupten können. »Ich kann da nichts ändern« oder ähnlich klingen ihre Aussagen. Deshalb ordnen sie sich von vornherein unter. Durch diese vorauseilende Unterwerfung geraten sie besonders oft in Situationen, in denen sie Opfer von Unterdrückung werden.

SHYGIRL Ich bin 18 und wohne noch bei meinen Eltern, habe ein eigenes Zimmer, von dem man die Tür aber nicht abschließen kann. Mein Vater spricht jetzt seit drei Wochen nicht mehr mit mir. Meine Mutter ist eigentlich ganz okay, aber sie fängt bei jeder Kleinigkeit an, sich mit mir zu streiten. Sie schreit mich an. Für meine Eltern bin ich, wie sie es mir auch oft genug sagen, ein sehr großer Egoist und der Tyrann der Familie. Ich würde schuld sein, wenn sie sich irgendwann mal trennen und die Familie kaputtgeht. Sie wollen immer, dass ich ihnen »Respekt erweise«. Wenn mir mal was Zickiges rausrutscht, rasten die sofort aus. Das geht dann so weit, dass sie mich schlagen. Wenn meine Mutter nicht mehr weiterweiß, dann droht sie mit meinem Vater, und der wird dann manchmal richtig brutal. Das letzte Mal hat er mich so gehauen, dass ich auf dem Boden lag und er mit dem Fuß nach mir getreten hat.

Ich hab schon öfter versucht, mit ihnen zu sprechen, aber mein Vater macht sich über so was nur lustig und meint, es wäre sowieso alles meine Schuld.

Ich hatte auch einmal damit angefangen, mich zu ritzen, weil ich in der Schule gemobbt wurde, und als sie das gesehen haben, haben sie mich ausgelacht.

Ich kann ihnen einfach nicht vertrauen und will es auch gar nicht. Mit meiner Schwester (10) streite ich mich auch öfter. Meine Eltern meinen immer, sie solle ja nicht so werden wie ich. Ich bin also das schlechte Vorbild für sie. Das sagen sie sogar in meiner Anwesenheit. Ich weiß nicht, was ich machen soll. ■

Häufig kommen körperliche und seelische Gewalt gleichzeitig in Familien vor. Es ist erwiesen, dass eine Grenzverletzung, die nicht sofort geahndet oder gestoppt wird, weitere Grenzverletzungen nach sich zieht. Irgendwann sind dann Gewalt und Abwertung an der Tagesordnung.

Schon für Erwachsene, die längere Zeit solch einer »Gehirnwäsche« ausgeliefert sind, hat es Folgen für die Selbstwahrnehmung. Nicht selten treten auch psychosomatische Beschwerden auf. Wenn Kinder in so einer Atmosphäre aufwachsen, sind die Auswirkungen gravierend. Das Erwachsenwerden und die Ablösung gelingen nicht, da sich die Jugendlichen nicht zutrauen, allein zurechtzukommen, und nicht den Mut haben, sich gegen die elterliche Autorität aufzulehnen. Selbstverletzungen sollen helfen, erlebten Druck loszuwerden oder gegen Schmerz unempfindlich zu werden. Depressionen bis hin zu Suizidgedanken können die Folge sein.

Prüfen Sie Ihre Ausdrucksweise. Wie wird in Ihrer Familie gesprochen? Beleidigungen, Schuldzuweisungen und permanente Herabsetzungen haben sehr negative Folgen für Ihre Kinder. Jeder Mensch hat das Recht auf einen respektvollen, gewaltfreien Umgang.

Sexuelle Übergriffe

Besonders jugendliche Mädchen leben in der Gefahr, Opfer sexueller Übergriffe zu werden. Sie haben die körperlichen Attribute einer Frau, erscheinen aber als »leichtere Beute« als erwachsene Frauen. Gleichzeitig sind sie unsicher in der Wahrung ihrer Grenzen. Kommt es zu einem Übergriff, dann sind sie sehr verstört und die Gedanken an das Vorgefallene beschäftigen sie lange.

TERRY In den Sommerferien ist mir das passiert, von dem man immer denkt: Das gibt es bei mir nicht, das würde mir nie passieren. Aber es ist mir passiert. Der Mann von meiner Patentante hat sich nur mit einem Slip bekleidet auf mich gelegt und hat mir über den Rücken gestreichelt. Zu mehr ist es nur deshalb nicht gekommen, weil ich richtig reagiert habe.

Von dem Geruch, den er ausstrahlte, wird mir immer noch sofort übel. Ich rieche ihn plötzlich überall: in einem Geschäft, am Bahnhof etc. Meine Tante hat sich nicht von ihm getrennt, sagt, sie stehe zu ihm. In meiner Familie weiß jeder Bescheid und es stehen alle hinter mir – außer ihr. Für alle ist es sehr schwer, da meine Tante ja im Prinzip nichts dafür kann. Aber ich weiß nicht, wohin mit meiner Wut und meinem Hass, den ich auf sie habe und auf den Perversen, der sich ihr Mann nennt. Ich kann es nicht fassen, dass er so davonkommt! Es gibt ja keine Beweise, weil er so clever war und gewartet hat, bis keiner mehr im Haus war. Es geht mir im Großen und Ganzen (bis auf die Träume) gut, aber manchmal überkommt es mich und ich fühle mich so hilflos. ■

Meistens erfolgen Übergriffe in der Familie durch Verwandte wie Väter, Brüder, Onkel, Cousins oder im nahen Umfeld durch Nachbarn, Trainer, Lehrer, Ausbilder oder Bekannte. Eher selten sind Übergriffe durch völlig Fremde. Die Jugendlichen wissen oft nicht, was sie tun sollen, und Angst oder Scham bedingen die Wiederholung der Übergriffe. Wenn sie dann doch den Mut fassen, einer Vertrauensperson gegenüber Andeutungen zu machen, kommt es sehr auf deren Reaktion an, ob sich die Jugendlichen weiter öffnen.

SUSANNE90 Ich stehe auf, schaue aus dem Fenster und sehe ihn, dann möchte ich mich einfach nur wieder ins Bett legen und nie wieder rauskommen. Wie lange soll ich das denn noch mitmachen? Ich weiß ja irgendwie, dass ich was tun muss, aber es ist so schwer, irgendwie einen Schritt zu machen.
Er hat auch noch zwei Stiefkinder, mit denen wohnt er in einem Haus, vielleicht hat er seinen Stiefkindern auch so etwas angetan. Gerade deswegen muss ich doch eigentlich dringend was unternehmen. Ich bin doch theoretisch mit schuld, wenn er seinen Stiefkindern so was antut. Ich könnte es ja verhindern! Das Leben ist ganz schön kompliziert. ■

In geringerem Umfang sind auch männliche Jugendliche betroffen; hier wird die Dunkelziffer jedoch höher als bei Mädchen eingeschätzt. Jungs machen die Übergriffe noch seltener öffentlich, weil sie meist durch Männer geschehen und sie befürchten, der Homosexualität verdächtigt zu werden oder auch homosexuell zu sein, weil sie »ausgesucht« wurden.

Wenn Ihr Sohn plötzlich eine große Abneigung gegen Unternehmungen (Vereinssport, Klavierstunden etc.) hat, die er vorher gern unternahm, oder Ihre Tochter sich entschieden wehrt, mit jemandem aus der Verwandtschaft oder dem Bekanntenkreis zusammenzutreffen, der vorher nicht bedrohlich war, so sollten Sie in jedem Fall genau nachfragen. Wenn die Reaktion ausweichend ist oder Sie Peinlichkeit oder Scham verspüren, dann nehmen Sie sich Zeit für ein vertrauensvolles Gespräch. Drücken Sie Ihre Verwunderung aus und auch Ihre Sorge, dass etwas vorgefallen sein könnte. □

SUSANNE90 Da taucht von heute auf morgen jemand auf, der einem das Leben zur Hölle macht. Ich habe kein normales Leben mehr. Ich kann nicht mehr schlafen, zittere am ganzen Körper und hab Angstzustände. Ich weiß nicht mehr, wie mein Leben weitergehen soll. Ich bin einfach am Ende. Und jetzt wohnt dieses blöde Ar... auch noch neben mir. Wie soll ich da noch auf andere Gedanken kommen, wenn ich ihn – denjenigen, der mich öfters sexuell belästigt hat, – ständig sehen muss?
Mir geht die Kraft zum Kämpfen aus. Ich möchte am liebsten einfach nur aufgeben. Warum macht er das? Warum ausgerechnet ich? Werde ich trotz allem wieder ein normales Leben führen können? Warum haben meine Eltern so reagiert? Wie schlimm wird das denn noch alles? Wie lange hält das ein Mensch aus?

Bin gerade ziemlich durch den Wind und stelle mir tausend Fragen, finde aber keine Antworten! ■

Glauben Sie, was Ihre Tochter Ihnen erzählt, auch wenn Sie überrascht sind und der betreffenden Person nichts Böses zugetraut haben. Geraten Sie auf keinen Fall in Aktionismus! Besprechen Sie in Ruhe, wie Sie weiter vorgehen wollen. Lassen Sie sich von Fachleuten beraten. Nicht selten bedeuten Bekanntmachung und Verfolgung der Tat für die Opfer eine zweite Traumatisierung. Jugendliche brauchen Unterstützung, wenn sie polizeiliche Befragungen und eine Gerichtsverhandlung durchstehen sollen. Ungläubigkeit oder Bagatellisierung der Tat haben denselben Effekt. Die Jugendlichen bleiben allein mit der Verarbeitung der Vorfälle oder sind vielleicht sogar weiteren Übergriffen ausgeliefert. □

Sexueller Missbrauch

Unter den Begriff des sexuellen Missbrauchs fallen sexuelle Handlungen eines Erwachsenen, die an, mit oder vor einem Kind vorgenommen werden zum Zwecke der eigenen sexuellen Befriedigung. Die sexuellen Aktivitäten werden gegen den Willen des Kindes ausgeführt bzw. so verschleiert, dass das Kind aufgrund seiner Entwicklungsstufe sie nicht als solche erkennt. Der Täter nutzt seine Macht-, Autoritäts- oder Vertrauensposition, um das Kind, häufig wiederholt, für seine Zwecke zu missbrauchen. Die Kinder werden durch Drohungen zur Geheimhaltung verpflichtet.

Jugendliche fassen oft erst nach vielen Jahren den Mut, sich aus der Missbrauchssituation zu befreien. Endete der Missbrauch schon vor Jahren, so erkennen Jugendliche spätestens in der Pubertät, was damals mit ihnen geschehen ist. Ihre sexuelle und auch ihre Persönlichkeitsentwicklung sind schwer gestört. Je früher der Missbrauch beginnt, je länger er andauert und je gewalttätiger er durchgeführt wird oder wurde, desto gravierender sind die Folgen. Je näher und vertrauensvoller die Beziehung vorher war und je größer die Abhängigkeit oder Nähe der Verwandtschaft (Vater, Bruder), desto schwerer können sich Kinder daraus befreien und desto schlimmer sind die Auswirkungen auf die Psyche.

ELKE Ich war noch so klein und wusste nicht mal, was mit mir gemacht wurde. Es fällt mir schwer, das zu schreiben, kann aber sonst mit niemandem darüber reden. Er hat öfters bei uns übernachtet, er hat mein Leben zerstört, hat alles kaputt gemacht. Weiß gar nicht, wer er ist, ein Freund von meinem Vater, aber mehr weiß ich nicht. Weiß nicht, wie er aussieht, weiß gar nichts über ihn. Nur dass er mich missbraucht hat!
Immer wieder tat er es, immer wieder und er ging immer weiter. Ganz harmlos fing es an. Muss dauernd daran denken, an den dunklen Raum und wie mich mein Vater da reingeschickt hat. Dann kommt mir das alles wieder so unrealistisch vor, als ob ich es mir nur einbilden würde, aber tief im Inneren weiß ich, dass es wahr ist! Dass es passiert ist. Ich komme damit einfach nicht mehr klar, habe Angst und Panik, muss dauernd heulen und will alles vergessen!
Ich weiß nicht mehr, was ich machen soll ... ■

Jugendliche verlieren durch Missbrauchshandlungen nicht nur ihre Unbeschwertheit, sondern auch das Vertrauen in Erwachsene. Wenn die Eltern keine Sicherheit geben, verlieren die Kinder ihren stärksten Halt. Wird der Missbrauch aufgedeckt, hat das häufig weitere negative Folgen. Es kann sein, dass Familien zerbrechen – wodurch sich wiederum Schuldgefühle einschleichen. Es passiert auch, dass der Missbrauch nach einer Offenlegung nicht aufhört, weil den Kindern nicht geglaubt wird oder die Eltern die Augen vor der Wahrheit verschließen. So kann es sein, dass das Kind den Verlust naher Vertrauenspersonen verschmerzen muss, weil sie ihnen die Hilfe versagen.

MICKYMAUS Meine Mutter lernte, als ich zehn Jahre alt war, einen neuen Mann kennen. Am Anfang war er noch nett zu mir, aber nachdem er meine Mutter geheiratet hatte, akzeptierte er mich nicht mehr so richtig. Nach meinem 13. Geburtstag fing er allerdings an, mich jede Woche anzufassen und mehr.

Ich habe versucht, das meiner Mutter zu sagen, brachte es aber nicht übers Herz, ihr Leben zu zerstören, da sie sich gerade mit ihm selbstständig machte.

Es ging dann eine ganze Weile so weiter.

Meine Lehrerin hat mich dann gerettet, wenn man das so nennen kann. Ich kam in ein Heim, aber ich wollte wieder zurück nach Hause, und irgendwann türmte ich, da es mir im Heim nicht gut ging.

Meine Mutter hat nie irgendwie ein Wort darüber verloren. Sie hat zu mir gesagt, dass ich ihn nicht anzeigen soll. Als ich wieder zu Hause war, wurde nie darüber gesprochen und der »Alltag« ging weiter ohne ihn. Er kam zwar noch oft zu Besuch und auch jetzt ruft er noch an, aber ich denke, da er Vater meiner Geschwister ist, geht es wohl nicht anders?!

Ich bin froh, dass er weg ist, und weiß auch, dass ich alles zerstört habe, da meine Mutter alles aufgeben musste für mich, aber irgendwie kann ich ihr nicht dankbar sein. Im Gegenteil, ich hasse sie ein wenig, weil noch immer der Kontakt vorhanden

ist und ich immer wieder auf irgendeine Weise in Berührung komme mit ihm.
Ich möchte meine Mutter gern lieben, aber irgendwie überwiegt der Hass. ■

Möglicherweise erfahren Eltern erst von ihren jugendlichen Kindern etwas von einem zurückliegenden Missbrauch. Das hat verschiedene Gründe. Kinder können den Missbrauch oft nicht einordnen. Außerdem werden sie häufig bedroht und zum Stillschweigen verpflichtet. Manche haben das Wissen über die sexuellen Übergriffe völlig aus dem Bewusstsein verdrängt. Erst durch Schwierigkeiten, starke Ängste oder auch durch das Auftauchen von Bildern bei den ersten sexuellen Erkundungen wird den Jugendlichen bewusst, dass sie Schreckliches in der Vergangenheit erlebt haben.

Auch wenn das große Erschütterung auslöst, glauben Sie Ihrem Kind, fragen Sie, was es braucht. Fragen Sie nicht, warum es nicht früher gesprochen hat, dann verstummen die Kinder gleich wieder. Häufig fällt es ihnen schwer, über das Vorgefallene zu sprechen. Lassen Sie Ihrem Kind Zeit. Suchen Sie nach therapeutischer Unterstützung. Lassen auch Sie sich beraten. Es fällt schwer, auszuhalten, was dem eigenen Kind passiert ist. Sorgen Sie für sich, damit Sie ihm beistehen können. Sollte der Missbrauch noch andauern, so ist natürlich das oberste Gebot, zuerst für Schutz zu sorgen. Tun Sie alles, was dafür notwendig ist. □

Jugendliche werden heute körperlich früher reif und beschäftigen sich auch recht früh mit Sexualität, sowohl in der Theorie als auch in der Praxis (siehe das Kapitel zur Sexualität). Sie genießen außerdem größere Freiheiten, was das Ausgehen und die Selbstständigkeit betrifft. Die emotionale Reife und auch die Sicherheit in der Abgrenzung anderen gegenüber halten damit nicht immer Schritt. So kann es passieren, dass Jugendliche in Situationen geraten, in denen sie die Kontrolle verlieren. Vielleicht geht ein Mädchen mit einem Bekannten nach Hause, lässt sich auch gern auf Schmusen und Streicheln ein, bemerkt jedoch an einem bestimmten Punkt, dass sie nicht weitergehen will.

Manchmal wehren sich die Mädchen dann, manchmal genieren sie sich oder wissen nicht, was sie tun sollen, und lassen alles Weitere über sich ergehen. Wenn der Partner unsensibel oder gar skrupellos ist, kann es zu einer Vergewaltigung kommen.

RONJA Ich war gestern Abend mit meinen Mädels weg. Hab dann nach einiger Zeit auch einen sehr netten Jungen kennengelernt und fand's anfangs auch total schön. Wir haben nett geredet und alles war okay. Er war richtig süß. Zum Abschied hat er mich auf den Mund geküsst – und dann war es vorbei: Sofort sind mir die alten Erinnerungen und Ängste in den Kopf geschossen. Vor rund drei Jahren wurde ich von so einem A**** vergewaltigt. Der war auch erst so nett und lieb, hat dann meine Grenzen aber einfach nicht akzeptiert. Ich kann das niemals vergessen. Und ich hatte auch nie wieder danach Kontakt mit einem Jungen.

Und dann gestern der Kuss. Ich bin fast ausgerastet, ich war so wütend. Ich hab so Angst davor!!! Was soll ich denn tun? Er war so nett, aber es geht nicht, ich kann mich nicht auf jemanden einlassen, ich hab so Angst, dass wieder etwas passiert.

Behüten Sie Ihre Kinder nicht zu sehr, verängstigen Sie sie jedoch auch nicht. Gut ist es, wenn Kinder gefährliche Situationen erkennen können und sich zu helfen wissen, wenn sie in Bedrängnis geraten. Unterstützen Sie Ihr Kind darin, immer und jederzeit Nein sagen zu dürfen, wenn es darum geht, Grenzen zu setzen.

Bei männlichen Jugendlichen fördern Eltern und die Gesellschaft Durchsetzungsvermögen und Selbstbehauptungsverhalten meist automatisch, während bei Mädchen eher Einfühlungsvermögen, sozial angepasstes Verhalten und Diplomatie verstärkt werden. Gerade jugendliche Mädchen brauchen die Fähigkeit, sich abzugrenzen und sich Respekt zu verschaffen, nicht nur, aber auch in bedrohlichen Situationen. Außerdem schützt es sie eher davor, in Gewaltbeziehungen zu geraten bzw. bei einem gewalttätigen Partner zu bleiben.

ROSEANNE Ich hatte schon immer ein merkwürdiges Verhältnis zum Thema »Sex«. Und ich hatte große Ansprüche an mein erstes Mal, doch die hat mir jemand gehörig zerstört ...

Ich bin 17 und vor drei Jahren ist es passiert. Es war nur wenige Tage nach meinem 14. Geburtstag, als mich mein damals bester Freund zu sich einlud und mich zu Dingen zwang, die ich nicht wollte. Es tat so weh. Und es tut noch heute weh.

Er hat mir das Wertvollste genommen, das ein Mädchen nur haben kann. Ihre Unschuld. Und auch ihren Stolz. Bis heute fühle ich mich dreckig. Benutzt.

Trotz der langen Zeit, die nun vergangen ist, wache ich manchmal nachts schweißgebadet auf und muss mich nach Albträumen duschen, mich waschen, bis mir schlecht wird. Weil der Gedanke einfach nur zu widerlich ist. ■

Eine Vergewaltigung ist ein einschneidendes Erlebnis, nicht nur der Körper wurde unbefugt »in Besitz« genommen, auch die Seele nimmt großen Schaden. Dies hat Folgen für die weitere Entwicklung im Umgang mit Sexualität und für die Befähigung, Vertrauen und Beziehungen aufzubauen. Noch Jahre später können Ängste und Albträume auftreten, in manchen Fällen entwickeln sich auch psychosomatische Beschwerden. Um solch ein Erlebnis zu verarbeiten, braucht es manchmal therapeutische Unterstützung. Voraussetzung dafür ist, dass die Betroffenen sich jemandem anvertrauen. Wenn die Jugendlichen ihre Scham überwinden, sind oft die Mütter die ersten Ansprechpartnerinnen.

ANNI Ich bin letztes Jahr vergewaltigt worden. Am Anfang bin ich gar nicht damit klargekommen, hab auch mit keinem darüber geredet. Dann nach einiger Zeit hab ich es meiner Mutter erzählt und sie hat mir Vorwürfe gemacht. Das war total schlimm für mich. Ich hab mich wieder überall zurückgezogen. Schule und alles war mir egal. Meine Mutter hatte zu mir gesagt, dass ich selbst schuld wäre und mich nicht genug gewehrt hätte. Das stimmt aber nicht, denk ich. Ich hab mich versucht zu wehren, er war nur stärker als ich, ich konnte nichts dafür. Durch die Vorwürfe meiner Mutter hab ich mir dann auch selbst die Schuld an der Vergewaltigung gegeben. ■

Es ist überaus wichtig, dass Eltern ihre Tochter ernst nehmen und ihr glauben. Hüten Sie sich davor, ihr die Schuld zuzuweisen. Ein Vergewaltigungsopfer hat nie die Schuld an der Tat! Die Betroffenen sind manchmal paralysiert vor Angst. Ein moralisch integrer Mann bemerkt auch passiven oder leichten Widerstand und respektiert ihn. Reagieren Sie einfühlsam und trösten Sie Ihre Tochter. Besprechen Sie das weitere Vorgehen (Strafanzeige?) und sorgen Sie für therapeutische Unterstützung.

Auch wenn es schwierig ist, die Bilder auszuhalten und dabei stark zu bleiben: Ihr Kind braucht Sie an seiner Seite. □

Wünsche nach Beratung und Therapie: zwischen Hoffen und Bangen

Zu der Erkenntnis, dass eine Therapie für die Kinder und dadurch indirekt auch für die Familie hilfreich und entlastend sein könnte, kommen Eltern inzwischen immer öfter. Während sie, solange die Kinder noch klein sind, die Initiatoren für das Aufsuchen einer Beratung oder Therapie sind, so suchen Jugendliche längst auch von sich aus aktiv Hilfe.

Ein Gefühlscocktail – erste Gedanken an eine Therapie

Der Gedanke, eine Beratung oder Therapie für sich in Anspruch zu nehmen, stellt für Jugendliche allerdings eine schwere Entscheidung dar. Sie spüren auf der einen Seite, dass eine Therapie und ein Austausch über ihre Probleme sie entlasten würden. Auf der anderen Seite befürchten sie, dadurch als »gestört« wahrgenommen und verurteilt zu werden. Schon die Idee, eine Therapie für sich zu erwägen, wird gleichzeitig als Akt der Stärke und der Schwäche erlebt. Die Folge ist eine große Ambivalenz bereits vor der ersten Terminvereinbarung und hat oft ein Hinauszögern zur Folge. Dieser Zustand wird noch zusätzlich durch das Gefühl der Unsicherheit erschwert, was eigentlich in der Therapie passieren und welche Folgen diese für die eigene Entwicklung und für die Beziehungen innerhalb der Familie haben wird.

FUNNY Ich will nicht, dass meine Eltern bei der Therapie mitmischen, aber davor verschließen sollten sie sich auch nicht. Ich habe das Gefühl, meine Mutter macht sich in Therapiehinsicht Sorgen, und zwar darüber, was die Leute wohl denken würden. Würden sie erfahren, dass ich eine Therapie mache? ■

Wie bei jedem Schritt hin zu mehr Autonomie wird neben der erwarteten größeren Freiheit auch drohender Verlust spürbar. Es handelt sich um einen Neuanfang, der einhergeht mit dem Abschied von Vertrautem – wenn auch nicht unbedingt Geliebtem. Die Zukunft erscheint unsicher und damit unberechenbar. Die Befürchtung, eventuell die Kontrolle zu verlieren, schwebt über dem Ganzen.

Dies kann dazu führen, dass der konkrete Schritt zur Terminvereinbarung vor sich hergeschoben wird und immer wieder gute Gründe gefunden werden, um den Anruf weiter zu verschieben. Das unerträgliche Gefühl, auf der Stelle zu treten, ist dann die Folge, wodurch sehr viel Energie verloren geht. Gleichzeitig hat die Sehnsucht Einzug gehalten, dass das zukünftige Leben durch ein »Coaching« in Form einer Therapie oder Beratung leichter wird.

Ein weiteres Dilemma wird spürbar, nämlich das des Gefühls der Illoyalität den anderen Familienmitgliedern gegenüber, denn jede Therapie führt zur Infragestellung bisheriger Verhaltensweisen in der gesamten Familie, besonders in den Eltern-Kind-Beziehungen. Mit dem geplanten Schritt, die erlebten Schwierigkeiten eigenständig anzugehen, entsteht das Problem, dass man eventuell einen Schritt macht, den die anderen Familienmitglieder bisher immer vermieden haben. Der Heranwachsende sieht die

Notwendigkeit einer Veränderung und »überholt« – so ist oft die Wahrnehmung – mit diesem Schritt der aktiven Hilfesuche die Eltern. Er hat häufig das Gefühl, etwas zu tun, das längst hätte getan werden sollen, und fragt sich gleichzeitig, ob er das Recht dazu hat.

Welche Einstellung und eigenen Erfahrungen haben Sie mit Beratung und Therapie? Bewerten Sie den Schritt, sich Unterstützung und Hilfe zu suchen, eher als Schwäche oder als Akt der Stärke? Würden Sie Ihr eigenes Kind darin unterstützen, Hilfe in Anspruch zu nehmen, oder würden Sie diesen Wunsch eher als persönliches Versagen erleben? □

Ähnlich schwierig wie für die Jugendlichen stellt sich die Situation für die Eltern dar. Wenn sie von den Plänen ihrer Kinder erfahren, stellt sich für sie die Frage, welche Haltung sie ihren Kindern gegenüber einnehmen sollen. Erscheint es passender, sich einzumischen, oder ist es ratsamer, sich ganz zurückzuhalten? Und wenn sie sich einmischen sollten, dann in welcher Form und mit welcher Intention?

Wenn Sie sich klarmachen, dass Ihre Verunsicherung den Gefühlen Ihres Kindes ähnelt, wissen Sie, dass es sich Verständnis wünscht. Ihr Kind möchte weder als egoistisch noch als defizitär abgeurteilt werden. Heranwachsende fühlen sich vielfach gerade in jenem Moment, in dem sie einen Schritt zu mehr Autonomie wagen, ihrer Familie gegenüber loyal und den Eltern verbunden.

Eine weitere Angst erschwert den gegenseitigen Austausch, nämlich die Befürchtung der Jugendlichen, ihre Eltern könnten sie nicht mehr länger aushalten und sie beispielsweise in eine psychiatrische Klinik zwangseinweisen lassen. Eine Angst, die durch mehrfache vorherige Drohungen und unmissverständliche Abwertungen der Eltern entstehen kann. Wenn dann noch vermieden wurde, der Ursache solcher Äußerungen auf den Grund zu gehen und sich über die Optionen einer ambulanten oder stationären Therapie ernsthaft auszutauschen, dann führt dies oft zu weiterem gegenseitigen »Ausschweigen«.

Letztendlich geht es um ein Signalisieren von Ihrer Seite, dass Sie bereit wären, die autonome Entscheidung Ihrer Kinder für therapeutisch begleitete Änderungen angemessen mitzutragen.

Nicht hilfreich ist die Argumentation, dass die Kinder nun doch schon alt genug seien, um diese für sie wichtige Entscheidung allein zu treffen, und daher eine Einmischung Ihrerseits nicht notwendig sei. Oder, anders ausgedrückt, dass Ihre Kinder sich doch von Ihnen ohnehin nichts mehr sagen ließen und sich ein Statement Ihrerseits erübrige.

Diese Reaktion wird von Jugendlichen durchgehend negativ bewertet. Das liegt daran, dass die Reaktion sicherlich gut gemeint ist, aber letztlich eine zu große Betonung der Autonomie und eine zu geringe Achtung der nach wie vor starken Bindungswünsche darstellt. Sie kann sogar als Zurückweisung verstanden werden. Eine passendere Reaktion ist es, sich des Anliegens der Jugendlichen anzunehmen und empathisch darauf einzugehen, ohne den Konflikt für sie lösen zu wollen, also nur flankierend den Entscheidungsprozess zu begleiten. Dies würde den Wunsch nach Unterstützung berücksichtigen, und zwar in Form einer persönlichen Rückmeldung aus Sicht der vertrauten Erwachsenen mit gleichzeitiger Stärkung der Entscheidungsfähigkeit der jugendlichen Kinder. Dies müsste geschehen, ohne auf der elterlichen Bewertung zu beharren und ohne die Autonomiebestrebung der Jugendlichen zu behindern.

In Bezug auf den Therapiewunsch bedeutet dies, die Idee einer Therapie zu akzeptieren und als Akt der Stärke anzuerkennen, statt ihn als Schwäche auszulegen oder darin ein Schuldbekenntnis zu sehen, die Ursache für alle familiären Schwierigkeiten zu sein. Unpassend wäre es zudem, die vom Jugendlichen gewählte Beratung oder Einzeltherapie als nicht ausreichend zu bewerten. Genauso wenig ist es angebracht, in Jubel auszubrechen, wenn Sie erfahren, dass sich Ihr Kind für eine Einzeltherapie entscheidet, oder den Therapiewunsch ins Lächerliche zu ziehen.

SARA Dass es gut für mich wäre, eine Verhaltenstherapie zu machen, weiß ich. Als ich meine Mutter darauf ansprach, hat sie nur alles ins Lächerliche gezogen. Sie meinte, ich wäre dann eine Bekloppte in dieser Familie, keiner würde mich verstehen, wieso ich das machen wolle. Meine Familie würde nicht hinter mir stehen. Ich denke aber, dass es mir helfen würde. Dann bin ich endlich nicht mehr allein mit diesem Leben. ■

Letztendlich geht es darum, einen Weg zu finden, die Jugendlichen in einer Situation der gefühlten Überforderung zu begleiten, ohne sie unnötig zu verunsichern oder gar zu schwächen. Gelingt es den Eltern, das passende Maß an Nähe zu wahren, indem sie Interesse und Verständnis zeigen, so leisten sie einen wesentlichen Teil zur Entlastung ihrer Kinder. Sie unterstützen einen wichtigen Schritt in Richtung Autonomie, bleiben aber gleichzeitig im Kontakt. So können die Kinder zunehmend Verantwortung übernehmen. Spüren die Jugendlichen diese Form der Unterstützung, dann werden sie sich leichter tun, den Schritt zur konkreten Inanspruchnahme von Hilfe auch tatsächlich zu machen und sich nicht weiter mit dem zermürbenden Hin- und Herwälzen der Entscheidung zu quälen.

Ein offener Umgang hilft im Allgemeinen dabei, einer Stigmatisierung entgegenzuwirken. Trotzdem ist zu prüfen, wem gegenüber außerhalb der Familie und wann von der Therapie erzählt wird und wo es eher angebracht ist, eine vermeintliche Schwäche zu verheimlichen oder herunterzuspielen. Es ist leider auch heute noch so, dass Klinikaufenthalte und Psychotherapien nicht immer positiv bewertet werden und sogar Probleme bereiten können, etwa bei der Suche eines Ausbildungs- oder Arbeitsplatzes.

Entlastung statt Belastung

PAPAYA Meine Schulpsychologin hat mir zu einer Therapie geraten, die mich begleiten soll und mir helfen soll, mit meinen privaten Problemen umzugehen. Ich weiß nicht, aber irgendwie schäme ich mich. Ich habe Angst, dass die Leute über mich lachen oder mich nicht mehr ernst nehmen. ■

Ist der erste konkrete Schritt zum Annehmen von Hilfe getan, geht es darum, sich damit auseinanderzusetzen, wie andere Menschen diesen Schritt nun bewerten werden. Dies ist erneut eine große Verunsicherung, die sogar dazu führen kann, den begonnenen Weg wieder abzubrechen. Noch schwieriger erscheint der Schritt, eine stationäre Therapie zu beginnen, da zu der Angst vor der Abwertung auch noch die Befürchtung kommt, dass dies Konsequenzen für das alltägliche Leben haben wird, zumal eine stationäre Therapie auch nicht so leicht zu verheimlichen ist wie eine ambulante.

PAUSE Ich würde so gern in eine Psychiatrie gehen, dann würde ich endlich vielleicht mal Hilfe bekommen, aber irgendwie macht mich der Gedanke total fertig, dass dann alle über mich reden und ich mein Leben total umkrempeln müsste mit Schule und so! ■

Vor der Entlastung tritt zunächst der Gedanke an eventuell zusätzliche Belastungen auf. Auch hier ist es hilfreich, wenn Eltern Verständnis zeigen, indem sie die ambivalenten Gefühle der Kinder aushalten und sie stärken, ohne ihnen die Entscheidung zu nehmen. Auch wenn die Entscheidungsfindung nach einem ewigen Hin und Her aussehen mag und Bedenken immer wieder von Neuem formuliert werden, die Erfahrung zeigt, dass sich das Drehen im Kreise schließlich als Spiralbewegung entpuppt, die stetig bergauf führt.

SARA Ich will mir das alles auch nicht sonderlich schwer machen, wenn ich eine Therapie beginne und dann auch noch meine ganze Familie gegen mich ist. Das kann ich einfach nicht gebrauchen. Ich will mir dann mein Leben nicht noch schwerer machen, als es schon ist. Ich wünsche mir, sie könnten mich und mein Problem verstehen. Und natürlich würde ich auch andere Hilfe in Anspruch nehmen, doch meine Mutter will von all den Hilfen nichts mehr hören. Ich hasse sie auch dafür, dass sie erst wollte, dass ich eine Therapie mache, und jetzt alles kaputt gemacht hat. ■

Unter keinen Umständen sollten Sie sich einem Klinikaufenthalt verschließen oder ihn abwertend kommentieren. Würdigen Sie den schwierigen Schritt als solchen, indem Sie Ihr Kind bestärken, den eingeschlagenen Weg auch praktisch umzusetzen und durchzuhalten. □

Ungewohnt und schwierig kann es sein, die nachfolgenden Veränderungen des eigenen Kindes zu akzeptieren. Diese Umstellung betrifft alle Familienmitglieder, auch die Geschwister, die plötzlich Abschied nehmen müssen von alten Rollenerwartungen – vielleicht ist der große Bruder nicht so stark, die selbstbewusste Schwester längst nicht so cool, wie man dachte. Dies führt zunächst zu einigen Irritationen, da man ein bestimmtes inneres Familienkonzept entwickelt und dies viele Jahre auch loyal vertreten hat. Davon muss man nun schmerzhaft Abschied nehmen, verbunden mit der Ungewissheit, was dies für die Kommunikation und das Zusammenleben aller zukünftig bedeuten wird. Das alte Konzept erscheint nicht mehr anschlussfähig, ein neues Konzept ist noch nicht etabliert. Dies kann auch zu neuen Konflikten führen.

Veränderungen verlangen von allen Beteiligten viel Geduld und gegenseitiges Verständnis. Eltern haben hierbei die Aufgabe, zu vermitteln und um Verständnis zu werben, dienen aber auch als wichtiges Modell für den Umgang mit Veränderungen. Diese neue Situation kann durchaus als Familienkrise betrachtet werden, die sowohl Risiken als auch Chancen beinhaltet.

Einbeziehung der Eltern

In welcher Form sollten die Eltern aktiv an der Therapie ihrer jugendlichen Kinder teilhaben? Eine gewisse Zurückhaltung ist angebracht und angemessen, um den Autonomieprozess des Kindes nicht unnötig zu beeinträchtigen. Hierzu gehört auch eine gebührende Sensibilität des Therapeuten, der sich mit der speziellen Situation seiner jugendlichen Klientinnen und Klienten auskennen sollte, um sich um die passende Form der Nähe-Distanz-Regulierung zwischen Kindern und Eltern zu bemühen.

MOON Ich hätte mir gewünscht, ich hätte ein wenig mehr Zeit gehabt, um den Psychologen kennenzulernen. Ich weiß nicht, wie das normalerweise ist. Während ich alles erzählt habe in der ersten Stunde, kam es mir teilweise vor, als liefe ein Film ab, so surreal. Das, was ich nicht sagen wollte, nicht sagen konnte, tat meine Mutter. Und so wusste der Typ binnen einer Stunde eigentlich alles über mich.
Ich hätte mir ein bisschen mehr Zeit für alles gewünscht und ein wenig mehr Alleinsein mit ihm, ich weiß nicht, wieso, wahrscheinlich weil dann meine Mutter nicht mitbekommen hätte, was ich gesagt habe und was nicht, und weil die Psychologiestudentin, die auch noch dabeisaß, mich nicht dauernd angeschaut hätte. ■

Da die Situation für alle Beteiligten nicht einfach ist, sollte auch darüber nachgedacht werden, wie, wo und in welcher Zusammensetzung die Gespräche stattfinden. Manchen Jugendlichen ist es am liebsten, eigenständig einen Termin zu vereinbaren und ihn allein in Anspruch zu nehmen. Andere Jugendliche finden es hilfreich, wenn sie ein Elternteil begleitet. In diesem Fall kann ein erster Besuch durchaus gemeinsam stattfinden. Dieser könnte mit einem kurzen Kennenlernen beginnen. Den größeren Raum sollte allerdings das vertrauliche Gespräch zwischen dem Therapeuten und dem Jugendlichen einnehmen, schließlich ist es ja seine Therapie, die da begonnen wird. Die Eltern könnten in dieser Zeit auf ihr Kind warten, um es anschließend wieder zu begleiten. Dies ermöglicht dem Jugendlichen, die Unterstützung der Eltern in Anspruch zu nehmen, wenn er dies als angebracht und nötig empfindet.

Die Gefühle der Eltern

OLGA Meine Probleme kann ich mit meinen Eltern nicht besprechen und auch Gespräche zwischen den Therapeuten oder Ärzten und meinen Eltern sind mir total unangenehm. Ich fühle mich dann immer so schuldig, daran, dass ich nicht die perfekte Tochter geworden bin. Ich kann mir auch nicht vorstellen, wie meine Eltern sich im Moment so fühlen, und sprechen kann ich mit ihnen darüber nicht. Ich würde gern lernen, sie besser zu verstehen. ■

Auch Eltern sollten von sich aus erzählen, wie sie sich fühlen und wie es ihnen damit geht, dass ihr Kind nun eine Therapie besucht und womöglich Dinge aus dem gemeinsamen Familienleben erzählt, die ihnen unangenehm sind.

Zur Autonomie der Entscheidung gehört, dass die Jugendlichen selbst beurteilen sollten, welche Form der Therapie und welcher Therapeut ihnen passend erscheinen. Eltern sollten dies respektieren und auch den Wunsch nach einem Therapeutenwechsel oder einer Beendigung der Therapie mittragen, selbst wenn es angebracht ist, die Entscheidung zu hinterfragen oder sich für die Beweggründe näher zu interessieren.

Jugendliche wollen die Meinung ihrer Eltern wissen, und eine Äußerung der Sorge vonseiten der Eltern kann durchaus als Zeichen der Zuneigung interpretiert werden. Eine vorwurfsvolle Haltung oder sogar Vorhaltungen sind dagegen unangebracht.

Jugendliche wollen in den seltensten Fällen von Erwachsenen, seien es ihre Eltern, Lehrer oder Therapeuten, geschont werden, was verständlich wird, wenn man sich vor Augen führt, dass jede Schonung den anderen »kleiner« und hilfloser macht. Zutrauen und Zumuten liegen diesbezüglich sehr eng beieinander.

Fragen wie »Fühlst du dich dort wohl? «, »Hast du das Gefühl, neue Ideen zu bekommen?« oder »Wie ist dein Gefühl denn, passen die Therapie und der Therapeut für dich?« sind sehr hilfreich und zeigen dem Jugendlichen, dass sich die Eltern für sein Anliegen interessieren und sich über sein Wohlbefinden Gedanken machen.

Dieses Vorgehen ist auch zu empfehlen, wenn Eltern das Gefühl haben, dass ihren Kindern eine Therapie guttäte, die Jugendlichen ihrerseits jedoch keine Bereitschaft dazu signalisieren. Die Sorge der Eltern um das Wohlbefinden ihrer jugendlichen Kinder stellt einen Ausdruck der Bindung dar, der mit dem Autonomiebedürfnis der Jugendlichen kollidieren kann. Dennoch erscheint es wichtig und notwendig, dass die Eltern im Leben ihrer Kinder weiterhin Präsenz zeigen und ihrer Sorge Ausdruck verleihen, jedoch ohne den Kindern dabei Vorhaltungen zu machen.

Machen Sie Ihren Kindern deutlich, dass Sie sie lieben und es Ihnen deshalb etwas ausmacht, sie leiden zu sehen. Betonen Sie, dass es zum Elternsein dazugehört, sich Sorgen zu machen und den Kindern ein möglichst kummerfreies Leben zu wünschen, und zwar solange es geht und unabhängig vom Alter der Kinder. □

Auch wenn Eltern ihre Kinder zur Therapie nicht zwingen sollten, zumal eine Therapie ohne Eigenmotivation nicht die gewünschten positiven Veränderungen mit sich bringt, so erscheint es doch angebracht, die Jugendlichen zu einer gemeinsamen Familienberatung bzw. -therapie zu ermutigen und einzuladen. Allerdings nicht unter dem Aspekt, dass sie »schuld« an der familiären Misere seien und therapiert gehören, sondern mit dem Hinweis, dass auch sie Experten für die Familiensituation seien, die einen wichtigen Beitrag leisten können; ihre Teilnahme sei daher wichtig. Hinzu kommt, dass auf diese Weise auch die Wünsche und Vorstellungen der Jugendlichen gebührend thematisiert und berücksichtig werden können.

Bei einer gemeinsamen Beratung oder Therapie können Eltern zudem von ihren Kindern als positive Modelle erlebt werden. Sie signalisieren, dass sie bereit sind, Verantwortung zu übernehmen und ihren Anteil dazu zu leisten, vorhandene Schwierigkeiten als gemeinsame Angelegenheit zu beschreiben und anzugehen. Der Besuch einer gemeinsamen Familienberatung oder -therapie widerspricht oder ersetzt auch in keiner Weise eine Einzeltherapie, da im gemeinsamen Therapiegespräch vielfach stärker die Bindungskräfte aktiviert werden als die der Ablösung.

Eine Familienberatung kann insbesondere dazu dienen, die vorhandenen Sichtweisen und Wünsche der Familienmitglieder offen zur Sprache zu bringen. Dadurch können Gemeinsamkeiten, aber auch Unterschiede thematisiert werden, Verständnis füreinander kann gefördert und bei konflikthaften Punkten kann vermittelt werden. Dadurch rücken alle Familienmitglieder noch einmal enger zusammen, sodass sie sich im Anschluss leichter voneinander lösen können und dennoch eine gemeinsame Kommunikationsbasis haben, auf der eine Beziehungsgestaltung auf einer »erwachseneren« Ebene möglich wird. Manche Dinge müssen eben noch gesagt werden, bis eine Entwicklungsphase gut beendet und eine neue angegangen werden kann.

Die Suche nach therapeutischer Hilfe

Da die Suche nach einem passenden Therapeuten und der Weg in die Therapie durch eine Reihe von Schwierigkeiten gekennzeichnet sind, erscheint es sinnvoll, sich bereits bei der Suche beraten zu lassen. Dazu wendet man sich am besten an eine regional zuständige Beratungsstelle für Eltern, Kinder, Jugendliche und Familien (die entsprechenden Adressen findet sich unter www.bke.de). Jugendliche »Selbstmelder« bekommen dort normalerweise zeitnah einen ersten Termin. Teilweise werden Jugendliche dort auch über eine längere Zeit therapeutisch begleitet, auf alle Fälle aber so lange, bis sie einen passenden Therapieplatz gefunden haben. Außerdem sind begleitende Familiengespräche möglich.

Psychotherapie

Psychotherapeutische Verfahren, die derzeit über die Krankenkassen abgerechnet werden können, sind: Psychoanalyse, tiefenpsychologisch fundierte Therapie und Verhaltenstherapie. Jedem Klienten stehen – ohne vorherigen Antrag – zunächst fünf sogenannte probatorische Sitzungen zu, um den Therapeuten kennenzulernen und um den »Arbeitsauftrag« für die Therapie zu klären.

Es gibt speziell ausgebildete Kinder- und Jugendpsychotherapeuten. Diese sind vom Grundberuf Diplom-Psychologen, Diplom-Sozialpädagogen oder Ärzte. Es gibt psychologische und ärztliche Psychotherapeuten, die sowohl Erwachsene als auch Jugendliche behandeln dürfen.

Die Beratung in einer Beratungsstelle ist generell kostenfrei, die Berater unterliegen der Schweigepflicht, auch den Eltern gegenüber. Neben der Face-to-Face-Beratung in einer Beratungsstelle gibt es für Jugendliche auch eine kostenfreie telefonische Hotline: die »Nummer gegen Kummer«, das Kinder- und Jugendtelefon (0800 1110333). Hier werden Kinder und Jugendliche von speziell ausgebildeten ehrenamtlich tätigen Erwachsenen beraten. Samstags beraten ausgebildete Jugendliche. Nähere Infos erhält man unter: www.nummergegenkummer.de.

Auch die beiden konfessionellen Telefonseelsorgen beraten Jugendliche kostenfrei telefonisch, dies sogar rund um die Uhr (0800 1110111 und 0800 1110222). Weitere Infos unter: www.telefonseelsorge.de.

Darüber hinaus gibt es die Möglichkeit, sich virtuell über das Internet beraten zu lassen. Informationen darüber bekommt man unter: www.bke-jugendberatung.de und www.bke-elternberatung.de.

Es gibt aber auch Situationen, die so krisenhaft erlebt werden, dass Eltern im Interesse des Wohles ihrer Kinder handeln müssen, auch wenn diese es als Übergriff erleben. Dazu findet sich mehr in den Kapiteln zum Umgang mit Suizidankündigung und zu selbstverletzendem Verhalten.

Würden Sie Ihr jugendliches Kind bei einem Wunsch nach Beratung und Therapie begleiten und wie würden Sie das tun?

Wären Sie auch ganz konkret bereit, Ihren Beitrag zu leisten? Gehen Sie mit gutem Beispiel voran und suchen Sie sich Unterstützung und Hilfe? Oder signalisieren Sie eher, dass man alles selbst schaffen müsse? Bleiben Sie im Kontakt, schauen Sie genau hin und thematisieren Sie den Wunsch nach Therapie und Beratung. Informieren Sie sich, um Ihre Kinder informieren zu können. □

Gelingende Ablösung – Ausklang

Sobald Erwachsene die Pubertät und die Adoleszenz hinter sich gelassen haben, vergessen sie, wie es war in dieser Phase. Auf den vorhergehenden Seiten kamen viele Jugendliche zu Wort, die uns Einblick gegeben haben in ihre Gedanken und Gefühle. Sie zeigen uns, wie es sein kann, in der heutigen Zeit erwachsen zu werden. Einiges ist anders als früher, anderes ist gleich geblieben. Heranwachsende gehen eigene Wege, manche sind Sackgassen, manche sind steinig, andere führen sie über Berg und Tal.

Das Erwachsenwerden bedeutet zu allen Zeiten, sich von den Eltern zu lösen und den eigenen Platz im Leben zu suchen und zu finden. Jugendliche haben Schwierigkeiten zu überwinden, neue Fähigkeiten zu entdecken, ihre Persönlichkeit zu entwickeln und sich in der Welt zurechtzufinden. Wie in vielen Märchen und Entwicklungsromanen beschrieben oder in Filmen gezeigt, geht das einher mit Ängsten und Kämpfen, aber auch mit Hoffnungen und Abenteuern. Für Eltern bedeutet dies eine Berg- und Talfahrt auf dem Rücksitz, bei der sie nicht mehr das Steuer in der Hand halten. Sie können zwar noch Ratschläge und Hinweise geben, letztlich liegt es jedoch außerhalb ihrer Kontrolle, was ihre Kinder davon umsetzen.

Eltern haben in dieser Phase neue Aufgaben, nicht mehr das »Erziehen« steht im Vordergrund, sondern das Begleiten, die Präsenz. Dies ist eine große Umstellung, denn Eltern verlieren den Status der »letzten Instanz«. Sie erhalten jedoch etwas Neues dafür. Es entwickelt sich eine neue, dauerhafte, erwachsene Beziehung zu den Kindern. Und nicht zuletzt bereichern Jugendliche das eigene Leben mit ihren Ideen und Herausforderungen. Sie stellen alles infrage, bringen uns zum Nachdenken und geben somit neue Impulse. Im Zusammenleben mit Jugendlichen bleibt nichts, wie es war, und das ist manchmal auch gut so.

Sparringspartner? Warum nicht!

Wenn die ersten Kämpfe mit den Sprösslingen beginnen, haben Eltern oft das Gefühl, in der Vergangenheit etwas versäumt zu haben oder in der Gegenwart falsch zu reagieren. Zur Beruhigung sei gesagt, dass »Kämpfe« zur gelingenden Ablösung dazugehören, ja sogar notwendig sind. Um sich eine eigene Meinung zu bilden, ist es hilfreich, sich zuerst von einer anderen Einstellung abzugrenzen. Wenn Eltern Position beziehen und solche Konflikte austragen lernen, unterstützen sie diesen Prozess. Es geht nicht darum, Harmonie um jeden Preis zu erhalten, es geht um eine faire Auseinandersetzung mit den Jugendlichen. Deshalb kommt es besonders auf die Form der Gespräche an. Außerdem bedeutet jede Auseinandersetzung eine besondere Form der Nähe, wenn auch vielleicht zunächst mit negativem Vorzeichen. Sparring bedeutet nicht Kampf auf Leben und Tod, Sparring bedeutet Training. Es ist eine Übung, die für Kämpfe stärkt, mit denen wir im Leben konfrontiert werden.

Vermeiden Sie nicht krampfhaft jede Auseinandersetzung, reagieren Sie aber auch nicht auf jeden Aufschlag mit einem Schmetterball. Überlegen Sie zuerst, ob es sich um eine klare Grenzüberschreitung handelt oder ob Ihr Ärger eher auf den Ton gemünzt ist, den Ihr Kind Ihnen gegenüber anschlägt. Versuchen Sie, diese Ebenen zu trennen. Verlangen Sie einen respektvollen Umgangston, seien Sie jedoch bereit, in der Sache, um die es geht, zu verhandeln. Erklären Sie, welche Sorge hinter Ihrer Position steht, und suchen Sie gemeinsam mit Ihren Kindern nach Kompromissen. Wenn in einer Situation die Gemüter zu sehr erregt sind, dann ist es ratsam, eine Pause einzulegen und das Gespräch an anderer Stelle fortzuführen. Es ist auch völlig in Ordnung, wenn Sie sich Bedenkzeit einräumen, um noch einmal nachzudenken oder die Angelegenheit mit dem anderen Elternteil in Ruhe zu besprechen. Es kann auch von Vorteil sein, sich mit dem Partner abzusprechen, wer welche Themen mit dem Jugendlichen klärt.

Vorsicht jedoch vor Koalitionen mit dem Kind gegen den Partner, das rächt sich schnell, weil Ihre Kinder dies auf jeden Fall zu ihrem Vorteil nutzen werden. Hier wird die Paarbeziehung auf die Probe gestellt. Versuchen Sie, sich gegenseitig zu stützen, zu stärken und, wenn nötig, zu beruhigen. Humor und Gelassenheit sind gute Begleiter in dieser Zeit. □

Eltern von Jugendlichen haben oft den Eindruck, dass ihre Erziehung völlig fehlgeschlagen ist. Sie haben auf Ordnung geachtet, das Zimmer der Tochter sieht aus »wie eine Müllhalde«. Sie haben stets die hehren inneren Werte betont, aber der Sohn definiert sich über einen durch Sport gestählten Körper und Designerkleidung. Sie waren verlässlich und standen zu ihrem

Wort, ihr Sohn ist unzuverlässig und belügt sie. War denn alles umsonst? Nein, das war es nicht!

Eltern säen über viele Jahre hinweg, die Saat geht jedoch häufig erst im Erwachsenenleben auf. Die Zeit der Pubertät und der darauf folgenden Jahre ist in vielerlei Hinsicht eine Ausnahmesituation. Werte und Vorstellungen werden bekämpft und verworfen, Neues wird ausprobiert und entdeckt. Irgendwann entsteht eine neue Mischung, die durchaus tragende Bestandteile aus der zurückliegenden Erziehung enthält.

Bringen Sie Ihren jugendlichen Kindern Vertrauen entgegen, das ermuntert sie, sich etwas zuzutrauen und eigene Lösungen für Probleme zu finden. Es macht sie kompetenter fürs Leben. □

Rat und Hilfe – Schutz und Trost

Üben Sie sich in Geduld und Toleranz. Lassen Sie Freiheiten, halten Sie Ungereimtheiten aus. Beziehen Sie Position, beharren Sie jedoch nicht immer darauf, Recht zu haben, geben Sie auch einmal nach. Geben Sie Ihren Kindern Spielraum, lassen Sie sie eigene Erfahrungen machen. Das stärkt sie, denn irgendwann sind Sie nicht mehr da, um ihnen alle Hindernisse aus dem Weg räumen zu können. Sie wünschen sich ja, dass Ihre Kinder im Leben bestehen, dazu gehört es auch, Fehler zu machen und daraus zu lernen. Teilen Sie Ihre Kräfte ein, setzen Sie Prioritäten: Wo lohnt es sich, hart zu bleiben, wo können Sie nachgeben, wo müssen Sie vielleicht sogar nachgeben? Mischen Sie sich in Maßen ein. Überprüfen Sie vorher, ob Ihr Ärger aus enttäuschten Erwartungen besteht oder ob wirklich Gefahren drohen. Geben Sie Ihren Kindern Raum, sonst wird er mühsam und vielleicht unter allzu vielen Kränkungen erkämpft. Der Umgang mit Heranwachsenden hält immer Überraschungen bereit. An einem Tag hören Eltern, dass sie sich zu viel einmischen würden, und ein anderes Mal wird ihnen das Gegenteil vorgeworfen. Eltern brauchen gute »Abstandsmesser« für die richtige Balance von Nähe und Distanz. Einerseits brauchen die jungen Menschen einen Rückzugsort, der tröstlich und sicher ist, ein Zuhause. Andererseits möchten sie hinaus in die Welt ohne Wenn und Aber, ohne Einschränkungen – keine leichte Aufgabe für die Eltern. Aber genau diese Mischung erlaubt es den Jugendlichen, flügge zu werden.

Haben Sie ein Auge und ein Ohr auf Ihre Sprösslinge, aber aus dem Hintergrund. Bieten Sie Ihren Rat und Unterstützung bei Schwierigkeiten an, drängen Sie sich jedoch nicht auf. Zeigen Sie Ihre Liebe, loben Sie, kleiden Sie Ihren Stolz in Worte, nehmen Sie Anteil. Halten Sie die Tür offen, zerren Sie Ihre Kinder aber nicht hindurch. □

Wie in verschiedenen Kapiteln dieses Buches beschrieben, können Heranwachsende ernsthafte Schwierigkeiten haben. Meist versuchen sie zuerst, allein damit fertig zu werden. So manche Problemlösestrategie entwickelt sich jedoch selbst zu einem weiteren Problem und die Jugendlichen verstricken sich immer tiefer. Im Nachhinein entpuppen sich viele Schwierigkeiten und Symptome beim näheren Betrachten als Lösungsversuche »mit starken Nebenwirkungen«.

Gerade in Krisen gelingt eine Annäherung schneller und besser, wenn eine grundsätzlich positive Beziehung zwischen allen Familienmitgliedern besteht. Auch wenn die gemeinsamen Aktivitäten gegen null tendieren, es lohnt sich, nach Anknüpfungspunkten zu suchen. Das soll nicht bedeuten, dass sich Eltern der Jugendkultur anschließen oder versuchen, ihre Kinder zu imitieren. Gemeint ist eher, Interesse zu zeigen an der Lebenswelt der Jugendlichen. Gleichzeitig ist die Wahrung von Abstand und Grenzen wichtig. Ihre Intimsphäre ist Jugendlichen heilig, manchmal haben sie eine andere Vorstellung als die Eltern, was das beinhaltet. Sie geben jedoch sehr deutliche Zeichen, die Eltern zur Orientierung nutzen können.

Verteufeln Sie nicht vorschnell Ihnen fremd erscheinende Gewohnheiten und Überzeugungen, fragen Sie erst einmal nach den Hintergründen. Suchen Sie nach Gemeinsamkeiten mit Ihrer Tochter, um darüber mit ihr in Kontakt zu kommen. Interessieren Sie sich wie Ihr Sohn beispielsweise für Motorsport, so laden Sie ihn zu gemeinsamen Unternehmungen oder wenigstens zu Gesprächen darüber ein. Vielleicht entdecken Sie auch selbst über Ihr Kind ein neues Interesse!
Vergessen Sie trotz aller Auseinandersetzungen die Beziehungspflege zu Ihren Kindern nicht. Überraschen Sie sie manchmal mit »Streicheleinheiten«, besorgen oder kochen Sie etwas Besonderes für sie, ohne Dank zu erwarten. Halten Sie es aus, wenn Sie eine Ablehnung erhalten, vielleicht war es nur nicht der passende Zeitpunkt! Ihr Kind wird trotzdem Ihre Zuneigung spüren und sich daran erinnern, wenn es Hilfe braucht. □

Auch gemeinsame Rituale und Familientraditionen geben Halt. Es kann sein, dass sich die Kinder an einem Weihnachtsfest lustig machen über den immer gleichen Ablauf, und im nächsten Jahr wird gerade von den älteren Jugendlichen auf die lieb gewonnene Tradition gepocht. Oder sie feiern zunächst im Kreis der Familie, um danach mit ihren Freunden ein alternatives Weihnachtsfest im Club zu begehen. Seien Sie flexibel, erlauben Sie Ausnahmen, üben Sie keinen Druck aus. Bieten Sie jedoch solche Rituale immer wieder als Konstanten an.

Trotz aller Beziehungspflege sollte das große Ziel, nämlich die Eigenverantwortung und Selbstständigkeit der jungen Erwachsenen, nicht aus den Augen verloren werden. Das Phänomen der »Nesthocker« verbreitet sich immer mehr. Dann haben Jugendliche sehr viele Freiheiten in Verbindung mit großen Bequemlichkeiten. Eine kleine Einliegerwohnung vielleicht, die Mutter wäscht und bügelt, hält immer ein warmes Essen bereit, Urlaube werden finanziert und es gibt großzügig Taschengeld, sodass es an nichts fehlt. Das mag zu Beginn für beide Seiten verlockend sein. Die Eltern »verlieren« ihr Kind nicht und die jungen Menschen müssen sich nicht anstrengen und können sich einen Lebensstil leisten, der in diesem Alter noch nicht selbst finanziert werden kann.

Die Gefahr liegt jedoch darin, dass auf Dauer beide Seiten nicht glücklich damit werden. Wird der Sohn immer älter und verlässt das Nest nicht freiwillig, fühlen sich Eltern irgendwann doch ausgenutzt und machen sich Sorgen, weil er sein eigenes Leben nicht wirklich in Angriff nimmt. Und die jungen Menschen macht es vorzeitig träge und ziellos, Entwicklungen finden nicht statt und die jungen Erwachsenen sind nicht gut vorbereitet auf Zeiten im Leben, in denen der Wind rauer pfeift.

Machen Sie es den Jugendlichen nicht zu bequem. Kleine Jobs zur Aufbesserung des Taschengelds schaden nicht, im Gegenteil! Es fördert den Umgang mit Geld, wenn man es selbst verdienen muss. Gleichzeitig machen die Jugendlichen erste Erfahrungen im Berufsleben und lernen, sich dort zu behaupten. Das fördert wiederum das Selbstwertgefühl. Es ist auch ganz in Ordnung, ab und zu davon zu sprechen, was Sie sich vorgenommen haben, wenn die Kinder aus dem Haus sind. Das markiert immer mal wieder das Ziel! □

Freie Zeit – neue Lebensinhalte finden

In dieser bewegten Zeit der Familie ist ein Wechsel des Blickwinkels eine gute Möglichkeit, positive Auswirkungen der Ablösung zu erkennen. Die veränderten Bedürfnisse des Kindes eröffnen den Eltern neue Möglichkeiten, um das eigene Leben mit anderen Augen zu betrachten. Sie haben eine große Aufgabe schon fast gemeistert, ein Kind zu einem erwachsenen Menschen zu erziehen. Es braucht die Eltern nun nicht mehr ständig an seiner Seite. Eltern können sich nun wieder intensiver auf ihre Paarbeziehung und auch auf individuelle Ziele besinnen. Endlich können sich Eltern Auszeiten nehmen und ihre Zeit und Energie guten Gewissens in das eigene Leben investieren. Neue Herausforderungen stehen an.

Das mag für manche eine ungute, vielleicht sogar beängstigende Vorstellung sein, gehört aber zu den Entwicklungsaufgaben von Eltern. Ihre Rolle ist nur für eine begrenzte Zeit ein Fulltime-Job. Je älter die Kinder werden, desto mehr ändern sich die Anforderungen.

Werden Sie sich bewusst, dass nun ein neuer Abschnitt in Ihrem Leben beginnt. Natürlich ist die »Abnabelung« der Kinder auch mit Wehmut und Trauer verbunden, es ist ein Abschied von den Kindern, von der Erziehungsaufgabe, die lange Zeit so viel Energie gefordert hat und das Leben ausfüllte. Besonders Vätern fällt es oft schwer, ihre Töchter gehen zu lassen, sie möchten sie in guten Händen und beschützt wissen. Lassen Sie die Trauer zu, besprechen Sie sie mit Ihrem Partner oder mit einer Freundin, erinnern Sie sich gemeinsam und trösten Sie sich gegenseitig. Richten Sie den Blick auch auf die Freude, dass Sie es so weit gebracht haben. Seien Sie stolz auf die von Ihnen geleistete Arbeit und seien Sie stolz auf Ihre »großen« Kinder! Erlauben Sie ihnen, ihr eigenes Leben in Angriff zu nehmen, und leben auch Sie Ihr Leben ohne ständigen Bezug auf Ihre Kinder. Ihre Kinder spüren, wenn Sie sie »gehen« lassen, und das befreit sie von einem Gefühl der Verantwortung Ihnen gegenüber. □

Irgendwann sind die Kinder erwachsen, und wenn die Ablösung gelungen ist, haben Eltern die Gewissheit, ihr Kind gestärkt und wohl gerüstet in die Selbstständigkeit entlassen zu können. Und dann kommt die Zeit, in der man sich auf einer erwachsenen Ebene neu begegnen kann.

Wenn die Wellen hochschlagen, dann hilft es, an schöne Momente in der Vergangenheit zu denken und sich vorzustellen, wie sich in der Zukunft alles zum Besten fügt. Auch mit Gelassenheit und Humor umschiffen Sie Klippen und Untiefen. Genießen Sie die spannenden, überraschenden oder witzigen Erlebnisse, die der Alltag mit Jugendlichen auch immer wieder bereithält, und die tiefsinnigen Unterhaltungen und liebevollen Begegnungen mit Ihren fast erwachsenen Kindern!

Gesetzliche Regelungen

Jugendschutzgesetz Deutschland: www.bmfsfj.de/BMFSFJ/kinder-und-jugend,did=5350.html.
Die Broschüre »Meine Erziehung – da rede ich mit!« wendet sich an Jugendliche im Alter zwischen 10 und 17 Jahren, ist aber auch für Eltern hilfreich – nicht zuletzt zum Weitergeben. Sie greift typische Alltagsfragen auf und gibt Informationen darüber, wo die Grenzen dessen liegen, was Eltern dürfen und was nicht. Der Ratgeber beantwortet ganz alltägliche Fragen wie z. B. »Dürfen meine Eltern mir Hausarrest oder Fernsehverbot erteilen?«, »Hab ich Anspruch auf Taschengeld und kann ich damit machen, was ich möchte?«, aber auch konkret rechtliche Fragen, wie »Darf ich unter 18 Jahren Verträge abschließen?«. An Beispielen wie »Marios Piercing« oder »Tanja will ausziehen« werden diese rechtlichen Grundlagen des normalen Familienlebens einfach und verständlich erklärt. Download: http://www.bmj.bund.de/enid/5a62f90ea2f4afec3bb6a21e51b0f9f9,0/Publikationen/Meine_Erziehung_-_da_rede_ich_mit__1e9.html.

In Österreich und der Schweiz gibt es kein einheitliches Jugendschutzgesetz. In Österreich können jedoch über das zentrales Rechtsinformationssystem des Bundes (RIS) gesetzliche Regelungen nach Stichworten landes- und bundesweit abgefragt werden: www.ris.bka.gv.at/.

In der Schweiz finden sich einige Regelungen in anderen Gesetzen wie der eidgenössischen Lebensmittelverordnung (an

Jugendliche unter 16 Jahren darf z. B. generell kein Alkohol ausgeschenkt oder verkauft werden) oder in kantonalen Gewerbegesetzen (in den meisten Kantonen ist etwa der Verkauf von Tabakwaren eingeschränkt – das Rauchen allerdings nicht).

Körperliche und seelische Entwicklung und Gesundheit

Immer eine gute Adresse: Bundeszentrale für gesundheitliche Aufklärung und deren Website: www.bzga.de. Dort gibt es auch spezielle Seiten für Jugendliche zu spezifischen Themen wie Liebe, Partnerschaft, Sexualität und Verhütung (www.loveline.de), Alkohol (www.kenn-dein-limit.de), Essstörungen (www.bzga-essstoerungen.de) und andere.

In Österreich stellt das Bundesministerium für Wirtschaft, Familie und Jugend kostenlose Broschüren für Familien und Jugendliche zur Verfügung: http://www.bmwfj.gv.at/Seiten/default.aspx, z. B. auch die hilfreichen Elternbriefe für verschiedene Altersklassen wie z. B. Teenager.

Auf der Seite der eidgenössischen Kommission für Kinder- und Jugendfragen finden sich wichtige zentrale Papiere zu verschiedenen Themen wie neue Medien, Sucht, Sexualität: http://www.ekkj.admin.ch/content.php?ekkj-1-2.

Zu Computerspielen bieten die folgenden Internetangebote seriöse Informationen: www.spielbar.de, www.usk.de sowie www.bubb.at. Hilfreich sind zudem Webseiten wie: www.bundespruefstelle.de, www.klicksafe.de oder die Seiten der Landesarbeitsstellen der Aktion Jugendschutz.

Pan European Game Information (PEGI) hat altersspezifische und inhaltliche Kriterien für die Auswahl von Video- und Computerspielen aufgestellt: http://www.pegi.info/de/index/id/953.

Bei Drogen und Suchtproblemen finden sich aktuelle Informationen unter www.dhs.de, www.drogenhilfe.at und www.infodrog.ch.

Bei Essstörungen enthält neben der Seite der bzga auch die von www.dick-und-duenn-berlin.de Adressen und Materialien. Ein wichtiges Kommunikationsforum ist www.hungrig-online.de. Das österreichische Netzwerk für Essstörungen findet sich unter www.netzwerk-essstoerungen.at/. Ein entsprechendes Netzwerk gibt es auch in der Schweiz: http://www.netzwerk-essstoerungen.ch/.

Beratung

Eltern finden die Adressen regionaler Erziehungsberatungsstellen unter www.bke.de. Die Möglichkeit virtueller Beratung ist hier zu finden: www.bke-elternberatung.de.

Beratung für Jugendliche: die »Nummer gegen Kummer«, das Kinder- und Jugendtelefon (0800 1110333). Hier werden Kinder und Jugendliche von speziell ausgebildeten ehrenamtlich tätigen Erwachsenen beraten. Samstags beraten ausgebildete Jugendliche. Nähere Infos erhält man unter: www.nummergegenkummer.de.

Auch die beiden konfessionellen Telefonseelsorgen beraten Jugendliche kostenfrei telefonisch, dies sogar rund um die Uhr (0800 1110111 und 0800 1110222). Weitere Infos unter: www.telefonseelsorge.de.

Darüber hinaus gibt es die Möglichkeit, sich virtuell beraten zu lassen: www.bke-jugendberatung.de.

In Österreich kann man auf der vom Bundesministerium für Wirtschaft, Familie und Jugend eingerichteten Familienberatungshomepage bundesweit nach Beratungsstellen suchen: http://www.familienberatung.gv.at/.

Schulpsychologische Dienste findet man in der Bundesrepublik, Österreich und der Schweiz jeweils unter: www.schulpsychologie.de, www.schulpsychologie.at und www.schulpsychologie.ch. Auf der Schweizer Seite sind auch Erziehungsberatungsstellen zu finden. In der deutschsprachigen Schweiz gibt es außerdem noch die »fabe« in Basel (www.familienberatungbasel.ch) und die »Zentralstelle für Ehe- und Familienberatung« (www.zefzh.ch/).

Therapeutensuche

Unter www.bke-beratung.de finden sich Hinweise für die Suche nach Kinder- und Jugendlichenpsychotherapeuten.

Allgemein ist auch die vom Bund Deutscher Psychologinnen und Psychologen eingerichtete Seite www.psychotherapiesuche.de zu empfehlen. Auskünfte und Adressen von niedergelassenen Psychotherapeuten erhält man auch bei der Krankenkasse oder bei der Psychotherapeutenkammer des Bundeslandes (eine Liste der Links findet sich unter http://www.psychotherapeutenkammer.de/psychotherapiekammern.html).

Bei der Therapiesuche in Österreich hilft der dortige Bundesverband für Psychotherapie (www.psychotherapie.at/), in der Schweiz der Schweizerische Psychotherapeutenverband: www.psychotherapie.ch/.